▶▶▶ *YIN "TUSHI BIAODA" ER MEILI*

因"图式表达"而美丽

张 霞 钱鑫华 著

图书在版编目(CIP)数据

因"图式表达"而美丽 / 张霞,钱鑫华著. -- 南京：河海大学出版社,2025.4. -- ISBN 978-7-5630-9718-0

Ⅰ. G633.602

中国国家版本馆 CIP 数据核字第 2025KW1678 号

书　　名	因"图式表达"而美丽
书　　号	ISBN 978-7-5630-9718-0
责任编辑	杜文渊
文字编辑	李紫薇
特约校对	李　浪　杜彩平
封面设计	徐娟娟
出版发行	河海大学出版社
地　　址	南京市西康路1号(邮编:210098)
网　　址	http://www.hhup.com
电　　话	(025)83737852(总编室)
	(025)83722833(营销部)
	(025)83787763(编辑室)
经　　销	江苏省新华发行集团有限公司
排　　版	南京布克文化发展有限公司
印　　刷	广东虎彩云印刷有限公司
开　　本	718毫米×1000毫米　1/16
印　　张	13
字　　数	240千字
版　　次	2025年4月第1版
印　　次	2025年4月第1次印刷
定　　价	59.00元

序 言
FOREWORD

在人类文明的进程中,"图式"作为一种独特的知识传递和思想交流方式,始终占据着重要的地位。从古老的岩画、壁画,到现代的科学图表、设计图纸,"图式"以其直观、形象的特点,跨越了语言和文化的界限,传递着丰富的信息与深刻的理念。

"图式"概念最早来自18世纪德国哲学家康德,瑞士心理学家皮亚杰的认知发展理论核心也是"认知图式"。图式表达的独特之处在于,它既具有图像的直观性,又具备文字的抽象性。图式能够将复杂的概念、抽象的理论以形象化的方式呈现出来,使得读者能够快速理解和把握核心内容。同时,图式还能够跨越语言的障碍,是一种应用更广泛的交流工具。

儿童还处在思维发展的起步过程中,以具体性思维占主导。在早期思维发展过程中,儿童往往依赖具体的事物和直观的形象来进行思考。他们难以理解抽象概念和复杂的逻辑关系,因此在面对需要抽象思维的问题时就会感到困难。

小学阶段数学概念繁多,儿童认知概念任务重,用"图式表达"促进儿童数学概念学习是教育教学工作者站在儿童的角度,在遵循"一切有利于儿童的发展"原则的前提下,在儿童学习数学概念过程中从"如何教"到"促进学"的一次教学策略优化。

在研究过程中,作者查阅了大量的资料,为研究提供了理论基础。作者还组织了多个角度的调研,立足于数据,进行了多次的教学实践尝试,验证了"图式表达"在小学概念学习中的实践意义。2020年1月,江苏省教育科学规划领导小组办公室正式发文,以此研究为基础的课题项目《"图式表达"促进儿童数学概念学习的实践研究》被批准立项为江苏省教育科学"十三五"规划2020年度重点资助课题。

本书旨在探讨"图式表达"在小学数学概念学习领域的应用,旨在揭示"图式表达"作为一种教学方式的独特魅力和价值。

本书分为以下几个部分:

第一部分,"图式表达"促进儿童数学概念学习的背景生成,对"图式表达"促进儿童数学概念学习的研究过程进行了梳理。

第二部分，课题研究小组论文选萃，探讨了"图式表达"促进儿童数学概念学习的意义与价值、实施策略的思考等。

第三部分，经典课例，聚焦于"图式表达"在儿童数学概念学习过程中的应用，旨在展示"图式表达"的可操作性和实效性。

在撰写本书的过程中，我们力求做到内容丰富、论述清晰、案例真实可行。我们希望，这本书能够帮助读者对"图式表达"在小学数学概念学习过程中的价值有一个全面、系统的认识，也为教学研究和一线教育工作者提供新的思路。

鉴于作者能力有限，在阐述过程中，疏漏和谬误在所难免，恳请广大读者朋友批评指正，在此深表感激。最后，感谢各位读者的关注与支持，希望本书能够对您在"图式表达"领域的探索与学习有所帮助。

钱鑫华
2024 年 12 月

目 录
CONTENTS

第一章 "图式表达"促进儿童数学概念学习的背景生成 …… 001
 第一节 与数学概念教学的美丽邂逅 …… 001
  一、一堂公开课的思考 …… 001
  二、一篇篇论文的阅读 …… 002
  三、学习之后的思索 …… 006
 第二节 对数学概念教学的现状分析 …… 007
  一、教师问卷调查与分析 …… 007
  二、学生问卷调查与分析 …… 018
 第三节 对"图式表达"促进儿童数学概念学习的主张提取 …… 025
  一、"图式表达"促进儿童数学概念学习的内涵 …… 025
  二、"图式表达"促进儿童数学概念学习的特性 …… 026
  三、"图式表达"促进儿童数学概念学习的理论支撑 …… 028
  四、"图式表达"促进儿童数学概念学习的实施策略 …… 030
  五、"图式表达"促进儿童数学概念学习的实践研讨 …… 033

第二章 论文选萃 …… 048
 第一节 "图式表达"在儿童数学概念学习中的意义与价值 …… 048
  图式表达:数学概念学习的"助推器" …… 048
  图式表达:促进学生的数学概念学习 …… 050
  图式表达:促进学生数学学习深度建构 …… 053
  图式表达:助力小学生对数学概念的理解 …… 056
  "图式表达"促进儿童数学概念学习的实践 …… 060
  数学图式在小学数学教学中的价值及应用 …… 063
  巧用概念的图式表达,建构高效数学课堂 …… 066
 第二节 "图式表达"在儿童数学概念学习中的实施策略 …… 072
  基于图式表达的小学数学概念教学策略探究 …… 072
  利用"图式表达"优化小学生数学概念学习的探究 …… 077

借力图式表达促进学生数学概念学习·········· 083
运用"图式表达"促进儿童数学概念学习·········· 088
"图式表达"促进儿童数学概念学习的实践研究·········· 093
巧用图式表达,建构小学数学高效课堂·········· 096
"图式表达"促进儿童数学概念学习的实践研究·········· 101
"图式表达"促进儿童数学概念学习的探索——以一堂数学概念教学课为例·········· 104

第三章 经典课例·········· 112

第一节 "图式表达"促进儿童数的概念学习的课例·········· 112
"认识100以内的数"课时教学计划·········· 112
"分数的初步认识"课时教学计划·········· 117
"认识几分之一"课时教学计划·········· 122

第二节 "图式表达"促进儿童量的概念学习的课例·········· 125
"倍的认识"课时教学计划·········· 125
"认识时分"课时教学计划·········· 128

第三节 "图式表达"促进儿童运算的概念学习的课例·········· 135
"乘法的初步认识"课时教学计划·········· 135
"加法交换律、加法结合律"课时教学计划·········· 138

第四节 "图式表达"促进儿童几何概念学习的课例·········· 141
"长方形和正方形面积计算"课时教学计划·········· 141
"认识垂线"课时教学计划·········· 144
"平行四边形的面积"课时教学计划·········· 148
"三角形面积计算"课时教学计划·········· 152
"圆的认识"课时教学计划·········· 156
"圆的面积"课时教学计划·········· 159
"长方体和正方体的认识"课时教学计划·········· 164
"长方体和正方体的表面积"课时教学计划·········· 168
"圆柱和圆锥的认识"课时教学计划·········· 171

第五节 "图式表达"促进儿童关系的概念学习的课例·········· 175
"解决问题的策略——画图(补充)"课时教学计划·········· 175
"解决问题的策略——转化"课时教学计划·········· 177
"解决问题的策略——假设"课时教学计划·········· 181

"图形的放大与缩小"课时教学计划 ······ 185
第六节 "图式表达"促进儿童统计的概念学习的课例 ······ 188
"平均数"课时教学计划 ······ 188
"复式统计表"课时教学计划 ······ 192

参考文献 ······ 198

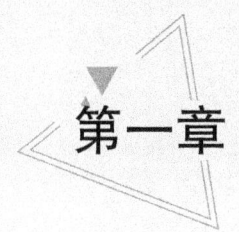

第一章

"图式表达"促进儿童数学概念学习的背景生成

第一节 与数学概念教学的美丽邂逅

一、一堂公开课的思考

刚工作时,学校为提高教师课堂教学效果,实行推门听课制度。那天,学校时任教导主任的张卫忠老师走进我的课堂,我正好执教"认识面积"一课。课堂上,我按照预先设计的教学方案完成了教学任务,课后去找张老师,请他点评。张老师没有进行评课,反而先让我自己聊聊这节课,当时我很纳闷:为何让我自己说呢?不是应该先评课吗?我心中满是疑惑,但转念一想:既然张老师让我聊聊这节课,那我就谈自己的想法吧。于是,我谈了我是怎么设计这一课的,我为什么要这样设计。张老师听了我的想法,没有做任何评价,而是微笑着问了我几个问题:这节课是什么类型的课?本节课的重点是什么?难点是什么?你是采用什么教学方法让学生掌握"面积"这一概念的?学生最容易把面积和什么概念进行混淆?你又是采用什么教学方法突破的?……他一问我一答,在这一问一答中,我的思路被打开了,我对自己所执教的课也有了新的认知。同时,我马上意识到:今天的课是一堂多么失败的课呀!接着,张老师又借"认识面积"这一课谈了一些课堂的具体操作方法,例如,让儿童通过图感知面积这一概念,通过图区别面积与周长这两个概念,等等。最后,张老师建议我上课前多阅读教参,多查阅相关资料。在张老师的指导下,我重新去阅读教参,在网上查阅相关的资料。在研读、分析中,我对这节课又有了一点新的认识。

时间如白驹过隙,一晃几年过去了。在一次学校教研活动中,我再次执教"认识面积"这一课。在这一次执教之前,我想起了上一次执教这一课后张卫忠老师与我交流的内容。于是,我重新认真地阅读教参,在网上查阅相关的资料,之后还看了课堂实录。在阅读完本节课的相关资料之后,我就开始思考课堂教学、着手本课的教学设计。也许是第二次执教,也许是关注得多了,也许是自己思考得多了,对于这一节课,我有了一些自己的想法。于是,我就按照自己的想法设计了这一节课,同时很顺利地上完了这一课。课后,数学组的教师集中在会议室进行评课。老师们肯定了我利用涂一涂、摸一摸的方式让学生感知物体的面积,以及课堂上能借助图像将面积与周长的概念进行区分。是的,如果课堂上把表示面积的图与表示周长的图同时呈现在屏幕上,儿童就能很清晰地辨别面积与周长这两个概念了。活动研讨结束后,我陷入了沉思:数学概念是数学学习的基础,如果儿童不能真正掌握数学概念,就不能学好数学。那数学概念的教学到底该怎样进行?对于抽象的数学概念,儿童在认识之后,该如何处理才能让他们区分新旧概念从而真正掌握数学概念?如何让儿童把新概念纳入他们的认知结构中?一大堆问题涌上脑海,但又无从解答。也许是个性使然,也许是工作中的责任心使然,我心中有了疑惑,就想要找到其中的答案。于是,我就展开了对数学概念教学的研究。

二、一篇篇论文的阅读

我们在教学中遇到的很多问题,其实大多数的名师与专家也会遇到,而他们会进行细致的研究,把一些想法与做法记录下来,供后来者参考学习。国内外的专家、学者、教师对于数学概念教学的研究有很多,于是我便从教学专著、教学杂志与网络中学习相关的理论知识与优秀的教学案例,从而解决教学数学概念时遇到的问题以及心中的疑惑。在学习中,我发现:数学概念并非仅仅是单纯的概念,数学概念本身蕴含着抽象思维,概念与概念之间有着千丝万缕的联系,数学概念教学的研究是一个大课题。在阅读中,我知道了小学生在小学阶段需要掌握理解哪些数学概念、概念的特征以及概念与概念之间存在着哪些联系与区别,进一步认识到掌握这些数学概念的意义与价值,了解了这些数学概念的本质,知道了一些小学数学概念教学的方法与策略,等等。为此,我把自己所学到的关于数学概念的相关知识进行了简单罗列整理。

1. 什么是数学概念

数学概念是客观现实中的数量关系和空间形式的本质属性在人脑中的反

映,是一种数学的思维形式。数学概念是构建数学知识体系的基础,数学概念的学习是小学数学学习的重要组成部分。小学阶段的数学学习包含很多数学概念,多达五百多个,包括数的概念、量的概念、运算的概念、几何概念、关系的概念、统计的概念,等等。这些概念不是单独存在的个体,它们之间存在着联系,掌握这些数学概念是数学学习的基础。

2. 数学概念的表现形式

在小学数学教材中,主要存在两种表现形式的概念:定义式与描述式。

定义式指用完整的语言表达概念的内涵或外延。例如,"三条线段首尾相接围成的图形叫作三角形""从梯形一条底边上的一点到它对边的垂直线段叫作梯形的高",等等。这些定义式的概念抓住了一类事物的本质属性,运用数学语言将其完整地表述出来,从而揭示这类事物的本质属性。学习这类概念,可以帮助学生抓住事物的本质属性,但是在教学中,若学生仅仅凭借定义式的语言学习概念,并不能真正理解概念的内涵,更不能真正掌握数学概念。

描述式指用数学语言描述数学概念。描述式这一表现形式一般基于学生的原有认知或感知表象,然后选取具有代表性的特例作为参照物,再表述概念。例如,"像+20、+8844.4 这样的数都是正数(正数前面的'+'可以省略不写),像−20、−155 这样的数都是负数""像上面的 0.5、0.4、1.2 和 3.5 都是小数"。这样的描述形式可以让学生在头脑中很快建立对概念的初步认知,但是学生不太容易马上抓住概念的本质属性。随着学生认知水平的提高、思维水平的提升,这类概念会在他们的头脑中趋于完善,也能抓住其本质属性。但在初次接触一种数学概念时,学生仅凭借数学语言的描述也不能真正理解数学概念的内涵,不能真正掌握数学概念。

在小学阶段,受知识水平、思维能力等因素的限制,学生在理解、掌握数学概念时存在一定的困难。我认为,在教学中需要利用一种新型媒介帮助学生真正理解掌握这类数学概念。

3. 数学概念的学习价值

2022 年版《义务教育数学课程标准》的课程目标以学生发展为本,进一步强调使学生获得数学基础知识、基本技能、基本思想和基本活动经验的获得与发展,发展运用数学知识与方法发现、提出、分析和解决问题的能力,形成正确的情感、态度和价值观。数学学习的基础是数学概念的学习,因此,实现数学课程目标的首要任务是学好数学概念。

数学概念是构建数学知识体系的基础。只有先理解了数学概念，才能更好地掌握数学中的其他数学知识。数学概念又是数学知识之间的纽带。数学这一门学科有属于自己的独特的概念、概念群，它们之间相互联系、环环相扣，要了解、学习、研究这门学科，首要任务就是理解这些概念。围绕这些概念就能将此学科的知识体系铺展开来。因此数学概念是数学的基础知识，数学学习就是围绕数学概念的学习展开的，数学概念的学习是数学学习的基础，数学概念的学习成了学好数学的关键。

数学概念的学习是发展数学思维能力的前提。数学概念是数学思维的基本单位，数学思维以定理、法则等形式表现出来。数学概念的学习是一个由浅入深的过程，学生要对一些具体的对象进行分析、综合、归纳、类比、概括等，从而概括总结出这些具体对象的一般特征与本质特征，继而在大脑中建立起某一个数学概念。在建立数学概念的过程中，学生的理性思维、科学精神可以得到锻炼，促进了个人智力发展。在数学学习的过程中，如果脱离数学概念的学习，学生将无法锻炼数学思维。因此，数学概念的学习是培养学生数学思维能力的前提，是培养学生数学素养的重要途径。

数学概念的学习是提升数学基本技能的关键。准确进行数学运算、有效解决数学问题等，都基于正确理解数学概念。在数学教学中，我们经常发现儿童运算错误，解决问题时难以找到解题思路等，究其原因就是因为儿童对数学概念理解不清，导致运算错误、解题思路混乱等。因此，正确理解并运用数学概念，是儿童掌握基本技能的基础。

4. 数学概念的分类

数学概念是人脑对现实世界中数量关系和空间形式的本质属性的反映。我在学习研究中发现，数学概念分类依据的不同会导致其分类也不同。根据数学概念的来源分，一般数学概念来源于两个方面：一是对现实世界中数量关系和空间形式的直接抽象，这类概念与现实世界联系紧密，比如三角形、平行四边形等，学生在理解上相对而言容易一点；二是建构在已有数学理论上，这类概念属于纯数学的产物，比如方程、方程的解等，学生在理解上相对而言比较困难一些。根据概念的表现形式可分为定义式概念与描述式概念。根据教材的编写、知识体系的划分，小学阶段的数学概念分成数、量、运算、几何、关系、统计共六类。数学概念的教学研究中还有其他的分类标准，纵观诸多的分类，我觉得依据教材对数学概念进行分类，从数学知识体系而言更适合我们一线教师的教学，更有利于我们找到科学有效的教学策略。

5. 数学概念的特征

数学概念不同于其他学科的概念,研究表明,数学内容分为过程和对象两个侧面,过程就是具备可操作性的法则、公式、原理等,对象是数学中定义的结构、关系。数学概念大多兼有这样的二重性。研究表明,概念的过程和对象有着紧密的联系。概念的形成需要从过程开始,然后转变为对象的认知,最后共存于认知结构中。在过程阶段,概念表现为一系列固定操作步骤,相对直观,容易模仿;进入对象状态,概念呈现一种静态结构关系,有利于整体把握,并可转变为被操作的实体。我国的专家学者将数学概念的特征概括为判定特征、性质特征、过程性特征、对象特征、关系特征、形态特征。他们对这些特征也进行了解释:判定性特征,指依据概念的内涵,人们便能判断某一对象是该概念的正例还是反例;性质特征,概念的定义就是对概念所指对象基本性质的概括;过程性特征,有些概念具有过程性特征,在概念的定义中就反映了某种数学过程或规定了操作过程;对象特征,概念本身就是对一类对象的泛指,如三角形、四边形等;关系特征,有些概念具有关系特征,反映了对象之间的关系,如垂直、平行等;形态特征,有些概念描述了数学对象的形态,从形态上规定概念的属性特征,例如三角形、四边形等。学习了国内外专家对数学概念特征的解析后,我们不难发现,并不是每个数学概念都有以上所有的特征,因此,这也给了我一个启示:在数学概念的教学中,应当根据数学概念的特征选用合适的教学策略。同时,因为概念的过程和对象有着紧密的联系,因此不同的策略中也必然存在着相同的媒介,这一媒介的运用必然有利于学生真正快速掌握数学概念。

6. 概念之间的联系

在学习国内外专家、学者对数学概念教学的研究成果,并结合自己对数学概念教学的研究、实践后,我们发现,数学概念并不是单独存在的,数学概念之间存在着某种必然的联系,它们形成一个概念群或形成一张网,它们之间有很强的系统性,很多新概念是在已有概念的基础上形成和发展起来的,前面的概念是后面概念的基础,后面概念是前面概念的发展。这样的一个概念体系不局限在一个单元,可以跨越至不同年级。这个概念体系中拥有一个或几个核心概念,核心概念将对概念群进行有效统整,让学生从零散的知识点中找到关联,促进数学概念的学习。

研究表明,数学概念间还存在相容与不相容两种关系。相容关系包括同一关系、从属关系与交叉关系:同一关系指外延完全相同的两个概念之间的关系,例如等边三角形与正三角形；从属关系指一个概念的外延完全是另一概念外延的一部分，这两个概念就是从属关系，例如三角形和等腰三角形；交叉关系指两个概念的外延有且仅有一部分重合，例如等腰三角形和直角三角形，重合的部分就是等腰直角三角形。不相容的关系包括对立关系与矛盾关系：对立关系指两概念的外延相互排斥，且两概念外延之和小于属概念的外延，例如梯形与平行四边形；矛盾关系指两概念的外延相互排斥，且它们的外延之和等于其属概念的外延，例如负数与非负数。

7. 数学概念的教学策略

国内外对于数学概念教学策略的研究比较多，常见的教学策略有以下几种：从抓住概念的本质属性出发，通过抓住概念中的关键词，运用变式、正反对比等方法让学生掌握概念。从概念教学的过程出发，在概念的引入、建立、巩固和运用四个阶段采用相应的策略进行教学。从策略性与艺术性的角度出发，在生活化情境中、直观化情境中、转化性情境中进行概念教学。从概念获得的基本方式（概念形成与概念同化）出发，应更直观化，通过正反例深化概念理解，利用对比明晰概念，运用变式完善概念认识，使学生注意概念的多元表征，将概念算法化，等等。专家、学者乃至一线教师对数学概念教学的研究比较多，这些研究侧重于教师概念教学的模式研究以及策略性研究。这些研究成果在我们的数学概念教学中起到了指导作用，也激起了我对数学概念教学研究的兴趣，让我对数学概念教学有了新的思考和新的认识。

三、学习之后的思索

在阅读完大量关于数学概念以及小学数学概念教学的研究资料之后，我发现，数学概念是数学学习之基石，每个数学概念都是具有生命的，它包含着智慧，包含着数学的思维，这些数学概念让数学这门学科走向严谨、走向深邃、走向多维。数学概念在表现形式上有着独属于数学学科的严谨性，这让我深刻地认识到，数学概念不是简单的独立的个体，概念与概念之间相互联系、密不可分、环环相扣。数学概念有着高位的思维，它们拥有属于自己的独特语言体系。认识到这一点后，我深刻地感受到，学好数学概念不仅仅能帮助儿童学好数学基础知识，还能提高儿童的思维能力，提升儿童的数学素养，同时能促进儿童的智力发展。为此，我们教师应该重视数学概念的教学，鉴于儿童的认知水平较低、年龄较小，数学概念的教学应以儿童为中心。在教学中，我们发现：依照传统的教学方法，教材中抽象的数学概念不能直接被儿童全部真正理解，儿童需要凭借某种媒介进行数学概念的学习。因此,如何促进儿童数学概念的学习是我们教师急须思考、解决的问题。这也就成了我想研究的课题。

第二节　对数学概念教学的现状分析

一、教师问卷调查与分析

1. 调查背景与目的

数学是一门抽象性比较强的学科。小学阶段的数学概念多达五百多个,数学概念是构建数学知识体系的基础。儿童每接触到一个新的数学知识,就先要了解相关的概念。因此,数学概念的学习是培养儿童数学思维的第一步,也是让他们认识知识、运用知识的关键。数学概念具有一定的抽象性,这也成了儿童学习数学概念的一大阻碍。

数学概念的学习是数学学习的基础。为了全面了解当前小学数学概念教学的现状,客观掌握教师教学数学概念的态度和方式,故开展此调查,以此寻找能有效促进儿童数学概念学习的方法。我校成立了"'图式表达'促进儿童数学概念学习的实践研究"课题组(该课题已经成为江苏省教育科学"十三五"规划2020年度青年专项重点资助课题)。我们课题组集中研制调查问卷,编制了面向教师的"小学数学概念教学情况问卷(教师问卷)",然后进行了一次教师问卷调查,从教师的教学层面了解儿童数学概念学习的现状,以便能更好地对课题进行研究。

2. 调查对象与采样说明

我所在学校属于农村乡镇小学,现有 17 名数学老师,从区域与数量上来讲不具代表性。为了更具说服力,我们把调查的范围扩大到其他乡镇与城区学校,使调查的结果更具有说服力。

本次调查问卷采用网上调查的形式,利用问卷星进行调查。为了保证问卷的质量,在填写问卷时,参与调查的老师不会填写校名与教师名字,同时会被告知本问卷调查的目的:了解当前小学数学概念教学的实际情况,调查结果仅供研究,不做他用。问卷填写时要求老师根据实际情况进行填写,认真回答每一个问题,选出自己认为最合适的选项。

3. 调查方法与步骤

为了能清楚地了解小学数学概念教学的现状,本次调查坚持宏观与微观相结合、客观与主观相结合的原则。

本次调查问卷采用选择题的方式进行调查,每个选择题下分列出若干个子项目,以获取想要了解的内容。之后,我们对问卷所获得的信息进行逐项分类统计,对每项进行占比计算,接着进行数据统计分析,最后形成书面报告。通过客观真实的问卷调查数据的统计与对真实数据的比较分析,我们能全面了解当下小学数学概念教学的真实现状,为促进儿童数学概念学习找到问题的症结与解决问题的切入点。

调查步骤:第一步,研制调查问卷;第二步,教师参与问卷调查;第三步,收集相关数据;第四步,统计调查资料;第五步,分析调查结果。

4. 调查的统计与信度分析

本次调查问卷的主要参与对象是海门区城乡六所小学的部分教师,现收到问卷43份,其中包括本校现有的17名数学老师填写的17份问卷,参与率100%;26份是外校教师回答的问卷。

所得数据主要是运用系统生成与人工统计相结合的方式进行分析,先把系统生成的数据进行分析,然后把相同类别的子项目进行人工统计,算出调查问卷中某类选项人数的总和在总数中的占比,以百分比的形式呈现。自动生成的数据与人工统计生成的数据就是我们用来分析调查结果的基础数据。数据具有良好的信度。

5. 问卷解读

本问卷共21题,问卷的第1到第4题为基本情况调查,从教师性别、教龄、学历以及任教年级四个方面进行简单的梳理;第5到第9题,从教师角度出发设计问题,旨在了解儿童对数学概念学习的状况;第10到第16题,重点了解教师在概念教学中的一般做法以及借助图式辅助教学的情况;第17到第19题,重在了解教师在概念教学中的评价情况;第20题,了解教师对"图式表达"的了解情况;第21题,了解教师在数学概念教学过程中遇到的困难或困惑。

6. 调查结果分析

(1) 基本情况调查

Q1:性别

选项	回复情况
男	10
女	33

回答人数 43

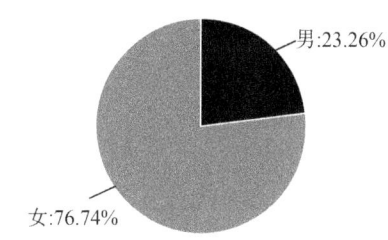

Q2:授课年级

选项	回复情况
一年级	5
二年级	7
三年级	8
四年级	6
五年级	6
六年级	11

回答人数 43

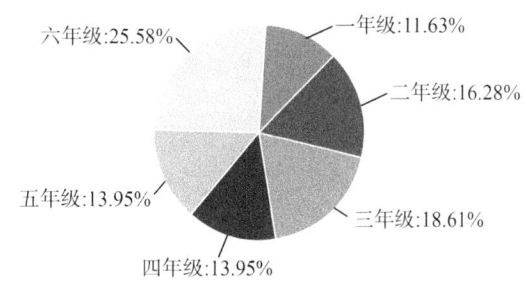

Q3:教龄

选项	回复情况
0~5 年	12
6~15 年	15
16 年以上	16

回答人数 43

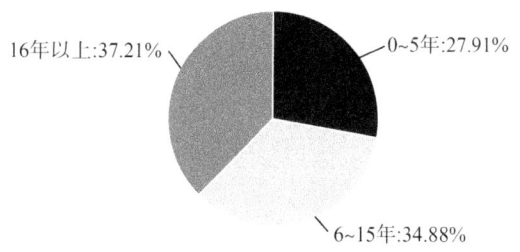

Q4:学历

选项	回复情况
研究生及以上	1
本科	39
专科及以下	3

回答人数 43

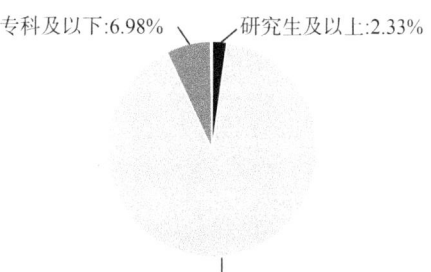

调查结果分析:

从本次调查的教师基本情况来看,教师的性别、学历人数的占比符合当下全区学校的情况,教师所教年级与教龄的分布比较均衡,不会对调查结果产生单一、负面的影响。由此可见,本次调查教师的基本情况对调查研究很有价值。

(2) 从教师角度对儿童数学概念学习的调查与分析

Q5:您觉得数学概念教学对您来说怎么样?

选项	回复情况
非常难	3
比较难	31
比较容易	8
容易	1

回答人数 43

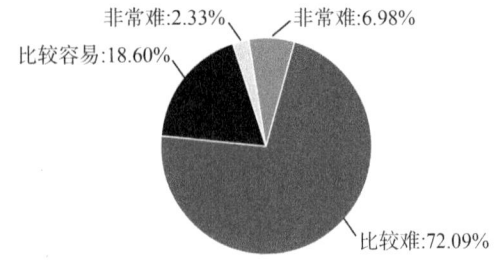

Q6:您认为数学概念在整个数学教学中是怎样的?

选项	回复情况
非常重要	38
比较重要	5
不太重要	0
不重要	0

回答人数 43

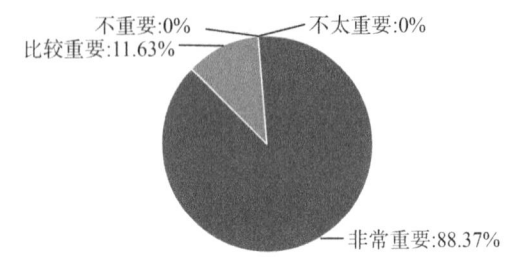

Q7:您认为您班上的学生在数学概念学习的过程中存在困难吗?

选项	回复情况
有困难	29
没困难	3
看情况	11

回答人数 43

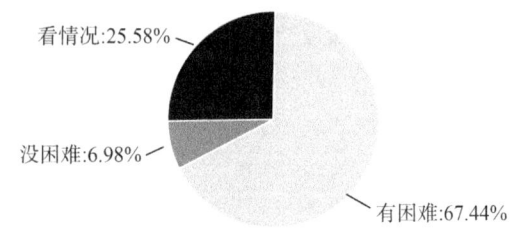

调查结果分析:

Q5 的回答显示,72.09%的教师觉得教授数学概念是比较难的,Q6 的回答显示,老师们都认为数学概念在整个数学教学中很重要,Q7 的回答显示,

67.44%的教师认为学生在学习数学概念的过程中存在困难。调查结果显示,数学概念的教学在整个数学教学中占据较重要的地位,但教师教得困难、学生学得困难,是什么原因导致了这种情况呢?是数学概念本身存在理解难度还是教师的教学方法存在问题呢?这些都是我们教师需要调查、分析、解决的问题,只有找到原因,才能对症下药。

Q8:在教学数学概念的过程中,您认为数学概念难学的原因是什么?(可多选)

选项	回复情况
文字表达复杂	25
容易混淆概念	37
概念多,容易忘记	23

回答人数 43

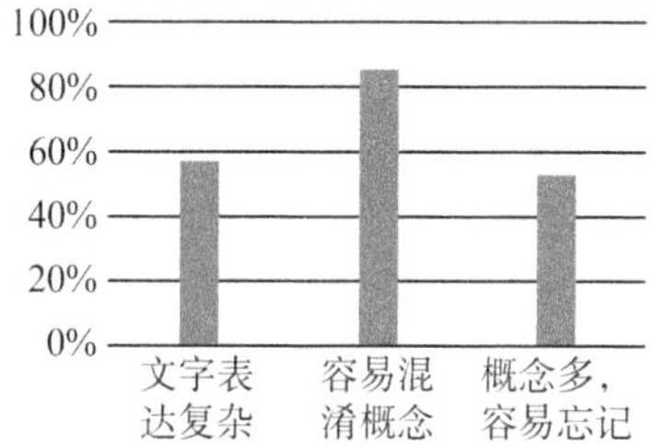

Q9:为了促进学生理解数学概念,您会让学生自己亲身体验概念形成的过程吗?

选项	回复情况
经常	31
有时	11
很少	1
从不	0

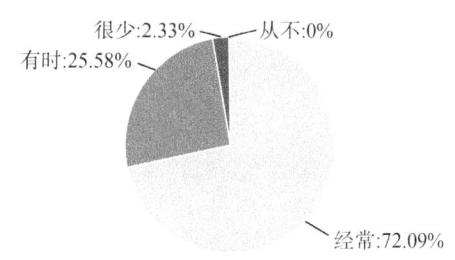

回答人数 43

调查结果分析:

从 Q8 的回答中不难发现:教师在数学概念教学中发现,数学概念本身文字表达复杂、概念之间容易混淆、概念数量多易忘记都是导致数学概念难学的原因。Q9 的回答显示,72.09%的教师在教学中会让儿童经历或体验数学概念的形成过程。我们都知道,学生要掌握理解新的知识,学生的体验很重要,因此,结合两个问题的回答来看,我们不难发现,数学概念教学中存在难度的主要原因是数学概念本身文字表达复杂、概念之间易混淆、概念数量多。找到原因后,我们就可以开始寻找促进儿童学习数学概念的方法。

（3）教师数学概念教学中策略的调查与分析

Q10：在概念呈现时，您喜欢用文字表达，还是用图或式子表达？

选项	回复情况
文字	8
图或式子	35

回答人数 43

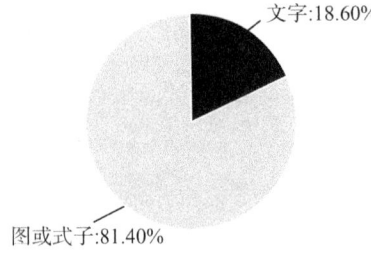

Q11：在概念教学中，您喜欢通过语言文字描述概念，还是喜欢用图形或式子表达？

选项	回复情况
语言文字描述	6
图形或式子	37

回答人数 43

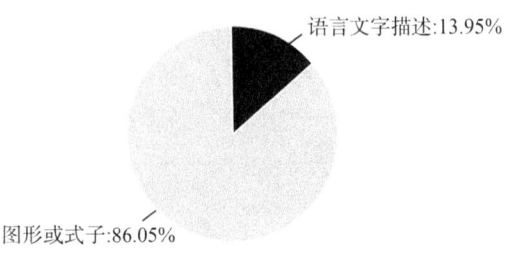

调查结果分析：

从 Q10 与 Q11 的回答中，我们发现 81.40% 的教师喜欢用图或式子的形式呈现数学概念，86.05% 的教师喜欢在教学数学概念时用图形或式子进行描述。在这，我们把图或式的表现形式称为"图式表达"。调查发现，不管是数学概念的呈现形式还是教学时的描述形式，教师们都倾向于用图或式子。那大部分的教师在概念教学中尝试用过"图式表达"吗？概念图式化之后对儿童的数学学习有帮助吗？"图式表达"对数学概念教学有何作用呢？面对这些问题，我们急须知道答案，这将会影响我们研究促进儿童数学概念学习的研究方向。

Q12：在概念教学中，您有没有尝试过用"图式表达"帮助学生理解掌握概念？

选项	回复情况
有	41
没有	2

回答人数 43

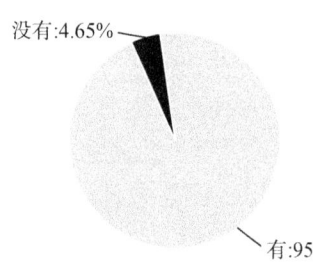

Q13：在概念教学中，把概念图式化，对您的教学有帮助吗？

选项	回复情况
有	41
没有	2

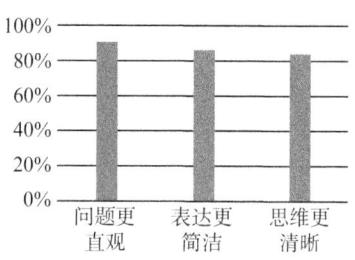

回答人数 43

Q14：您觉得"图式表达"对您的数学概念教学有何作用？（多选）

选项	回复情况
问题更直观	39
表达更简洁	37
思维更清晰	36

回答人数 43

调查结果分析：

Q12 的回答显示，95.35％的教师在数学概念教学中尝试使用"图式表达"进行教学，4.65％的教师没有尝试过。Q13 的回答显示，95.35％的教师认为概念图式化后对教学有帮助，4.65％的教师则认为没有帮助。Q14 的回答显示，大部分教师觉得"图式表达"在数学概念教学的作用是：问题更直观、表达更简洁、思维更清晰。结合上面三个问题，我们不妨多思考一下：没有尝试使用"图式表达"进行教学的教师是没有想到这样的策略，还是尝试之后发现没有帮助呢？还是习惯运用别的策略？为此，面对数学概念的教学，我们最终决定从"教师们通常是怎么做的？"这一问题入手进行调查，从而比较、剖析数学概念教学的策略，寻找"图式表达"促进数学概念教学的优越性。

Q15：对于文字表达复杂的概念，您通常是怎么做的？

选项	回复情况
让学生找概念中的关键字、词	6
举一些与生活实际相关的例子帮助理解	15
把文字转化成图式帮助学生理解	22

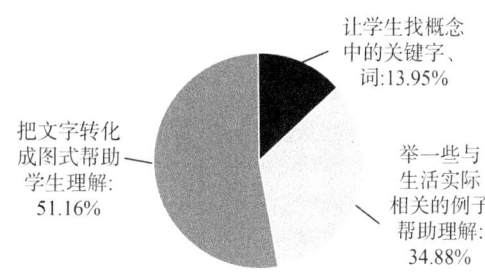

回答人数 43

Q16：对于容易混淆的概念之间的区别，您通常是怎么做的？

选项	回复情况
直接告诉学生	1
让学生自己想办法找出区别	8
通过图式引导学生找出区别	34

回答人数 43

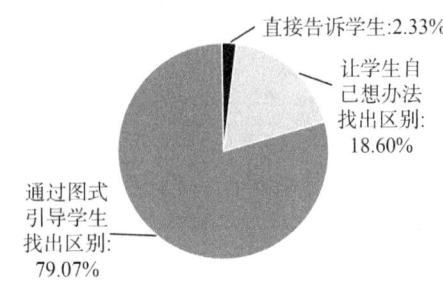

调查结果分析：

Q15 的回答显示，有 51.16％的教师在教学文字表达复杂的概念的时候会选择"把文字转化成图式帮助学生理解"的方法，48.84％的教师会选择其他的方法进行教学。从这项调查中，我们发现，文字表达复杂的数学概念的教学中，用直观的图式帮助学生理解比传统的教学方法更具优势。Q16 的回答显示：79.07％的教师会选择通过图式引导区分容易混淆的数学概念。从上面两项调查中我们可以发现，在实际教学中，大部分教师已经感受到图式的直观性对于儿童学习数学概念的良好效果，从而意识到图式在促进儿童学习数学概念时的作用，这也就坚定了我们课题研究的方向。

（4）教师在数学概念教学中的评价情况的调查与分析

Q17：对于学生数学概念的学习过程，您一般使用哪些评价方法？（多选）

选项	回复情况
课堂观察法	41
测试法	31
小组评价法	34
自我评价法	26

回答人数 43

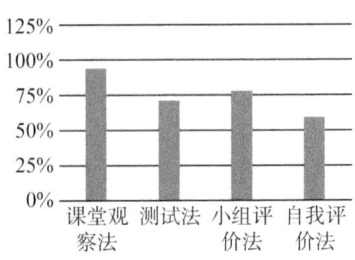

Q18：您对学生学习数学概念的效果，采用哪些评价方式？（多选）

选项	回复情况
课堂观察法	36
测试法	36
小组评价法	35
自我评价法	25

回答人数 43

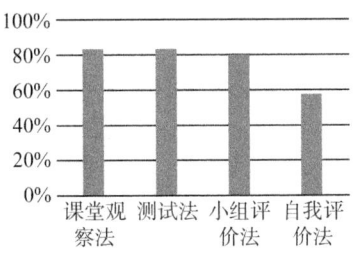

调查结果分析:

Q17调查的是教师对学生数学概念学习过程的评价方法,调查结果显示,大多数教师采用课堂观察法、小组评价法与测试法,也有教师采用让学生进行自我评价的方法。Q18调查的是教师对学生数学概念学习效果的评价方式,调查结果显示,大多数教师选择采用课堂观察法、测试法、小组评价法,少部分教师采用自我评价法。将评价学习过程与学习效果的方法进行对比,我们发现,教师们比较侧重课堂观察法,在对学生的学习效果进行评价时,使用测试法的人数相较于评价学习过程时要多一些。同时,我们也发现,教师们也比较侧重让学生进行自我评价,无论是评价学习过程还是学习效果,他们都让学生进行自我评价,而非传统意义上的教师"一言堂"。

Q19:您会对自己的概念教学进行反思吗?

选项	回复情况
有时	38
很少	4
从不	1

回答人数43

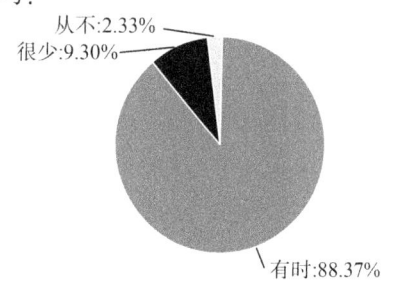

调查结果分析:

这项调查的是教师对自己概念教学的反思情况,其实就是调查教师对数学概念教学的自我评价。调查结果显示,有88.37%的教师会进行自我反思。教师在概念教学之后进行反思,这就说明教师在数学概念教学中发现了一些问题,这些问题的源头可能是教师,也可能是儿童,这会对传统的概念教学的策略产生冲击,就会促使教师与研究者更多地从儿童学习数学概念的角度去思考存在的问题,这就孕育出了促进儿童数学概念学习的实践研究。

(5)教师对"图式表达"的了解情况的调查与分析

Q20:在本次问卷调查之前,您有了解过什么是"图式表达"吗?

选项	回复情况
不了解	7
有一定了解	34
非常了解	2

回答人数43

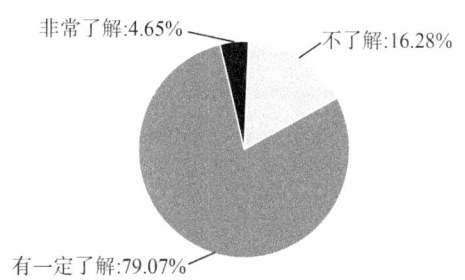

调查结果分析：

从 Q20 的回答来看，79.07%的教师对"图式表达"有一定的了解，16.28%的教师不了解"图式表达"。这一调查结果有助于增强我们课题组成员研究的信心，因为大部分教师对"图式表达"有一定了解，也就意味着"图式表达"在教师间有一定的认知基础。那么，我们在进行课题研究时，能够更快地推进研究进度，遇到的阻力更小，课题研究的深度也能更加深入，以揭示问题背后的本质原因和内在联系。

（6）教师在数学概念教学中的困惑的调查

Q21：您在数学概念教学时，遇到了哪些困难或阻碍？请写在下面。

回答：
概念混淆
讲不清楚，学生听不明白
一些学生对数学语言表述不习惯，喜欢用自己语言表述，这样导致不规范、不完整
如何让学生知其然并知其所以然
无
无
教学过程缓慢
怎样将抽象的概念形象化
没教过，不清楚
概念的抽象性和概括性，是超越学生现有认知的，必须把概念的本质属性先还原到问题表象
不懂，不了解
学生掌握起来比较困难
很好
很好
概念复杂，讲解困难
容易混淆
少数学生概念学习困难
容易混淆
怎样才能让学生理解透彻
很好
暂无总结
请问数学概念的教学需要学生完全记住概念吗

续表

回答：
同学公式混淆不清
概念混淆
无
没有
无
文字描述,学生不理解
针对概念的特点,我们需要思考要采用灵活的教学方法。面对不同概念的教学,还需在采用不同的教学方法和模式上下功夫
无
文字表述太复杂,学生不能理解
抽象
学生不易理解是最大的困惑
无
无
学生不能理解文字描述性的数学概念
学生对概念吃不透,做题混淆
学生表达不完整
学生记不住概念,时间一长容易混淆
学生能背出概念,但感觉还没有理解概念
如何让不同层次的学生都能在规定时间掌握概念
内容过于繁杂,学生不容易理解
学生理解难

受访人数 43

调查结果分析：

从 Q21 的回答来看,概念教学中教师遇到的困难与困惑大致分成数学概念本身文字表述复杂,学生不能理解或理解不透彻,概念混淆,等等。由此可见,数学概念教学中急需把复杂的文字表述转化成学生易懂的或一看就明了的标识,从而降低难度系数,让学生轻松而清晰地掌握数学概念。由此可见,本课题的研究正是解了教师们的燃眉之急,也为学生学习数学概念带来便利。

(7) 教师问卷调查综述

由调查结果来看,本课题组进行的"'图式表达'促进儿童数学概念学习的实践研究"具有现实意义。数学是一门抽象性比较强的学科。数学概念的学习是数学学习的基础。小学阶段数学概念较多,大多以文字表述的形式呈现,然而,枯燥抽象的文字表述给儿童学习数学概念增添了难度,这很容易让儿童对数学学习失去兴趣和信心,急需一种方式或方法解决目前所面临的问题。"图式表达"则让小学阶段五百多个数学概念能以直观生动的形象呈现于儿童面前,落地生根于小学课堂,让以直观思维为主的儿童轻松理解、快速掌握。这不仅有助于降低文字表述带来的理解难度,还有助于提高儿童分析、概括等能力,激发儿童学习数学的兴趣,促使儿童积极参与数学的学习活动,从而提高儿童学习数学的信心。

二、学生问卷调查与分析

1. 调查背景与目的

儿童进入小学阶段,思维处在以具体形象思维为主向以抽象逻辑思维为主的过渡期。在数学中,客观事物的颜色、材料、气味等方面的属性都被视作非本质属性而被舍弃,只保留它们在形状、大小、位置及数量关系等方面的共同属性。数学概念的含义都要给出精确的规定,因而数学概念比一般概念更准确且具有一定的抽象性。然而,儿童受年龄、认知水平等的限制,在理解掌握数学概念时存在一定的困难。

为了全面了解当前儿童数学概念学习的现状,开展学生问卷调查,以此寻找能有效地促进儿童数学概念学习的方法。我校成立了"'图式表达'促进儿童数学概念学习的实践研究"课题组(该课题已经成为江苏省教育科学"十三五"规划2020年度青年专项重点资助课题)。我们课题组集中研制调查问卷,编制了面向学生的"小学数学概念教学情况问卷(学生问卷)",然后进行了一次学生问卷调查,从儿童学习层面了解儿童数学概念学习的现状,以便能更好地对课题进行研究。

2. 调查对象与采样说明

我们学校属于农村乡镇小学,现有 854 名学生,从数量上来讲属于学生比较多、规模比较大的学校,为了获取详细、真实的数据,课题组还抽取了周边学校及市区学校的部分班级开展问卷调查,调查的结果具有一定说服力。

本次调查问卷采用网上调查的形式,利用问卷星进行调查。为了保证问卷的质量,学生在填写问卷时不写名字,同时被告知本问卷调查的目的:了解当前小学数学概念学习的实际情况,调查结果仅供研究,不作他用。问卷填写时要求学生根据实际情况进行填写,认真回答每一个问题,选出自己认为最合适的选项。

3. 调查方法与步骤

为了能清楚地了解小学数学概念教学的现状,本次调查坚持宏观与微观相结合、客观与主观相结合的原则。

本次调查问卷采用选择题的方式进行调查,每个选择题下分列出若干个子项目,以获取想要了解的内容。之后,我们对问卷所获得的信息进行逐项分类统计,对每项进行占比计算,接着进行数据统计分析,最后形成书面报告。通过客观真实的问卷调查数据的统计与对真实数据的比较分析,我们能全面了解当下小学数学概念学习的真实现状,为促进儿童数学概念学习找到问题的症结与解决问题的切入点。

调查步骤:第一步,研制调查问卷;第二步,学生参与问卷调查;第三步,收集相关数据;第四步,统计调查资料;第五步,分析调查结果。

4. 调查的统计与信度分析

本次调查问卷的主要参与对象是海门区城乡六所小学的部分学生,包括本校23个班级、外校5个班,共28个班,总共收到问卷939份。

所得数据主要是运用系统生成与人工统计相结合的方式进行分析,先把系统生成的数据进行分析,然后把相同类别的子项目进行人工统计,算出调查问卷中某类选项人数的总和在总数中的占比,以百分比的形式呈现。自动生成的数据与人工统计生成的数据就是我们用来分析调查结果的基础数据。数据具有良好的信度。

5. 问卷解读

本问卷共17题,问卷的第1、2题为基本情况调查,从学生性别与年级两个方面进行简单的梳理;第3到第5题,从儿童自身角度出发设计问题,旨在了解儿童对数学概念学习的情况;第6到第14题,从儿童角度了解儿童在平时的数学学习中对图与式的了解与接触情况;第15到第17题,重在从儿童角度了解教师在概念教学中的一般做法,以及了解教师运用"图式表达"之后对儿童的理解是否有帮助。

6. 调查结果分析

（1）基本情况调查

Q1：你是男生还是女生？

选项	回复情况
男生	525
女生	414

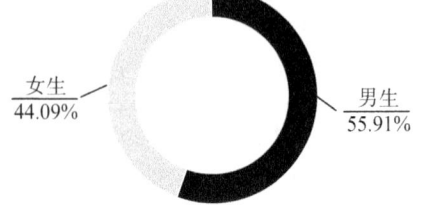

Q2：你现在读几年级？

选项	回复情况
一年级	130
二年级	162
三年级	206
四年级	130
五年级	152
六年级	159

一年级　　　　　　　　13.84%

二年级　　　　　　　　17.25%

三年级　　　　　　　　21.94%

四年级　　　　　　　　13.84%

五年级　　　　　　　　16.19%

六年级　　　　　　　　16.93%

调查结果分析：

从本次调查的情况来看，男女生占比相差不大，各年级人数占比相差不大，这样一种比较均衡的现象，对本课题的研究分析不会产生单一、片面的影响。

（2）从儿童角度对儿童数学概念学习情况的调查与分析

Q3：你对平时的数学概念课感觉怎样？

选项	回复情况
生动有趣	651
一般	272
枯燥乏味	16

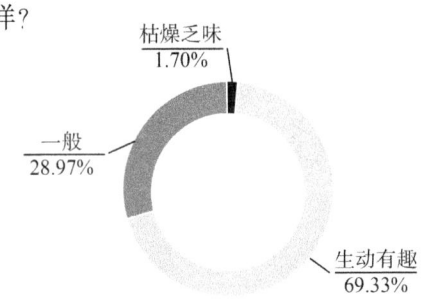

Q4：你觉得数学概念难学是因为什么？（多选）

选项	回复情况
文字表达复杂	220
容易混淆概念	565
概念多，容易忘记	300

文字表达复杂　　23.43%

容易混淆概念　　60.17%

概念多，容易忘记　31.95%

Q5：上完新数学概念课后，你对新概念掌握得怎样？

选项	回复情况
非常清晰	307
基本理解	517
有点模糊	102
完全不理解	13

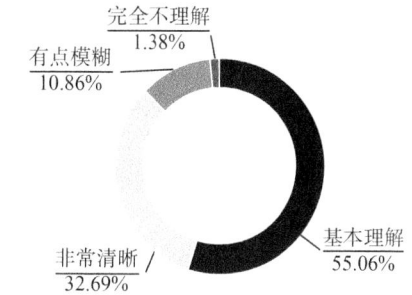

调查结果分析：

我们在调查中发现，近三分之一的儿童对数学概念的学习存在不积极的表现，这就会对数学的学习存在一定的影响。究竟是什么原因导致他们存在不积极的表现呢？经过调查，我们发现，60.17%的儿童认为数学概念容易混淆；31.95%的儿童认为数学概念多、容易忘记；23.43%儿童则认为数学概念文字表达复杂。由此可见，儿童觉得数学概念难学的原因来自数学概念本身，数学概念文字表达复杂、数学概念多容易忘记、概念与概念之间容易混淆等都会导致儿童感到学习数学概念时存在困难。从Q5的回答中我们发现，教学之后，55.06%的儿童只是基本理解数学概念；10.86%的儿童对数学概念有点模糊；1.38%的儿童对数学概念完全不理解。这些数据说明，目前数学概念的教学不能让儿童完全理解、真正掌握概念，这将导致儿童不能真正掌握相应的数学知识，这必然导致儿童在数学学习上慢慢出现掉队的现象。那如何促进儿童数学概念的学习呢？这也就成了我们数学教师与课题组的成员急需研究的课题。

（3）儿童在平时的数学学习中对图与式的了解与接触情况的调查与分析

Q6：你喜欢用文字表达的数学概念，还是用图或式子表达的数学概念？

选项	回复情况
文字	234
图或式子	705

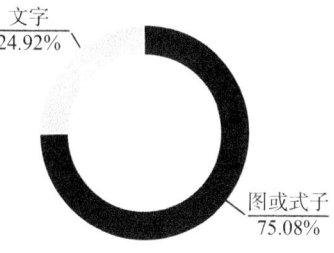

调查结果分析：

认知心理学表明，图式相对于语言媒介来说，它直观、易于感知；相对于自然客体模型来说，它概括性更强，能代表一定具体空间形式及特征的事物形象。调查显示：儿童在学数学概念时，75.08%的儿童喜欢数学概念通过用图或式子的形式进行表达，可见，数学概念用图或式子表达让儿童更易于接受。

Q7：在做数学题时，你喜欢文字表达题，还是喜欢图表题？

选项	回复情况
文字表达题	371
图表题	568

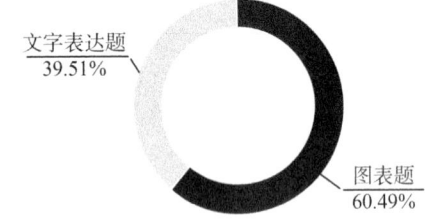

Q8：你在表述四则混合运算的运算律时，喜欢用哪种方法？

选项	回复情况
概念描述	399
字母公式	424
无所谓	116

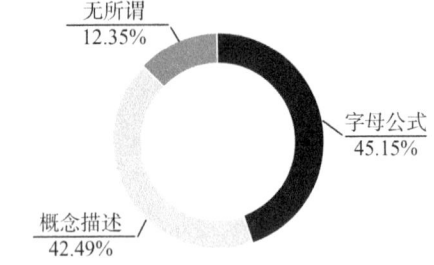

Q9：在求立体图形的表面积或体积时，你会画图吗？

选项	回复情况
经常	500
偶尔	407
从不	32

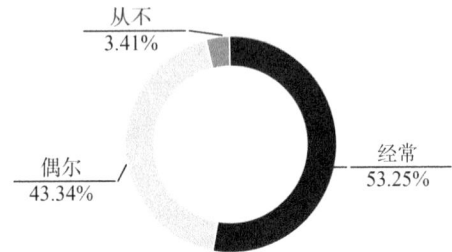

Q10：概念理解时，你有画图的习惯吗？

选项	回复情况
经常	465
偶尔	444
从不	30

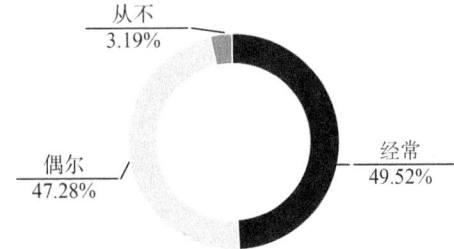

Q11:在理解实际问题时,你会用画图的策略解题吗?

选项	回复情况
经常	505
偶尔	416
从不	18

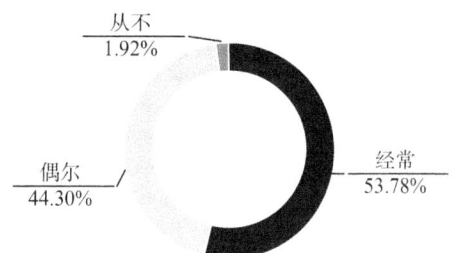

Q12:在解决问题时需要画图,你能较好地画出图表示题目的意思吗?

选项	回复情况
不能	40
能,但不完整	464
能较正确画图	435

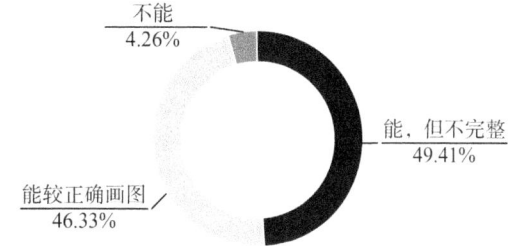

调查结果分析:

我们从 Q7 至 Q12 的回答中发现两点:一是儿童对图式的喜爱程度远远超过文字,在表达形式上更喜欢图式表达;二是儿童对用图式描述事物并不陌生,在解决问题时也常常运用图式帮助解决问题。从以上两方面来看,我们在教学数学概念时运用"图式表达",不会显得突兀,不会给儿童增加陌生感,反而让儿童产生熟悉而喜欢的感觉,在学习的过程中也不会因为数学概念是新知而畏惧,反而会更轻松。因此,这在教学时会产生事半功倍的效果。

Q13:把概念图式化,对你理解概念有帮助吗?

选项	回复情况
有	905
没有	34

Q14:你觉得"图式表达"对你的数学概念学习有何作用?(多选)

选项	回复情况
问题更直观	413
表达更简洁	463
思维更清晰	581

问题更直观	43.98%
表达更简洁	49.31%
思维更清晰	61.87%

调查结果分析：

我们从 Q13 至 Q14 的回答中发现：96.38%的儿童认为"图式表达"对学习数学概念有帮助。其中，61.87%的儿童认为"图式表达"让思维更清晰，49.31%的儿童认为"图式表达"表达得更简洁，43.98%的儿童则认为"图式表达"让问题更直观。通过调查我们发现，"图式表达"在儿童数学概念学习中的优越性是显而易见的。

(4) 教师在数学概念教学中做法的情况调查与分析

Q15：对于文字表述复杂的概念，你的老师通常是怎么做的？

选项	回复情况
让我们找概念中的关键字、词	270
举一些与生活实际相关的例子帮助理解	344
把文字转化成图式帮助我们理解	325

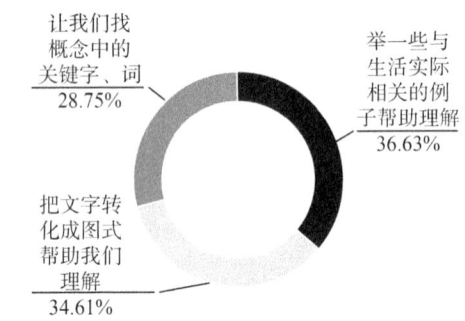

Q16：对容易混淆概念之间的区别，你的老师通常是怎么做的？

选项	回复情况
直接告诉我们区别	42
让我们自己想办法找出区别	129
通过图式引导我们区别	768

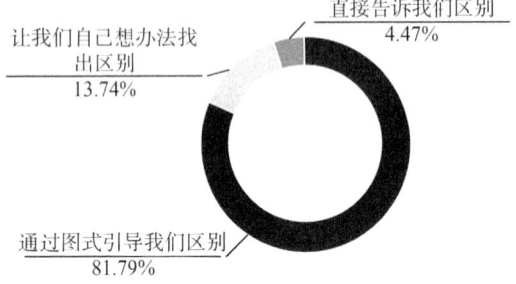

Q17：你觉得老师在教学中运用"图式表达"的方法，对于你理解数学概念有没有作用？

选项	回复情况
非常有用	815
一般	120
没什么作用	4

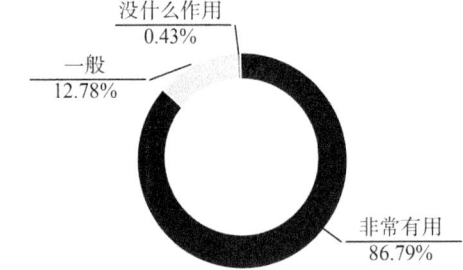

调查结果分析：

我们从 Q15 与 Q16 的回答中发现：

教师在面对文字表述复杂的数学概念时,有 34.61% 的教师把文字转化成图式帮助儿童理解数学概念。当概念之间容易混淆时,81.79% 的教师会通过图式引导儿童区分概念。由此可见,教师意识到"图式表达"的优越性后,开始将其引入我们的数学概念教学的课堂,这对我们的课题研究很有价值。我们从 Q17 的回答中发现,86.79% 的儿童体会到教师在教学中运用"图式表达"的有利作用。这让我们课题组的成员坚定了自己的研究方向。

(5) 学生问卷调查综述

调查结果显示,本课题组进行的"'图式表达'促进儿童数学概念学习的实践研究"具有现实意义。数学概念是人们对数学对象的本质属性的认识,是一种具体思维活动的产物,具有抽象性。而小学时期儿童的思维正处于具体形象思维向抽象逻辑思维过渡的阶段。面对抽象的数学概念的学习,部分儿童产生畏难情绪,急需教师的帮助。调查发现:儿童认为数学概念难学是因为容易混淆概念、概念多容易忘记、文字表达复杂;近一半的儿童在上完新课后不能很清晰地掌握新概念;75.08% 的儿童喜欢用图或式子表述概念。对计算、做题、掌握运算律等问题的调查显示,大部分儿童喜欢通过图式来掌握新的概念、解决问题。由此可见,儿童对图式并不陌生,儿童在数学学习中接触过图式,"图式表达"是儿童理解掌握数学概念时喜欢运用的形式,同时可以高效地帮助儿童掌握概念并解决问题。调查结果显示,96.38% 的儿童认为数学概念图式化对理解概念有帮助,"图式表达"对数学概念学习的帮助在于使思维更清晰、表达更简洁、问题更直观。由此可见,"图式表达"对于儿童的数学概念的学习的确有帮助。调查结果显示,在概念教学的过程中,有近一半的老师在尝试用"图式表达"帮助儿童掌握数学概念。我们在调查中还发现,对于教师在教学中运用"图式表达"的方法,有 86.79% 的儿童认为能很有效地帮助他理解数学概念。由此可见,"'图式表达'促进儿童数学概念学习的实践研究"将会给儿童学习数学概念带来福音,同时,这样的研究势在必行、迫在眉睫。

第三节　对"图式表达"促进儿童数学概念学习的主张提取

一、"图式表达"促进儿童数学概念学习的内涵

什么是"图式"?"图式"原本是心理学概念,指一种特殊的心理结构,或一种组织起来的理解经验的方式。在美国认知心理学家鲁姆哈特看来,图式是认知的基石,一切信息加工活动都要建立在图式的基础上。本书所探索的数学概念

中的"图式"是对数学概念的一种具象化的特有的表征方式,这种方式让儿童一看就懂、一看就能明白,让儿童在学习数学概念时感到数学概念更加直观、具体,在学习的过程中感到轻松。

何为"图式表达"？图式表达基于学生的图式建构,可以引导学生完成心理同化、顺应。在数学概念教学过程中运用"图式表达"就是指把数学概念用图形或式子转述出来。这是对数学概念的一种特有的表述形式,通过把枯燥、抽象的语言文字表述转化成生动、直观的图式,让数学概念变得更加直观、形象、具体,让以直观形象思维为主的儿童能更容易理解并掌握数学概念。总之,"图式表达"化抽象为直观、化模糊为清晰,帮助儿童实现数学理解的跨越,促进儿童认知结构的完善,让儿童的数学学习变得有意义、有价值,同时让儿童消解畏难情绪,从而喜欢数学、热爱数学。

什么是数学概念学习？数学概念是客观事物的数量关系和空间形式的本质属性在人脑中的反映。数学概念是构成数学法则、定理的基础知识,是数学学习的核心,是一种思维形式。数学概念的学习是指儿童以学习、探讨客观世界数量关系和空间形式的本质属性为宗旨的课堂学习活动。正确理解并掌握数学概念,是掌握数学基础知识、运算技能、发展逻辑与锻炼空间想象能力的前提。儿童学习数学概念的过程是一个复杂的思维过程。

"图式表达"促进儿童数学概念的学习。在认知心理学、杜宾斯基的"APOS理论"及其他现代教育思想的指导下,如果将枯燥抽象的数学概念通过图式表达,儿童就能更直观、更形象、更具体地理解掌握新的数学概念。数学概念呈现方式的转变,能去除文字表述的抽象与模糊、复杂与烦琐,从而让儿童学得更轻松、更容易,并能激发儿童的数学学习欲望、培养儿童的思维能力,从而提升儿童的数学素养。

二、"图式表达"促进儿童数学概念学习的特性

"图式表达"是一种结构形式,是对数学概念的一种特有的表述形式,它通过视觉符号传递信息,促进儿童数学概念的学习。因此,它具有下列特性:

1. 直观性与形象性

运用传统的方法学习数学概念时,儿童把抽象的文字语言在头脑中进行比较、分析、抽象、概括,这一过程对于还处在以具体形象思维为主的儿童而言存在一定难度,这也就让一部分的儿童感到数学概念难学,让一部分儿童在学习数学概念时产生畏惧心理。长此以往,儿童对数学的学习也会存在畏惧心理,丧失了

数学学习的自信心与求知欲。"图式表达"是教师根据数学概念的文字描述进行精心设计,把枯燥、抽象的文字表述转化成直观、形象、生动的图式,把原本需要儿童在脑海中经历一系列思维活动过程的文字语言表述直接转变为强烈的视觉感知,避免了文字诠释可能带来的抽象性和理解难度,使相应的信息更容易被儿童接受与理解,给儿童留下更深刻的印象。"图式表达"比文字表述更直观、更形象、更可感、更易记。这给儿童学习数学概念搭了一架攀爬的梯子,让儿童跳一跳就能摘到理解掌握数学概念的"果实"。儿童在借助"图式表达"学习数学概念的过程中,因为"图式表达"具备直观性与形象性,所以儿童不会感觉数学概念难学,也不会产生畏惧学习数学概念的心理,反而会感觉数学概念易学习。儿童一旦感觉数学概念容易学习,就会产生喜欢学习数学概念的心理,继而增加学习数学的自信心乃至求知欲。

2. 结构性

德国拓扑心理学家 K. 勒温指出学习是认知结构的变化。皮亚杰认为,认知结构是以图式、同化、顺应和平衡的形式表现出来。教学实践和实验研究表明:采取一定手段有意地控制学习者的认知结构,提高认知结构的可利用性、稳定性与清晰性,以及可辨别程度等,对于有效地学习和解决问题是有作用的。"图式表达"是一种结构形式,它不是简单的图形的视觉呈现,它还强调了图形背后的逻辑结构和意义传达。它的概括性极强,它把数学概念通过合理的图式加以形象化,降低了儿童在学习数学概念时理解上的难度,帮助儿童快速把握数学概念的整体框架,进而帮助儿童轻松快速地理解、掌握数学概念。

3. 易普及性

爱因斯坦说:"兴趣是最好的老师。"兴趣被认为是学习者的最佳动力源。当儿童具有"兴趣"这一内在动力时,儿童的学习效率将达到最高、记忆效果将达到最佳的状态。数学概念学习兴趣的激发,将影响儿童后续的数学学习。那儿童数学概念学习的兴趣在哪呢?喜欢就是最大的兴趣。调查问卷显示,75.08%的儿童喜欢用图或式子的形式表达的数学概念,96.38%的儿童认为"图式表达"对学习数学概念有帮助。由此可见,"图式表达"是儿童学习数学概念的兴趣点,同时,"图式表达"在儿童数学概念学习中也是极易普及的。我们教师抓住"图式表达"这个兴趣点、普及点,就能激发儿童学习数学概念的兴趣,也将会增加儿童数学学习的乐趣。

4. 多样性

"图式表达"是数学概念的一种特有的表述形式,它利用图形、图像等形式来传达数学概念中的相关信息和意义。在小学阶段,数学分为四个学习领域,分别是"数与代数""空间与图形""统计与概率""实践与综合应用"。每个领域中"图式表达"的表达形式也不尽相同,因此,"图式表达"的表达形式具有多样性,包括图示、图表、图谱、图像等。例如,在"数与代数"领域中,"图式表达"的表达形式有图示、图像、式子等;在"统计与概率"领域中,"图式表达"的表达形式有图形、表格等。由此可见,"图式表达"的表达形式具有多样性。

综上所述,"图式表达"以其直观性、形象性、结构性、易普及性与多样性等特性,成为数学概念的一种特有的、有效的视觉表述形式。

三、"图式表达"促进儿童数学概念学习的理论支撑

"图式表达"把数学概念以直观形象的图式表述出来,有助于儿童轻松理解、快速掌握数学概念,有助于提高儿童分析、概括的能力,有助于提高儿童学习数学的兴趣和信心。"图式表达"促进儿童数学概念学习这一观点,具有坚实的理论支撑。

1. 认知心理学中的图式理论

图式概念最早来自18世纪德国哲学家康德,他把图式看成是"原发想象力"的一种特定形式或规则。康德的图式理论给我们的启示是:图式是一种特定形式。瑞士心理学家皮亚杰的认知发展理论着重于儿童的认知结构和过程。他的理论核心是:"图式",指一个有组织的、可重复的行为或思维模式。他强调儿童的认知过程是先天与后天共同作用的结果,个体能对刺激做出反应,在于其具有应付这种刺激的思维或行为图式。皮亚杰认为,儿童通过与环境的互动,不断调整和重组他们的图式,从而推动认知发展。皮亚杰提出了三种与智力结构相关的图式:动作图式(感觉运动图式)、符号图式和运算图式。皮亚杰的认知图式理论给我们的启示是:图式是一种认知结构,图式也是一种思维或动作模式,儿童的认知发展是通过不断调整、重组其认知图式来推动的。大量研究证明,图式是储存在脑中的,是从以往经历中得来的,是对反复出现的情况的概括认识,它省略了细节而概括了一些相似情况的共同特点。

认知心理学中的图式理论给"图式表达"的启示是:"图式表达"是一种认知结构,它的概括性很强,它能反映出一定具体空间中具有不同特征的事物形象。

也就是说,"图式表达"是直观的、易于感知的。儿童在学习数学概念时,教师可以通过"图式表达"把复杂抽象的理论,通过合理的图式加以形象化,化繁为简,借助"图式表达"使教学内容的系统性和条理性得到进一步体现,便于融会贯通所学知识,提高学生分析问题的能力。

2. 杜宾斯基的"APOS理论"

20世纪80年代,美国学者杜宾斯基(E. Dubinsky)等提出APOS理论,该理论是一种以建构主义为基础的数学学习理论。他认为,学生学习数学概念是一个主动建立适当心智结构的过程。杜宾斯基还认为,一个人不可能直接学习到数学概念,而是透过心智结构使所学习的数学概念产生意义。如果一个人对于给予的数学概念拥有适当的心智结构,那么他几乎自然就学到了这个概念。相反,如果无法建立起适当的心智结构,那就不能学到这个数学概念。APOS理论指出了数学学习过程:数学知识是个体在解决所感知到的数学问题的过程中获得的,在此过程中,个体依序建构了心理活动、过程和对象,最终组织成用以理解问题的图式。由此可见,这里的心智结构或图式就是人学习过程中思维的产物,它有着很强的概括性与抽象性。

杜宾斯基认为,学生学习数学概念就是要建构心智结构,他把该过程归纳为四个阶段:操作(Action)阶段、过程(Process)阶段、对象(Object)阶段、图式(Scheme)阶段。图式阶段的数学概念以一种综合的心理图式存在于脑海中,在数学知识体系中占有特定的地位。一个数学概念的"图式"是由相应的操作、过程、对象以及相关的图式所组成的认知框架。其作用和特点就是决定某些刺激是否属于这个图式,从而就会作出不同的反应。

杜宾斯基的APOS理论为"图式表达"促进儿童数学概念学习提供了强有力的理论支撑,并给了我们很多启迪:"图式表达"不是简单的结构形式的表达,它还是一个思维过程。文字表述的数学概念转化成"图式表达"就是要经历一个转化的过程,因此,经历了"图式表达"这一思维过程,儿童就在大脑中拥有了一次整合、具象的过程。

3. 巴特莱特的图式理论

英国心理学家巴特莱特对图式理论的贡献主要在对记忆的实验研究与将思维比作技能的操作两个方面。他在专著《记忆:一个实验的与社会的心理学研究》中提出,图式是指围绕某一主题组织起来的知识表征和记忆贮存方式。他认为图式是人们赖以观察世界、理解世界的一种认知手段,可以用来解释人类的心理认知过程。图式还是个体已有的知识结构,该知识结构对于个体认识事物发挥着重要作用。在认知过程中,个体只有把新刺激与已有的相关知识联系起来才会理解它。

巴特莱特的图式理论给"图式表达"促进儿童数学概念学习提供了有力的理论支撑,同时给我们诸多的启示:启示之一,"图式表达"能帮助儿童有效记忆数学概念,"图式表达"冲击着儿童的视觉,比文字表述更容易让儿童识记;启示之二,"图式表达"能有效帮助儿童理解、掌握数学概念。图式不仅可以向儿童解释如何处理数学概念中的文字信息,还向儿童传达图式背后的意义,还可以帮助儿童理解如何根据已有的知识、经验解释已知的数学概念和理解新的数学概念。

4. 鲁默哈特的图式理论

美国认知心理学家鲁默哈特认为,图式是由许多相互联系、相互作用并结合成一个有机整体的一系列知识所组成的一种心理结构,他把图式称为认知的建筑块料(或"组块")。图式除了包含知识本身是怎样被表征出来的之外,还包括这些知识如何得到应用的信息,即包含一般所谓反映着知识结构的认知结构。为此,鲁默哈特认为,图式理论是一种关于人的知识的理论。所有的已有知识在头脑中经过整理内化形成一定的组织,这种组织就是图式,图式不仅包含知识本身,还包含有关这些知识如何被运用的信息,即图式的启动。在认知过程中,图式的主要作用就是说明人的理解过程。理解时需要个体已有的图式中相关知识的加入,通过分析、推理、比较、综合等心理过程,达到知识的掌握。

鲁默哈特的图式理论给"图式表达"促进儿童数学概念学习提供了操作导向,给我们深刻的启示。我们把用文字表述的数学概念转化成"图式表达"时,这个"图式表达"不仅包含数学概念本身,还包括"图式表达"内在的理解过程。在运用"图式表达"促进儿童的数学概念学习的过程中,我们教师要让儿童经历知识的发现、探究过程,让儿童经历比较、分析、推理、抽象、概括、总结等思维过程,达到真正理解、掌握数学概念。

四、"图式表达"促进儿童数学概念学习的实施策略

让儿童感觉数学概念直观、形象、易懂是"图式表达"儿童学习数学概念课堂的追求,这样的数学概念课堂是轻松、快乐、高效的数学课堂。那么,怎样做才能达到这样的效果呢?在"图式表达"儿童学习数学概念的课堂实践中,我们要把握以下四个策略。

1. 创设情境　激发兴趣

学习兴趣是个体对学习的一种积极的认识倾向与情绪状态。学习动机则是激发个体进行学习活动的原动力。在整个小学阶段，儿童最先感兴趣的是学习的外部活动，然后才对学习的内容感兴趣。"情境"恰巧成了这外部活动与学习内容之间的桥梁。由于小学阶段的儿童年龄小，逻辑思维还未得到完全培养，对数学概念的感知以形象思维为主，加上儿童在学习过程中极易受到外界环境的影响，导致注意力难以集中，从而无法将数学概念内化。此时，教师应根据所教内容创设合理的情境，在创设的情境中，利用"图式表达"将数学概念直观呈现，让数学概念变得更为生动化和趣味化，再引导儿童深入思考、分析、理解、掌握数学概念。

教师在创设情境时，可以结合儿童的生活实际。在儿童的实际生活中，随处可见数学现象与数学问题，小学儿童本身也具备了一定的生活经验，因此教师可以结合儿童实际生活开展概念教学，在课堂中融入与儿童实际生活有关的事物，使儿童能够完成对数学概念的感知与理解，进而降低数学概念的学习难度。

教师在创设情境时，还可以借助信息技术。小学阶段儿童的逻辑思维能力还未得到完全发展，他们只能在形象思维的助力下完成对数学概念的学习，并且由于部分儿童在学习过程中容易受到外界环境的影响，他们无法长时间将专注力放在学习上，最终造成他们对数学概念内化困难。因此，现阶段的小学数学教师可以借助信息技术手段为儿童模拟"图式表达"情景，让儿童在有趣且生动的环境下完成对数学概念的学习，使儿童提升概念学习的专注程度，进而促进儿童理解与掌握数学概念。

在情境创设这一过程中，"情境"就是一个润滑剂，它不仅降低了数学概念的难度，而且，由于这种为教学而创设的情境是被赋予感情的，是符合儿童认知水平与学科特点的，是能将教育元素突显出来的，所以，它可以使置身其中的儿童提高积极性，促进心智、情感等的完整发展，进而使他们获取数学学习的乐趣，提高课堂教学效果。

2. 意义构建　找准三点

"图式表达"能够促进儿童对数学概念的意义建构。对于儿童来说，建构一个数学概念，不是机械地识记数学概念的定义，而是能理解数学概念的意义。只有理解了数学概念的意义，才能精准地把握数学概念的内涵与外延。

首先，找准数学概念的生成点。只有"图式表达"找到生成点，才能让数学概念与儿童学习达成融合。数学概念具有二重属性，即对象性和过程性。数学概念的对象属性，说明了数学概念具有丰富的内涵、外延；而数学概念的过程属性，说明了数学概念具有丰富的背景、诞生的历程。引导儿童建构数学概念的意义，就是要让儿童经历数学概念的诞生历程，了解数学概念的诞生背景，从而把握概念的内涵与外延。图式是揭示数学对象性质的有力工具，能让儿童借助视觉编码完成文字编码，进而理解对象的本质属性。在数学概念学习中，教师运用图式能引导儿童主动地对数学概念进行意义建构。"图式表达"能激发儿童的数学思维，催生儿童的数学想象。借助"图式表达"，儿童能在心理层面建立概念的表象，明晰概念的逻辑意义。

其次，找准数学概念的生长点。德国著名哲学家康德认为，图式是"潜藏在人类心灵深处的"一种技术、技巧。儿童数学概念的学习，从某种意义上说，就是一个从心理图式"不平衡"走向"平衡"的过程。在这个过程中，儿童要进行积极的概念同化与顺应。所谓"同化"，就是"原有认知结构能吸收新信息并进行整合，进而建构新的认知结构"；所谓"顺应"，就是"原有认知结构无法同化新信息而引起认知结构发生改造、重组等"。"图式表达"促进概念的同化与顺应，促进数学概念的自然生长。"图式表达"有助于儿童把握概念的本质属性，从而能让概念的内涵、外延进一步精致化、精准化。"图式表达"可以是动作图式的表达，也可以是言语图式的表达。而外在"图式表达"的根本目的是建立儿童内在的表象图式、思维图式以及想象图式。只有当儿童建立了内在的图式，才能在心理上把握数学概念的内涵以及外延，理解概念的数学本质。

最后，找准数学概念的生发点。数学概念之间存在着关联。作为教师，不仅要引导儿童通过概念的建构认识概念的本质，更要通过概念的关联来认识概念的本质。一个概念，只有放置到概念系、概念群、概念网之中才能获得真正的理解。因此，"图式表达"不仅要重视概念的生成、生长，还要重视概念的生发。教师通过概念的生发，让儿童把握概念结构，建构概念体系。只有这样，儿童才能"既见树木，更见森林"。德国数学家菲利克斯·克莱因认为，数学的直观是对概念、证明的直接把握。"图式表达"能让单一概念被有效地纳入概念结构、概念体系。借助概念结构、体系，儿童能明确概念与概念之间的因果关系、属种关系等。

3. 启发联想　寻找联系

心理学认为，联想实际上反映了客观事物之间的联系，它在促进人的记忆、想象、思维等心理活动中占有重要的地位，它是人的一种思维形式，也是学习的一种方法。在数学概念学习中，构建数学概念知识网是深度理解各种数学概念的关键。这时,联想学习是一种非常有用的学习方法,它通过把新信息与已知信息相关联,帮助学习者串联知识和经验,梳理知识点之间的关系,从而加速记忆过程并增强理解。实际上,"图式表达"本身就是一种联想学习,在文字与图式之间进行了联想。文字表述的数学概念较为抽象,儿童难以马上理解掌握,这时就需要借助"图式表达"更直观形象地呈现数学概念,借助"图式表达"启迪思维,构建数学概念的知识框架。帮助儿童联想是促使儿童理解数学概念的重要方法之一,教师在应用"图式表达"时需积极引导儿童进行联想,这不仅能满足儿童的求知欲,还能够增强儿童的思维能力,提高儿童学习数学概念的效率。

4. 归纳总结　形成体系

归纳和总结是数学学习中重要的思维方法。归纳是指从许多个别的事物中概括出一般性概念、原则或结论,总结是把一阶段内的学习内容分析研究,做出有指导性的结论。儿童用"图式表达"学习数学概念的过程,也是一个归纳总结的思维过程。把用文字信息表述的数学概念归纳总结成"图式表达",通过可视化的方式,将数学概念直观地呈现在儿童的眼前,便于儿童直观地理解与记忆。儿童在学习积累多个数学概念之后,教师可以利用归纳的数学方法,引导儿童将众多数学概念进行分类整理,形成具有逻辑性的数学知识网络,总结成新的"图式表达",让数学概念变得系统化,促使儿童在头脑中形成数学概念体系,为儿童后续的数学学习打下坚实的基础。这样做不仅能培养儿童逻辑思维能力,还能优化儿童的知识结构,进一步提高儿童学习数学概念的效率和质量。

五、"图式表达"促进儿童数学概念学习的实践研讨

2020年1月20日,江苏省教育科学规划领导小组办公室正式发文,批准将我申报的江苏省教育科学"十三五"规划2020年度课题《"图式表达"促进儿童数学概念学习的实践研究》立项为重点资助课题,批准号为:C-a/2020/02/07。之后,我接到海门区教体局教科室(原海门市教育局教科室)电话,开始组建课题研究群,准备正式着手课题的研究。其间,我主持的南通市教育科学规划课题《小学低年级儿童数学绘本阅读的研究》在我校进行现场结题论证。海门区教育科学规划领导小组的专家们在结题论证会结束后,对我申报成功的江苏省教育科学"十三五"规划2020年度重点资助课题进行开题前的指导,他们觉得"图式表达"对儿童数学概念学习的研究是很有价值的,并鼓励我扎实做好本课题的研究工作。海门区教体局教科室龚向东主任、正高级教师钱艺林等领导的指导、关心与鼓励,使我增强了研究的决心、坚定了研究的信念。

2020年2—6月，我在网络、教育专著、教育杂志上查找关于图式理论、数学概念教学、数学概念学习的相关资料，推荐给课题组成员进行阅读，并要求每位成员撰写学习心得。课题组成员学习了与本课题研究相关的理论后，纷纷撰写了学习心得，并在课题研究群里晒出自己的学习心得，明白了一些关于图式的理论、数学概念，知道了一些数学概念教学的策略、儿童数学概念学习的思维过程等。

课题组成员共同研制了两份调查问卷——"小学数学概念教学情况问卷（教师问卷）"与"小学数学概念教学情况问卷（学生问卷）"，利用"问卷星"对海门区城乡六所小学的部分教师以及这六所小学的部分学生（本校23个班级，外校5个班，共28个班）进行问卷调查。根据问卷调查的结果，我们对问卷中的每一题进行分析，从教师的教学层面与儿童的学习层面全面了解儿童数学概念学习的现状。接着又根据问卷调查结果撰写了调查报告，为课题之后的研究打下坚实的基础。

5月16日，课题组全体成员集中在会议室开展课题研讨。会议中，我对本课题的核心概念、研究背景、研究内容、研究方法等进行逐一阐述，针对课题组成员对课题研究存在的疑惑进行解答，对课题研究进行分工，对课题开题前要做的研究工作进行了讨论并进行了细分工。

7月，我组织课题组全体成员翻阅苏教版小学数学12册教材，从中整理出所有的数学概念，并把这些概念汇编成册。

7月23日，江苏省教育科学规划领导小组办公室组织专家组，在启东市第一中学开展省教育科学规划重点资助课题开题论证活动。我从问题提出、理论框架、研究目标与内容、研究重难点、研究方法、过程、预期研究成果、组织与管理、研究概况九个板块，向专家、领导们简要汇报开题报告。专家组就"数学概念的由来""数学概念的分类""预期研究成果的名称""图式表达的定义"等内容进行了沟通交流，他们充分肯定了课题组前期的研究工作。他们认为，《"图式表达"促进儿童数学概念学习的实践研究》这一课题很有价值，它体现了以"生"为本的教学思想，体现了教师尊重儿童的认知水平、思维水平。课堂上，教师将抽象的文字表述转化成直观形象的"图式表达"，帮助儿童学习数学概念，避免了文字诠释带来的抽象性，降低了理解上的难度，有助于学生轻松理解、快速掌握数学概念，有助于提高学生分析、概括等能力，让儿童从被动学习向主动学习转型，有助于提高学生数学学习的兴趣和信心。同时，该研究有助于更新教师的教学理念，让教师真正做到根据儿童的学习状态调控课堂，让数学课堂实现以学生发展为本。该研究还能拓宽教师的视野，提高教师的应变能力与教学能力，促进教师专业的成长。专家组建议我们,要在数学概念之间找到逻辑点,给我们的课题研究指明了方向。

7月下旬至8月,我根据专家们的建议,重新审视课题的研究,并制定了下一阶段的研究方案。我们利用假期时间,在网上学习数学概念的相关理论知识,了解到在小学数学教材中,主要存在定义式与描述式两种表现形式的数学概念。我们重温汇编成册的数学概念,并把这些概念的表现形式也汇总在数学概念册里。我们在重温这些数学概念时发现,这些概念有些是显性知识,有些是隐性知识,又考虑到老师们在整理的过程中可能存在遗漏的现象,我们又组织课题组成员错开年级进行核对,发现遗漏并及时进行补充,遇到不能确定的情况就在课题群里进行讨论研究。

9月,蓝天白云,秋高气爽,它带着秋的内敛、携着秋的成熟。在这美好的时节,新学期如期而至。我们课题组带着饱满的热情与充沛的精力开启一场未知的精彩旅程。9日,课题组研究活动在会议室召开。本次活动的主题是:学习理论,分享心得。课题组的成员轮流分享关于图式理论与数学概念的学习心得。课题组成员在分享中互学,在倾听中增长学识,在交流中解惑,在研讨中成长。课题的研究并不局限于课题组成员内部,为了帮助学校其他教师成长,同时也为了课题的有效研究和进一步推广,学校其他教师也加入了课题的研究。我把课题研究中的课例研究与学校的教研活动结合起来进行开展,要求围绕本课题每月开展一次年级组内的课例研讨活动和一次全校性课例研讨活动。活动最后,我宣读并布置了下一阶段的课题研究工作。

9月中下旬至11月,在这两个半月中,课题组的每个成员围绕本课题至少执教了一节年级组内或校级公开课。我们围绕执教的课打磨数学概念的"图式表达"。在正式上课之前,教师自己设计方案,在备课组内进行试教,发现问题再进行修改,然后再在年级组内或全校开展公开课。课后,听课教师集中研讨,执教教师先进行说课,接着听课教师围绕本课题的研究进行评课。一开始,老师们对于"图式表达"的数学概念学习的课堂设计存在困惑。于是,我精心备课、制作课件,上了一节校级示范课。课后,课题组成员集中在会议室,就我执教的课围绕本课题的研究进行研讨。在研讨中,老师们慢慢对"图式表达"促进儿童数学概念学习的课程有了一点感觉。之后,老师们仔细琢磨,自己在班级中尝试,在年级组乃至全校执教公开课后,他们对"图式表达"的数学概念学习有了属于自己的体会与感受。老师们在研讨活动中能更加明晰"图式表达"的意义,进一步认识到数学概念的学习对儿童数学学习意义重大,深切地感受到尊重儿童、适合儿童的学习方式才是最好的教学方式。

12月16日,南通市教科院"科研普惠工程"活动在我校举行。南通市教育科学规划办公室主任吕亚梅,海门区教体局副局长倪强,南通市教科院综合科科长钱明明,南通市教师发展学院办公室主任冒继承,南通市教育科学研究院小学数学教研员顾娟,海门区教师研修中心副主任张永林,海门教体局教科室主任龚向东、钱艺林,海门区各学校教科研分管领导、骨干教师以及省市规划课题主持人、正余小学教师代表等100多人参加了本次活动。

本课题核心组成员凌辉主任在活动中做了题为《依托课题研究,促进学校内涵发展》的报告。他向来宾们介绍本课题的宗旨:以儿童为中心,从儿童数学概念学习的现状出发,通过教师精心设计,把抽象的文字表述转化成直观的图式表达,让复杂抽象的数学概念通过图式演绎变得更加简单易懂、直观具体,从而消除儿童在学习中遇到的阻碍。儿童在学习数学概念的过程中,将新知与旧知融会贯通,提高了分析能力,培养了学习兴趣。他又向来宾们介绍我校如何进行课题的研究,如何依托课题促进学生、教师、学校三方共同成长。

与会领导、专家和骨干教师们听取了四节"图式表达"数学概念学习的研究课,分别是我执教的"认识平行线",课题核心组成员宋云翔主任执教的"确定位置",通师二附教育集团副总校长、南通市八一小学党支部书记、校长王海峰执教的"线和角的再认识",南通师范学校第一附属小学副校长管小冬执教的"奇妙的数——分数的初步认识",这些是为本次研讨活动准备的鲜活的研讨课例。在"认识平行线"这一课中,由于儿童的思维水平正处于从具体形象思维向抽象逻辑思维过渡的阶段,"互相平行""平行线"等数学概念比较抽象,对于四年级的孩子来讲,要理解它们是存在一定困难的。因此,本节课尝试通过"图式表达",从一组图片中引出相交和不相交的概念,通过"图式表达"让学生理解"同一平面"的概念,通过"图式表达"把抽象的文字表述转化成直观的图式,帮助儿童真正理解"互相平行""平行线"等数学概念,进而理解概念的本质,让数学概念变得直观形象,激发儿童学习数学的兴趣。在"确定位置"这一课中,儿童在学习本课内容前,已经积累了一些关于描述物体位置的学习经验和生活经验。但是本课学习的困难点在于儿童对"排""列""数对"等数学概念的学习,以及从已有的初步生活经验上升到用数学方法表示物体平面位置的思维过程。因此把文字表述的"排""列""数对"等数学概念转化成直观形象的"图式表达",这不仅有利于儿童自己清晰地去建构知识,还能提高认识水平。"线和角的再认识"是四年级上册第八单元的教学内容。根据皮亚杰认知发展理论,四年级儿童的思维水平仍处于从具体形象思维向抽象逻辑思维过渡的初级阶段。对于他们来说,理解射线、直线这两个抽象的概念,理解它们可以"无限延长",理解长度是"无限的"是有一定难度的。本节课的教学内容不仅抽象,而且知识点多且杂。因此,教师在课堂上必须立足儿童的认知起点,灵活处理教材,契合儿童的思维特点,尝试通过"图式表达"的学习方式,让儿童从已有的线和角的知识出发,借助直观的形象,将抽象的射线、直线和角的数学概念,转化为直观形象的图式,激发儿童的探究兴趣,让儿童理解三线关系以及角的概念,让儿童借助直观形象真正理解数学概念的抽象本质。"奇妙的数——分数的初步认识"是三年级上册第七单元的教学内容。在此之前,儿童是在自然数范围内研究数,有关分数的生活经验相对较少。分数这种形式特殊、表达意义与自然数迥然不同的数的形式,对儿童而言是奇妙的。儿童感到奇妙的原因有二:一是源于分数独特的表达图式,即用两个自然数加一根分数线组合后的整体表达,它既可表示量的多少,又可表示部分与整体间的关系;二是源于这种图式表达又是从自然数的意义出发,是思考后的创新表达。教师运用"图式表达"去教授"分母""分子""分数线""分数"等概念,让儿童在认识、理解这种创新表达的过程中,感受数学概念的奇妙。

随后,四位执教教师对所执教的课进行说课,南通市教育科学研究院小学数学教研员、江苏省小学数学特级教师顾娟、海门区海南小学教育管理集团副总校长杜卫新,就这四堂研究课进行了精彩的点评。他们认为,这四堂课设计新颖、特色鲜明、亮点纷呈,围绕运用"图式表达"促进儿童数学概念学习进行教学,课堂上儿童被"图式表达"呈现的概念深深吸引,在"图式表达"的引领辅助下,儿童能快速地理解掌握相应的数学概念。这样的课堂以生为本、具有科学的发展观,激发了儿童数学学习的兴趣,提升了儿童的数学素养。

下午,南通市教育科学研究院小学数学教研员、江苏省小学数学特级教师顾娟作了题为"儿童数学概念学习的新视角"的讲座。她从"数学概念的特征""数学概念学习的形式""'图式表达':儿童数学概念学习的新视角""'图式表达'促进儿童数学概念学习的实施策略"四个方面进行了讲述。她在讲座中提出儿童数学概念学习的新视角:在"图式表达"中形成概念,发现本质特征;在"图式表达"中辨析概念,厘清内涵外延;在"图式表达"中升华概念,构建概念系统。她在"图式表达"促进儿童数学概念学习的实施策略中提出注意先学后教、循序渐进、内外兼修、融会贯通、峰回路转。她觉得数学概念的教学就是为思维的通透而教。讲座中,顾特以我执教的"认识平行线"一课为例,谈"图式表达"促进儿童数学概念学习的实施过程,谈"南通立学课堂"的教学理念、核心策略以及它们与本课题的契合点。顾特充分肯定了我们课题研究的价值,肯定了我们关于"图式表达"促进儿童数学概念学习的课堂研究,她还在讲座中穿插分享了很多鲜活的案例。与会教师们沉浸在顾特幽默风趣的语言中,沉浸在她对课堂的分析中,教师们受益匪浅,共同成长着。顾特的讲座让我们对数学概念的特征、数学概念的学习形式、"图式表达"促进儿童数学概念学习的实施策略等有了一个更深的认识,让课题组的成员们对"图式表达"促进儿童数学概念学习的课堂研究有了一个更新、更深的认识,为本课题的深入研究指明了方向。

南通市教师发展学院办公室主任冒继承作了以"专业阅读与专业发展"为题的讲座。他围绕"好教师是读出来的""走向精深的阅读""服务教学的阅读"等主题,阐明了专业阅读对促进教师专业发展的作用,给课题组的全体成员留下了深刻的印象。本讲座让课题组的成员意识到课题的研究更离不开阅读,特别是对图式理论、认知心理学与数学概念等的相关理论的阅读。这些阅读让我们走进数学概念学习体系,走进儿童的认知发展,走进儿童心理学的研究。这些阅读为我们课题的研究打下扎实的理论基础,有助于我们挖掘课题研究的深度与拓宽课题研究的广度。

最后,南通、海门的领导、专家分别进行点评指导。南通市教育科学规划办公室主任吕亚梅一直关心着本课题的研究,从最初的申报指导到申报成功后的研究,她给我们提了诸多建议。她觉得,"图式表达"促进儿童数学概念学习的实践研究是一个非常值得研究的课题,是一个真正在研究的课题。她鼓励我们继续扎实地做好此课题的研究工作。海门区教体局副局长倪强讲话,他充分肯定了本次的研讨活动,他希望"图式表达"促进儿童数学概念学习的研究团队以课题为抓手,进一步扩大"图式表达"促进儿童数学概念学习的研究队伍,通过研究不断扩大影响,辐射到其他学校的数学教师。南通市教科院综合科科长钱明明觉得,"图式表达"促进儿童数学概念学习的研究不仅有助于儿童数学概念的学习,更给儿童数学概念网络体系的构建、儿童认知发展搭建了桥梁。海门区教师研修中心副主任张永林认为,"图式表达"促进儿童数学概念学习的研究体现了以生为本的理念,立足于儿童,遵循儿童的天性,很值得进行并推广。海门教体局教科室主任龚向东、钱艺林一直关注着本课题的研究,从最初的申报指导、开题的准备等,他们给了我们很多的意见。龚主任鼓励我们要切实做好研究,让课堂与课题紧密联系起来,让本课题的研究成为儿童数学概念学习的福音,让教师们在本课题的研究中快速成长起来,让学校教学因本课题的研究再上一个台阶。专家、领导们还就本课题的深入研究提出了希望与建议。

整场活动给专家领导及与会教师们留下了美好的印象。参会的专家领导与教师们被我们研究团队的求真务实、踏实肯干、严谨执着的精神感动了。整个研讨活动受到与会嘉宾的一致好评。

活动结束后,根据专家领导们的指导建议,我们重新完善了课题研究制度。

除了要求课题组的成员每月围绕本课题至少执教一节年级组内或校级公开课，从而打磨数学概念的"图式表达"之外，还要求课题组成员对自己在日常教学中运用"图式表达"促进儿童数学概念学习的典型案例进行记录、反思、总结，对研讨课中的精彩教学片段进行分析，提炼出行之有效的"图式表达"促进儿童数学概念学习的策略。还要求他们设计"图式表达"促进儿童数学概念学习的课堂教学评价表，为进行"图式表达"促进儿童数学概念学习的评价研究做铺垫。我们还搭建了多种展示平台，每月开展一次"图式表达"促进儿童数学概念学习教学现场研讨活动、阅读分享活动，每学期开展一次主题沙龙活动，其中主题沙龙与阅读分享采用"线上＋线下"的形式进行。

2022年9月21日，江苏省教育科学规划领导小组办公室组织专家组，在南通市海安王府大酒店对省教育科学规划重点资助课题进行中期检查。我围绕本课题开题以来的进展情况及初步研究成果、研究中存在的问题及改进措施、下一步研究计划三个方面，向专家领导们简要汇报课题的中期检查报告。专家组领导肯定了我们课题组自开题以来的研究工作，同时肯定了我们的研究成果。接着，专家领导们就课题组现有的研究成果进行深入分析，为课题组接下来的研究工作指明了方向。针对研究中存在的问题以及改进措施，专家领导们进行深入剖析，为我们指点迷津。专家组建议我们在接下来的研究工作中继续深入课堂，打磨数学概念的"图式表达"，形成"图式表达"促进儿童数学概念学习的经典课例，让儿童在课题研究中构建系统的数学概念体系，提升儿童的数学素养，教师在课题研究中加深图式理论与认知心理学的理论学习，促进教师的快速成长，同时提升学校的办学水平。

中期检查之后，恰逢《义务教育数学课程标准》(2022年版)颁布，这对我们课题组的成员而言是一种挑战，也是一个契机，我们又开启了新的研究之旅。因为中期检查之前，我们的研究方法是行之有效的，为此，中期检查之后的研究方法不变，不同的是我们需要增加对《义务教育数学课程标准》(2022年版)的学习。于是，我安排了课题组成员共读《义务教育数学课程标准》(2022年版)，新课程标准中提到11个核心素养：数感、量感、符号意识、运算能力、几何直观、空间观念、推理意识、数据意识、模型意识、应用意识、创新意识。本课题的研究，直接促进儿童符号意识、几何直观、空间观念、推理意识、模型意识的提升。符号意识主要是指能够感悟符号的数学功能。"图式表达"本身就具有符号的特质，它是文字表述的数学概念转化而成的一种特定的图式符号，让儿童运用"图式表达"学习数学概念，就是在培养儿童的符号意识。几何直观主要指运用图表描述和分析问题的意识与习惯。本课题研究的就是运用图式描述数学概念，为此，课题研究过程中自然而然地培养了儿童的几何直观与空间观念。课题研究过程中,"图式表达"不是一个简单的符号,它内含推理过程,包含图形背后的逻辑结构和意义,它是数学知识建模的产物。儿童学习数学概念的过程包含着推理与建模的过程,为此,儿童的推理意识与模型意识在"图式表达"促进儿童数学概念学习的过程中悄悄生根发芽。由此可见,本课题的研究是符合当下新课程标准的要求的,它能真正促进儿童的数学学习,培养儿童的数学素养。因此,本课题研究的真正受益者是儿童。

学无涯,研不止。一个人可以走得很快,一群人才能走得更远。我们秉承着"自学自研＋分享共研＋实践反思＋归纳总结"的模式继续进行本课题的研究。任何研究都离不开理论学习的支撑,因此,在本课题的研究过程中,我们课题组成员从未放松对理论的学习,我们把数学概念相关的理论研究、图式理论、儿童认知发展理论、新课程标准等与教材一样,天天翻阅,为我们的研究找到坚实的基石。我们继续开展具有针对性的"线上＋线下"的阅读分享活动、主题沙龙活动,继续开展教学现场研讨活动,积累经典课例。经专家领导们的点拨、指导之后,我们的研究变得更加深入了,同时慢慢地把研究的结果形成结论,最后进行归纳总结。

经过四年多的探索和梳理,我们初步构建了数学概念的"图式表达"方法,收集了不少"图式表达"促进儿童数学概念学习的经典课例。我们的研究曾在中国江苏网等媒体网络上得到宣传。这些研究有助于将课题推广并辐射至其他学校。

附:《"图式表达"促进儿童数学概念学习的实践研究》教学沙龙活动纪实

活动主题:"图式表达"再认识　研究方向更明确

活动时间:2023-09-12

活动地点:会议室

出席人员:课题组全体成员

主持人:张霞

主持人:各位课题组的同伴们,自江苏省教育科学"十三五"规划 2020 年度青年专项重点资助课题《"图式表达"促进儿童数学概念学习的实践研究》于 2020 年 7 月顺利开题,2022 年 9 月通过中期鉴定。时光如水,静默不言。我们也是第一次组织这么重大的学科类的课题,关于"图式表达"促进儿童数学概念学习研究的资料,网络上基本没有。我记得那时我在写课题申报书,在知网上检索"图式表达"时,知网上是没有这一块的相关资料的。我们课题组经过三年的潜心研究,一步一步从无到有,我们在思维碰撞中确定研究方向,在课例研究中找到方法，在一次次研讨中实现课题研究的价值，帮助儿童掌握数学概念，让儿童数学概念的学习变得轻松而直观。到目前为止，我们再去知网上检索"图式表达"，里面有了我们研究的相关成果。今天，我们就围绕本课题的研究，请大家各抒己见，谈谈"图式表达"，重新认识"图式表达"，为课题后续的研究奠定基础。

钱鑫华：今天，我们的沙龙主题是"'图式表达'再认识，研究方向更明确"。因此，我们要回到课题研究之初，讨论我们为什么要研究"图式表达"促进儿童数学概念的学习。只有知道我们的来时路，才能明白我们前进的方向。我们本课题的研究源于下面三点原因：其一要从国内外对数学概念的研究形势来看。国内外对数学概念教学的研究比较多，这些研究侧重于教师概念教学的模式以及策略，为教师的数学概念的教学提供了蓝本，也为我们的研究拓宽了思路。但是从儿童数学概念学习的角度研究的却比较少。这也就给本课题的研究提供了契机。因此，我们以儿童为主体，去研究儿童数学概念的学习。其二要从数学的学科特点与儿童学习的特点来看。数学是一门抽象性比较强的学科。数学概念的学习是数学学习的基础。小学阶段数学概念多达 500 多个，大多以文字表述的形式呈现，然而枯燥抽象的文字表述给儿童的理解增添了难度；还有部分概念则以生活经验或公认的口头表述形式出现，生活经验的欠缺、数学知识的欠缺、认知能力的低下，这些很容易让儿童对数学学习失去兴趣和信心。然而，图式可以直观形象地呈现概念，让以直观思维为主的儿童更容易理解掌握数学概念。这不仅降低了口头、文字表述给儿童带来的负面影响，而且激发了儿童学习数学的兴趣，促使儿童积极参与数学的学习活动。因此，这也就给本课题的研究提供了契机。为此，我们课题组将通过"图式表达"的形式促进儿童数学概念的学习。其三是从课程改革的形势来看。近年来，国内大力推崇特色课程。特色课程是基于国家课程，对当下教学资源进行整合的课程。这些课程贴近儿童的生活，能对国家课程进行有益补充。经"图式表达"转化的数学概念正是把数学课本与儿童的思维、生活紧密结合起来，能促进儿童各种数学能力的形成，提升儿童的数学素养。

主持人：刚才，钱校长从国内外对数学概念的研究、数学的学科特点与儿童学习的特点、课程改革的形势三个方面谈了本课题研究的意义。我觉得本课题的研究还有以下两点意义：其一是从当下数学课堂教学的要求来看。新课程标准明确指出：学生的数学学习应当是一个生动活泼的，主动的，富有个性的过程。当下的数学教学更重视观察、操作、推理等活动，重视培养儿童各种数学能力。我校进行的"'图式表达'促进儿童数学概念学习的实践研究"给儿童数学概念的学习打开一扇数学的窗，让儿童学得更轻松；"'图式表达'促进儿童数学概念学习的实践研究"具有强大的生命力,课题与课堂紧密结合,具有新的研究价值,为数学课堂教学注入了新的活力,有利于打造具有特色内涵的数学课堂;"'图式表达'促进儿童数学概念学习的实践研究"对数学课堂概念学习具有特定意义,是不可或缺的版块,它拓展了数学课堂的研究空间,丰富了数学课堂的内涵,使数学课堂在广度、深度上得到更进一步的发展,从结构到内涵更具体、更完善;"'图式表达'促进儿童数学概念学习的实践研究"对学校课程建设具有特殊价值,它拓展了学校课程的内容,让课题、课堂与课程有效地结合起来。其二是从本校师生受益情况来看。本课题的研究,直接受益者是学生,能激发儿童学习数学的兴趣,让其更深刻地掌握数学概念,同时用具体直观的图式弥补了儿童相对薄弱的抽象思维能力,锻炼了儿童的空间感知能力以及提升了其分析问题、解决问题的能力,促进儿童综合素养的提升;本课题的研究,既有助于教师从以儿童为课堂主体的教育理念和儿童发展的实际水平出发,让课堂气氛更加活跃,教学过程更符合儿童认知的规律,也有助于教师拓宽专业研究的维度,更有效地提升课堂效率,更好地实现高效课堂,从而提升教师的课堂教学能力与科研水平;本课题的研究,拓展了数学课堂的研究空间,积累大量的教学素材与经典案例,有助于提升学校科研能力与团队协作能力。

姜琴:我们的课题研究要解决的第一个问题就是:什么是"图式表达"？让我们再来认识一下"图式表达"。本课题中的"图式表达"是指把数学概念用图形或式子的形式表述出来。它是一种结构形式,通过把枯燥、抽象的语言文字表述转化成生动、直观的图式展示,让数学概念变得更加直观、形象、具体,让以直观形象思维为主的儿童能更直接、更形象、更容易理解并掌握数学概念。本课题的研究需要达到什么目标？我觉得是下列四个目标:一是儿童通过"图式表达"去经历数学概念的形成过程,真正理解掌握数学概念,真正掌握数学知识,让儿童从被动学习向主动学习转型,从而提高儿童学习数学的兴趣。二是更新教师的教学理念,让教师打破重计算轻概念、重结论轻探索、重抽象轻形象、重课本轻实践的现状,真正能根据儿童的学习状态去调控课堂,让数学课堂实现以学生发展为本。该研究也能拓宽教师的视野,提高教师的应变能力与教学能力,促进教师专业的成长。三是形成一套完善的用"图式表达"促进数学概念学习的策略,绘制一套"图式表达"促进数学概念学习的绘本,探索并建立数学概念学习的基本学习程序,从而使数学课堂实现高效率。四是引导教师的教研风向,促使数学教学质量上一个新台阶。

钱华:是的,我们的课题研究始终朝着这四点目标在前进。因此,我们首先要对文献进行研究。课题研究之初,课题主持人在网络、教育专著、教育杂志上查找关于图式理论、数学概念教学、数学概念学习的相关资料,推荐给课题组成员进行阅读,并要求每位成员撰写学习心得。课题组成员学习了本课题研究的相关理论后,纷纷撰写了学习心得,并在课题研究群里晒出自己的学习心得,明白了一些关于图式的理论、数学概念,知道了一些数学概念教学的策略、儿童数学概念学习的思维过程等。今天让我们一起回顾一下我们在研究中的发现:图式相对于语言媒介来说,它直观、易于感知;相对于自然客体模型来说,它概括性更强,代表一定具体空间形式及特征的事物形象。图式教学法具有直观性,可以把复杂抽象的理论,通过合理的图式加以形象化,化繁为简,借助图式,教学内容的系统性和条理性得到进一步体现,便于学生将所学知识融会贯通,提高学生分析问题的能力。因此,数学概念的教学中利用直观形象的图式,更容易刺激儿童的大脑,数学概念更容易被学生所掌握,更容易被儿童识记。

凌辉:我们的研究并不是空中楼阁,我们的研究是建立在现状调查之上的。我们课题组集中研制教师与学生两种调查问卷,在调查之后进行了分析。从教师调查结果来看,本课题组进行的"'图式表达'促进儿童数学概念学习的实践研究"具有现实意义。数学是一门抽象性比较强的学科。数学概念的学习是数学学习的基础。"图式表达"则让小学阶段500多个数学概念以直观的形象呈现在儿童面前,落地生根于小学课堂,让以直观思维为主的儿童轻松理解、快速掌握。这不仅减少了文字表述给儿童带来的负面影响,还有助于提高儿童分析、概括等能力,激发儿童学习数学的兴趣,促使儿童积极参与数学的学习活动,从而提高儿童学习数学的信心。学生问卷的调查结果显示,儿童认为数学概念难学是因为容易混淆概念、概念多容易忘记、文字表达复杂;近一半的儿童在上完新课后不能很清晰地掌握新概念;75.08%的儿童喜欢用图或式子表述概念;我们从计算、做题、掌握运算律等角度的调查中发现,大部分儿童喜欢通过图式来掌握新的概念、解决问题。由此可见,儿童对图式并不陌生,儿童在数学学习中接触过图式,"图式表达"是儿童理解掌握数学概念喜欢的形式,同时可以高效地帮助儿童掌握概念并解决问题。我们同时在调查中发现,96.38%的儿童认为数学概念图式化对理解概念有帮助,"图式表达"对数学概念学习的帮助在于使思维更清晰、表达更简洁、问题更直观。由此可见,"图式表达"对儿童的数学概念的学习的确有帮助。我们在调查中发现,在教学概念的过程中,有近一半的教师在尝试用"图式表达"帮助儿童掌握数学概念了。调查还显示,若教师在教学中运用"图式表达"的方法,有86.79%的儿童认为对他理解数学概念很有帮助。由此可见,"'图式表达'促进儿童数学概念学习的实践研究"将会给儿童学习数学概念带来福音。

主持人：我们花了大量的时间去学习、调查，这些都为我们的课题研究打下基础。接下来，让我们一起来聊聊本课题的实施过程或实施中的收获。

钱鑫华：我发现我们的课堂发生了变化。一是"图式表达"让数学学习由抽象走向直观。"图式表达"就是利用图式来表达数学知识，对于概念教学而言，就是利用图式来表达其内涵。换言之，就是用相对直观的图形和符号，加深学生对数学概念的理解。二是"图式表达"让数学学习由单一走向多元。学习的方式应该是多元的，因为学生的思维就是多元的。因此，教师在概念教学中，要鼓励学生运用多元的方式去理解概念。学生可以用"图式表达"来破解概念。"图式表达"能将文本和图形全面、形象地联系起来，在激发学生学习兴趣的同时，将数学概念教学变成了丰富的"图式表达"。三是"图式表达"让数学学习由模糊走向清晰。在理解小学数学概念知识的时候，学生往往会犯这样的错误：将相近的或者相关的概念混合在一起，导致最后的问题得不到解决。问题产生的主要原因在于概念是抽象的，学生的理解是模糊的。如果充分借助"图式表达"的方式，就能让学生对概念的感知变得清晰，因为"图式表达"能直观地展示抽象思维与推理思维，能把概念以图形的方式展示出来，把看不见的抽象思维显露出来。

范春辉：对的，在我们的课堂发生变化的同时，儿童的认知也发生了变化。一是"图式表达"让概念由零散走向系统化。大多数儿童在学习概念时还是采用死记硬背的方式，也就说，他们将要运用的一些定理、公式、定义等背得很熟练，以应付各式的考试。在实际运用中会出现这样的情况，儿童不能将一些概念系统化，总是孤立地去运用这些概念。比如他们会分别记忆长方形、正方形、三角形、平行四边形的面积公式，却不知道它们之间是有一定联系的，运用图式就能将这样的联系表现出来，进而也能让这些概念之间形成一个相对完整的体系，更系统化，更有利于学生的综合运用。二是"图式表达"让概念学习从被动走向主动。"图式表达"是儿童学习数学概念、教师教学数学概念的策略和方法，它可以帮助引导和培育好的学习方式和思维方式，同时，"图式表达"符合儿童的学习特征，它涵盖了建构主义学习与有意义学习，直观、形象的表述更贴合该阶段儿童的学习特征。为此，"图式表达"改变了儿童学习概念的方式，让儿童的概念学习从被动学习走向了主动学习。

陆莉莉：我来举个例子吧！我在教"认识扇形"。扇形的概念在书中的表述是：上面各圆中的涂色部分都是扇形。有人会觉得学生懂了，书中已经说明了扇形的概念。其实不然，扇形的概念在学生脑海中留下的只是三幅图，只是表象，学生根本没有掌握扇形的概念。我们教师如何用"图式表达"教学"扇形"这一概念呢？我是这样做的：我先出示 ⊙，告诉学生，涂色部分是个扇形。学生从图中的字母 $O、r$ 的位置，一看就明白，扇形是由两条半径和一条曲线围成的。在这无须多做说明，学生就能明白扇形的特点。接着出示 ⊙，告诉学生，涂色部分是个扇形。这样，学生对扇形就有了更深的认识：扇形有大小之分，扇形的圆心角不一定小于180度。因而，学生对数学概念的认识就更深入更全面，不再是片面的。在两次呈现"图式表达"后，学生抓住了概念的关键点，关注了概念的生长点，这样的"图式表达"的呈现效果远远胜过书中对概念的表述，同时也胜过教师苦口婆心的语言补充说明，同时也让学生抓住了概念的本质，提高了学生的学习效率，同时，学生在练习时的正确率也会大大提高。

宋云翔：接下来我来谈谈我的感受吧！"图式表达"用图与式的形式把数学概念表达出来。数学概念在被描述时，由于数学语言十分抽象，需要学生在听的时候在头脑中进行信息的转化，在此过程中，由于学生数学学习能力的不同，对获得的信息的理解程度也不相同，乃至产生偏差。这时候，需要教师运用"图式表达"直观形象地呈现数学概念，避免由于学生数学学习能力不同而产生的信息接收偏差，从而帮助学生掌握数学概念。下面我举个例子，公因数的概念描述为：1、2、3和6既是12的因数，又是18的因数，它们是12和18的公因数。对于数学语言理解能力欠缺的学生，他们简单地依据书本中的描述是不能理解这个概念的。为此，可以在教学中先呈现12的因数的图 ⊙，这样，学生能很清楚地看出12的所有因数。接着，呈现18的所有因数的图 ⊙，根据这两幅图，让学生找出12与18相同的因数。这时，学生能找出相同的因数是1、2、3和6。但是，不同图片的穿插，会让学生感到视觉疲劳，这样也会导致学生在进行分析时产生疲倦感，为此，教师还需要再次呈现图式 ⊙。这样，学生就能一目了然地知道1、2、3、6是12和18的公因数，同时运用集合圈的形式呈现，也能使学生初步感知集合。在此基础上标出6这个数 ⊙，学生就能发现：1、2、3、6这四个公因数中6是最大的，因此6是12和18的最大公因数。此时，简单直观的"图式表达"就让学生轻而易举地理解了"最大公因数"这一数学概念。

张卫忠：这个例子显示："图式表达"虽能直观、清晰地呈现数学概念，但有时并不是一个就可以表达清楚的，需要多个"图式表达"合作呈现。

主持人： 从刚才几位老师的发言中，我们可以深切感受到课堂、儿童在我们课题实施中的变化，我们也可以从实例中发现本课题的价值。我们在研究中还做了些什么？我们又收获了什么？

陆娟： 我们在"图式表达"促进儿童数学概念学习的课堂研究中，把12册教材中的数学概念汇编成册，再把文字表述的数学概念转化成"图式表达"的数学概念，并把这些概念的表现形式也汇总在数学概念册里。

赵勤： 课题组成员在对儿童数学概念学习状况进行调查、研究、分析之后，经过大量的理论学习、优秀的案例学习研究，搭建了"图式表达"促进数学概念学习的理论框架：对口头表述或文字描述的数学概念进行转化，就能形成一个（或多个）心理活动框架或组织结构，也就是所谓的"图式表达"，学生通过直观形象的"图式表达"的呈现，在头脑中重组、辨析、理解概念，从而掌握概念。"图式表达"就是儿童学习概念时从未知通向已知的桥梁。我们根据搭建的理论框架进行实践研究，研究发现，这种"图式表达"对儿童数学概念的学习有明显的作用：它让数学学习由抽象走向直观、由模糊走向清晰、由单一走向多元、由零散走向系统化，儿童的学习状态从被动走向主动，儿童学习数学的兴趣与信心得到增强，数学课堂效果有所提高。

张卫忠： 通过查询阅读小学数学概念教学、图式理论的相关资料，我校教师的科研意识有所提升，科研能力有所增强，教育信仰有所加深。教师们通过理论学习、集体备课、观课评课和课例研讨，努力探索用"图式表达"促进儿童数学概念学习的实施策略，不仅在理论学习方面有了突破性进步，而且科研教研相结合，课堂教学能力也得到发展。以前讲究面面俱到，以教知识为主，通过课题组的带动，教师们的教学理念有了翻天覆地的变化：以儿童数学素养的提高为教育的终极目标，使儿童会学、爱学、巧学。总之，经过实践与探索，我们老师的教学理念得到更新，科研意识正不断增强、综合素质普遍提高。教师在实践中认真写随笔，总结教育教学经验，不断提高自己的反思能力与理论水平。

姜琴： 俗话说："众人划桨开大船。"一个好的课题可以带动学校工作多个方面的良性循环，让广大教师参与进来，能营造学习、合作、探究和变革的氛围，激发学校教师的求索欲望和热情，催生出新的研究成果来。我们的课题研究也推动了教师在专业上的成长，我本人被评为南通市骨干教师，钱鑫华、钱华、宋云翔、凌辉被评为海门区学科带头人；张霞、赵勤被评为海门区骨干教师；陆娟、范春辉被评为集团学科带头人；张卫忠、陆莉莉被评为集团骨干教师。近五年我校教师在参加各种竞赛活动时均取得了好的成绩。在赛课方面，凌辉、赵勤、范春辉等多位数学教师获区、集团特、一等奖；在示范引领课方面，宋云翔、凌辉等多位数学教师在市、区、集团内执教公开课,得到与会领导老师的一致好评;在撰写论文方面,凌辉、张霞等多位数学教师的论文发表在省级刊物,10多篇论文获省市等级奖。

主持人:今天的沙龙中,我们回顾了曾走过的研究之路,我们付出、我们收获,也给了我们启示:"'图式表达'促进儿童数学概念学习的实践研究"是一个永恒的课题。今后,我们将进行更深入的研究,进一步规范研究方法,把理论与实践紧密结合起来,同时关注、借鉴专家与同行的成功经验,力争取得更多的研究成果,完善"图式表达"促进儿童数学概念学习的策略,让课堂变得更加生动有趣,让儿童学得更轻松,为儿童数学概念的学习注入新的生机与活力。

"长风破浪会有时,直挂云帆济沧海。"课题研究是教师的基本工作之一,是促进学校高质量发展的内驱力。课题驱动、行动研究是教师自我发展、自我提高的基本方法。让我们怀揣"养正"教育之梦,在科研中超越,在科研中创新,努力让学校成为师生共同的精神家园。

第二章

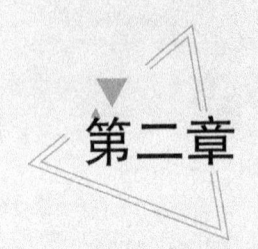

论文选萃

第一节 "图式表达"在儿童数学概念学习中的意义与价值

图式表达：数学概念学习的"助推器"

数学概念是数学知识的基础，也是数学学习的重要内容。学习数学概念需要学生自主探究概念的内涵与外延，是自主建构知识的过程。理解是数学概念建构的前提条件，学习概念不能靠教师的机械讲授，也不能靠学生的死记硬背，而要学生在充分理解的基础上进行有意义的建构。图式是一种框架图，也是一种思维模式，图式分为动作图式、表象图式、思维图式等类型，图式表达有助于理解抽象的数学概念，有助于概念的系统化与结构化，学习图式表达是理解数学概念的"助推器"。下面笔者结合教学实践，谈谈图式表达在数学概念学习中的应用。

一、利用图式表达，使抽象概念形象化

数学概念源于客观现实，以数和形的方式去反映客观规律，从质和量的维度去定义客观事物的属性，具有一定的抽象性。数学概念的教学应遵循学生的认知规律与概念的形成规律，根据小学生以形象思维为主的特点，使抽象概念形象化。教师应还原概念的形成过程，将概念学习置于具体形象的事物之中，引导学生开展观察、操作等实践活动，让学生在实践活动中经历概念的形成过程，并利用动作图式与表象图式促进概念的形成。

图式如同架在形象与抽象之间的一块跳板,能促进客观事物与抽象概念之间的融通和转化,既能让抽象概念形象化,又能让具体事物抽象化。动作图式是一种组织化的行为模式,可以将抽象的概念形象化。表象图式能将动作图式进一步抽象,如画数、画线段图、画示意图等图式表达能帮助学生理解概念的本质属性。例如,在教学"长方体和正方体的特征"一课时,为了帮助学生了解长方体和正方体的特征,知道各部分的名称,笔者给学生提供了长方体、正方体实物,让他们亲眼观察、亲手触摸,并数一数、量一量。在实物感知的基础上,笔者引导学生想象转化,用笔画出长方体与正方体。从观察操作到图式表达,从动作到表象,从形象到抽象,学生逐步认识了立体图形的"顶点""棱""长""宽""高"等概念,掌握了长方体、正方体的基本特征。

二、运用图式表达,使复杂概念简单化

图式化的过程是知识提炼与浓缩的过程,也是去伪存真、去粗取精的过程。为了解释事物的本质特征,我们一般要给事物下定义,定义一般用书面的语言文字叙述,是一种语言图式。定义也可以用字母、图形来表达,即图表图式,无论是语言图式还是图表图式,都可以促进学生对概念的理解。

图式能够使复杂的数学概念简单化,有些概念的内涵与外延极其丰富,导致定义文字冗长,不利于学生理解和记忆。对于这样的概念,若运用图式来表达,则可以使数学语言变得简洁明了,让人很容易记住。例如,对于"从直线外一点向这条直线画一条垂直的线段和几条不垂直的线段,与这条直线垂直的线段最短"这一定义,如果用图形图式来表达,就更为直观简单。再如,乘法分配律定义为"两个数的和与一个数相乘,可以把两个加数分别同这个数相乘,再把两个积相加,结果不变",如果用符号图式表达,那就是"$(a+b)c=ac+bc$",这样的表达就更为简洁,有助于学生对概念理解、记忆和应用。

三、借用图式表达,使零散概念系统化

数学概念有很多种,根据其外延大小,可分为大概念与小概念,或者叫种概念与属概念,大多数概念之间是互相关联的。在传统的概念教学中,教师往往不注重概念之间的联系,学生学到的概念是零散的、孤立的,这不利于学生形成系统的知识。图式表达可以帮助学生梳理出各个概念之间的关系,形成知识网络,完善学生的知识结构。运用图式表达法学习数学概念,不仅有助于激发学生的学习主动性,优化学生的思维模式,而且有助于数学概念之间的融通,使零散的概念系统化,让知识脉络清晰化、条理化,进而促进学生对数学概念的理解、巩固

与运用。

图式表达旨在借助简易直观的图形,来表达概念之间的结构关系,图式表达的价值在复习中比较突出。例如,教师可以借助集合图表现三角形、等腰三角形、等边三角形之间的关系,这既能帮助学生从边的特点去理解三角形,又能帮助学生厘清这三个概念的大小关系,形成系统的知识结构体系。

(赵勤　本课题核心组成员　本文原载于《江西教育》2021.6)

图式表达:促进学生的数学概念学习

摘要:数学概念是抽象的,借助图式表达,就能变抽象为直观、变单一为丰富、变模糊为清晰。通过图式表达引导学生的概念建构,要找准概念的生成点、生长点和生发点。教师不仅要引导学生建构数学概念,而且要引导学生完善数学概念结构,形成对概念的本质性、结构性理解。充分发挥图式导学功能,能发展学生概念建构力,提升学生的概念理解力,实现学生与概念之间的意义融通。

关键词:小学数学;图式表达;概念学习

奥地利逻辑哲学分析学家维特根斯坦说:"事实的逻辑形象就是思想""思想是有意义的命题"。数学概念是抽象的,但借助图式表达,就能变抽象为直观、变单一为丰富、变模糊为清晰。所谓"图式",是指"一个心理活动框架或组织结构"(皮亚杰语)。对于小学生来说,建构一个概念,不是机械地识记概念定义,而是能理解概念的意义。只有理解了概念的意义,才能精准地把握概念的内涵与外延。图式表达,能够促进学生对概念的意义建构。

一、图式表达:找准概念的生成点

数学概念具有二重属性,即对象性和过程性。数学概念的对象属性,说明了数学概念具有丰富的内涵、外延;而数学概念的过程属性,说明了数学概念具有丰富的背景、诞生的历程。引导学生建构数学概念,就是要让学生经历数学概念的诞生历程,了解数学概念的诞生背景,从而把握概念的内涵与外延。图式表达,首先就是要找准数学概念的生成点。只有找到生成点,才能让数学概念与学生学习达成融合。

例如,教学"分数的意义"(苏教版五年级下册)时,教师首先要让学生建构"单位'1'"的概念,其次要让学生建构"分数"的概念。"单位'1'"的概念建构是"分数"概念建构的起点。只有引导学生建立了"单位'1'"的概念,才能帮助学生建构"分数"的概念。其中,几个对象组成的整体是"单位'1'"概念建构的重中之重。无论是"单位'1'"概念的建构还是"分数"概念的建构,都需要教师运用图式来进行表达。比如,将一个蛋糕平均分成四份,表示三份;将一米长的线段平均分成四份,表示三份;将一些图形组成的一个整体平均分成四份,表示三份,等等。通过丰富的图式,学生能对一个物体、一个计量单位、许多物体组成的整体进行抽象概括,建构"单位'1'"的概念。在对图式进行变式操作中,比如同样的对象进行不同的平均分操作以及不同的对象进行相同的平均分操作,能让学生建构分数的概念,把握分数的基本内涵。在这个过程中,学生能认识到"分数"与"平均分的份数"即"表示的份数"相关,因而,有学生在学习中就认为,"分数就是'几份之几'"。这样的一种生本化的图式表达,与"几分之几"的教材中的分数表达有一种异曲同工之妙。即"几分之几"是从分数概念的过程性属性上加以表达的,而"几份之几"是从分数概念的对象性(结果性属性)上加以表达的。

图式是揭示数学对象性质的有力工具,能让学生借助视觉编码完成文字编码,进而理解对象的本质属性。在数学概念教学中,运用图式能引导学生主动地对概念进行意义建构。借助图式表达,能激发学生的数学思维,催生学生的数学想象。借助图式表达,学生能在脑中建立概念的表象,明晰概念的逻辑意义。

二、图式表达:找准概念的生长点

学生的数学概念学习,从某种意义上说,就是一个从心理图式"不平衡"走向"平衡"的过程。在这个过程中,学生要进行积极的概念同化与顺应。所谓"同化",就是"原有认知结构能吸收新信息并进行整合,进而建构新的认知结构";所谓"顺应",就是"原有认知结构无法同化新信息而引起认知结构发生改造、重组等"。图式表达,可以促进概念的同化与顺应,促进数学概念的自然生长。

比如,"高"这个数学概念是一个生长性的概念。在日常生活中,学生往往容易形成这样的概念性迷思,即生活世界中的"竖直高"对数学世界中的"垂直高"的影响。因此,在"高"这个数学概念的建构过程中,教师要给学生提供多样化、变式性的图式,从而引导学生舍弃概念的非本质属性,建立概念的本质属性。在苏教版教材中,最早的"高"的概念的学习,"认识垂线"是基础,其中包括两个方面的内容:一是"两条直线相互垂直",二是"点到直线的距离"。通过"直线外的一点向直线引一些线段,得出点到直线的距离最短",从而在学生心中建立"垂直"的表象。在此基础上,教师可以借助多媒体课件用旋转的方法变换直线的位置,让学生直观感知到"垂直"不同于"竖直","垂直"不一定是向下的,"垂直"一定是两条直线相交成直角。这就为学生学习"三角形的高""平行四边形的高"

"梯形的高"(苏教版四年级下册)等奠定了坚实的基础。同样,在学生学习"三角形的高"的概念时,教师同样可以通过图式变换,如"不同三角形不同底边上的高"以及"同一三角形不同底边上的高"等,让学生建构三角形的"高"的概念。对于"平行四边形的高""梯形的高"的概念建构同样如此。教学中,教师不仅要通过正面图式、变式图式引导学生建构概念,而且要通过反面图式引导学生分化概念,从而让概念的建构更稳固、更牢靠。

图式表达有助于学生把握概念的本质属性,从而能让概念的内涵、外延精致化、精准化。图式表达可以是动作图式的表达,也可以是言语图式的表达。而外在图式表达的根本目的是建立学生内在的表象图式、思维图式以及想象图式。只有当学生建立了内在的图式,学生才能在心理上把握概念的内涵以及外延,理解概念的数学本质。

三、图式表达:找准概念的生发点

数学概念与概念之间存在着关联。教师不仅要引导学生通过概念的建构去认识概念的本质,更要通过概念的关联去认识概念的本质。一个概念,只有放置到概念系、概念群、概念网之中才能获得真正的理解。因此,图式表达不仅要重视概念的生成、生长,还要重视概念的生发。通过概念的生发,让学生把握概念结构,建构概念体系。

借助图式表达,单一概念能有效地被纳入概念结构、概念体系。借助概念结构、体系,学生能明确概念与概念之间的因果关系、属种关系等。比如教学"平行四边形的认识"(苏教版四年级下册)时,对于"平行四边形"这样一个概念,教师不仅要呈现"一般平行四边形"的图式,更要呈现"特殊平行四边形,如长方形、菱形、正方形"的图式。教师通过不同的图形图式,引导学生辨析"长方形是否是平行四边形""菱形是否是平行四边形""正方形是否是平行四边形"等。通过图式比较,学生从平行四边形的"两组对边分别平行"或者"一组对边平行且相等"等特质出发,建构"长方形的概念"、"菱形的概念"以及"正方形的概念"。比如,从平行四边形到长方形的图式引领,学生认识到"有一个角是直角的平行四边形是长方形",进而认识到"有三个角是直角的四边形是长方形"。在数学教学中,概念的生发是相互的,如从平行四边形到正方形、从长方形到正方形、从菱形到正方形,学生认识到,"有一组邻边相等的长方形是正方形""有一个角是直角的菱形是正方形""有一组邻边相等并且有一个角是直角的平行四边形是正方形",等等。借助图式表达,数学概念相互生发,进而建构了平行四边形的家族性概念体系。

学生建构数学概念的过程是一个由浅入深、由此及彼、由表及里的逐步深化过程。图式表达契合了学生的心理特点和年龄特征,是学生进行数学概念学习的重要的工具、手段和方法。借助图式表达,学生不仅能建构数学概念,形成概念的本质性理解,而且能有效地完善数学概念结构,形成概念的结构性理解。教师要充分发挥图式的导学功能,不断发展学生的概念建构力,提升学生的概念理解力,进而真正实现学生与数学概念的意义融通。

(张霞　本课题主持人　本文原载于《数学大世界》(上旬)2021.5,有改动)

图式表达:促进学生数学学习深度建构

摘要: 图式不仅是一种心理结构,也是一种行为结构。图式可以分为动作图式、图形图式、符号图式和言语图式等。作为教师,不仅要引导学生进行图式建构,还要引导学生借助图式进行思考、探究,并引导学生进行图式表达。图式表达能化抽象为直观、化模糊为清晰、化单一为丰富、化浅显为深刻。图式表达能帮助学生实现数学理解的跨越,促进学生认知结构的完善,让学生的数学学习变得有意义、有价值。

关键词: 小学数学;图式表达;深度建构

"图式"原本是心理学的一个概念,是指"有组织、可重复的心理结构、行为模式"。美国认知心理学家鲁姆哈特认为,图式就是组成在一起的知识的单元。图式理论同样揭示了学生数学学习的"奥秘"。在数学教学中,教师要着眼于学生的认知、心理和行为图式,引导学生进行图式表达。图式表达基于学生的图式建构,依赖学生的心理同化、顺应等。图式表达的方式很多,主要有动作图式表达、图像图式表达、语言图式表达等。图式表达可以化抽象为直观、化单一为丰富、化模糊为清晰、化浅显为深刻。

一、动作表达:化抽象为直观

鲁姆哈特认为,图式是对于知识的一种特有表征方式。学生学习数学的过程,从某种意义上来说,就是"图式化"的过程。图式能表达数学事实,能帮助学生理解算理、算法等,帮助学生建立数感,能促进学生对相关数学知识的理解,等等。在数学教学中,学生不仅能建立表象图式,而且能建立动作图式。建立了动作图式,学生就会用动作图式来表达。动作图式,能化抽象的数学知识为直观。

在苏教版数学五年级下册"圆的周长"这一课的同课异构教学中,学生普遍对"圆周长的一半"和"半圆的周长"两个概念的认识比较模糊,不能有效地区分。为此,第一位教师用抽象的数学符号对"圆周长的一半"和"半圆的周长"进行比较,抽象、深化概念,帮助学生建立了符号性认知;第二位教师引导学生画出了"圆周长的一半"和"半圆的周长"的图,引导学生进行比较,从而帮助学生建立了图像性、图形性的认知;第三位教师则引导学生用手简单地比画,即让学生用手画出一个180°的圆弧表示"圆周长的一半",再画出一个180°的圆弧加一条直径表示"半圆的周长",从而帮助学生建立了动作性的认知。实践证明,用抽象的符号建立符号认知,或用抽象的语言建立解释认知,抑或用形象化的图形建立图像、图形认知,都没有用动作建立动作认知来得稳固。当学生用动作画出图式后,他们自然地理解了两个概念的区别与联系,在汇报交流、解决问题等活动中,学生也自然地能用动作图式来表达。用动作图式表达,避免了符号演绎的烦琐,避免了图形表征的麻烦,能化抽象为直观,同时操作也比较简单。

动作图式是依靠动作来表达数量关系、语义的一种方式。一般来说,在低年级,教师应当引导学生用动作图式来表达,以帮助学生建立内在的动作图式心理认知。相较于符号认知、图形认知,动作认知更符合低年级学生的年龄和心理特征。从某种意义上说,学生的数学学习发端于直观动作,也终止于直观动作。因为,学生内化的数学素养等最终总是要通过直观动作、行为表达显现出来。

二、图形表达:化模糊为清晰

德国思想家康德认为,图式是"潜藏在人类心灵深处的"一种技术、一种技巧。在数学学习中,学生往往会将若干个知识点集结成知识组块,进而能建立一种线状结构图式、网状结构图式和表格式的结构图式等。这些图式,笔者都将其称为图形图式。在格式塔心理学中,图形图式还有"完形""整体"的一种趋势、趋向。在引导学生建立图形图式的过程中,教师要有意识地引导学生动手作图、观察读图、思考想图,从而不断丰富、夯实学生的图形图式表象。

读图、画图,用图形、图像等来进行认知,是学生图形图式生成的重要标识,同时也是学生用图形图式来表达的重要方式。作为教师,要注重学生对图式的提取、加工、表达和应用。在数学教学中,教师应引导学生建立图形图式或者用图形图式来表达,这种做法绝不仅仅是一种"数形结合",更重要的是帮助学生建立一种图形认知,用图形来思考,并且将图形表达显现出来。在引导学生建立图形图式的过程中,教师要帮助学生进行调整、补充和修正,从而让学生的图形图式能有效地表达问题、解决问题。例如,在教学苏教版数学五年级上册"小数的大小比较"一课时,笔者将教材中的具体数量——"0.6元和0.48元",变更为

"0.6和0.48",并引导学生进行意义赋予。在学生将两个数赋予意义并比较大小之后,笔者引导学生画图,来表达两个抽象的小数——"0.6和0.48"。有学生画正方形来表达小数,并进行比较;有学生画线段图来表达小数,并进行比较。在画图的过程中,学生自然生成了小数的心理图像。学生对小数的大小比较从模糊走向清晰,为教师后面实施小数的加减法教学奠定了坚实的基础。

图式表达有助于学生形成用图形思考、用图形探究的数学学习习惯和品质。在教学中,图形能让数学不再是"冰冷的美丽",而是能让学生展开"火热的思考"。图形图式契合了学生的认知、探究等心理特点,能降低学生学习数学的认知和探究难度,进一步帮助学生把握数学知识的本质和实质等。

三、符号表达:化单一为丰富

图式,不仅仅包括动作图式、图形图式,还包括符号图式。相比于动作图式、图形图式,符号图式更能发展学生的理性思维。学生的数学学习,从某种意义上来说就是"符号化"的过程。在数学教学中,教师要引导学生建构符号,引导学生用符号思考、用符号探究,使符号成为学生数学学习的桥梁和载体,帮助学生建立符号图式,引领学生用符号进行图式表达。符号图式,能让学生的数学学习由单一变为丰富。

符号图式的建构过程是一个包含符号表述、符号加工、符号建构、符号创造的过程。作为教师,要充分激发学生对符号建构和创造的兴趣,让学生学会用符号进行思考、探究。符号图式能帮助学生建立符号模型。例如,在教学苏教版数学四年级下册"乘法分配律"一课时,在引导学生通过举例、验证等方法发现了"运算规律"之后,笔者引导学生用自己的方式进行不完全归纳。于是,有的学生用"△×(☆+□)=△×☆+△×□"来表达;有的学生用"$a×(b+c)=a×b+a×c$"来表达;有的学生用"甲×(乙+丙)=甲×乙+甲×丙"来表达,等等。尽管学生用了不同的文字、符号,却都能表现乘法分配律的本质,都能发现乘法分配律所表达的关系、关联、规律等。相对于其他图式表达,符号化的图式表达更能揭示数学知识的本质,也更简洁、更精准。符号化的表达,发展了学生的符号意识。

从某种意义上说,数学知识是一种形式化、符号化的语言。借助符号图式,教师能有效地引导学生将实际问题抽象成数学问题,并帮助学生建构数学模型。用符号表达数学,不仅能揭示数学知识的本质,而且能提升学生的抽象、概括水平,发展学生的数学核心素养。

四、言语表达：化浅显为深刻

言语图式表达是图式表达的一种重要形式。言语不像动作、图形那样直观，但言语更能唤醒学生的学习经验，激发学生的数学思维，调动学生的数学想象。言语表达，能化浅显为深刻。在引导学生建立言语图式的过程中，教师要注重言语的整体性、言语的结构性、言语的层次性、言语的系统性等。

例如，在教学苏教版数学五年级上册"梯形的面积公式"一课时，笔者不仅引导学生推导梯形的面积公式的形成过程，还引导学生用符号来表达梯形的面积公式，并引导学生用语言来表达梯形的面积公式。在表达的过程中，笔者重视引导学生注意"上下底的和"，始终将"上下底的和"作为一个言语图式中的整体，这个整体有助于学生建立梯形的上下底的和与平行四边形的底之间的关联，从而有助于学生更加深刻地理解梯形的面积公式，使学生在思考与"梯形面积"相关的数学问题时，总能从"梯形的上下底的和"这个角度来思考。这样，就打破了学生在解决问题时"在已知梯形的上下底之和"的情况下，还大费周折地想分别求出梯形的上底、下底的思维定式。相较于其他的图式，言语图式更能帮助学生建立思维的组块、认知的组块、知识的组块等。言语图式，有助于学生理解数学知识的意义，从而帮助学生的数学学习实现从"量"到"质"的飞跃，从"知"到"智"的嬗变。在数学教学中，言语图式不仅是一种"有意义的图式"，还是一种"有意味的图式"。

教师在引导学生用言语图式进行表达时，要注重突出重点，尤其是要让学生的言语图式表达有节奏、有节律。在教学中，教师要帮助学生理解图式、建构图式、完善图式，进而引导学生用图式思考、用图式探究、用图式表达。图式是学生发展数学素养的"泵"，图式表达不仅是学生图式内化的重要标识，也是数学学习效度的重要标识。图式表达，可以帮助学生实现数学理解的跨越，促进学生认知结构的完善，使学生的数学学习变得更有意义、更有价值！

（宋云翔　本课题核心组成员　本文原载于《小学教学研究》2022.5，有改动）

图式表达：助力小学生对数学概念的理解

摘要：概念是小学数学的重要内容，学生要学好数学，首先要能理解概念，进而运用概念。但是大多数学生对数学概念的理解又是有一定困难的，很多时候他们总是机械地记忆，并且大量地做题，以让概念留存于他们的大脑。尽管概念是抽象的，也是学生一时难以理解的，但是教师可以借助图式表达，将概念变抽象为直观,变单一为多元,变模糊为清晰。显然,教师将图式表达运用于概念的学习能赋予学生更多的体验,比如操作体验、思维体验等,既丰富了概念学习的过程,又避免了内化概念时的枯燥。

关键词:小学数学;概念理解;图式表达;能力生长

当前的概念教学存在着这样的现象:教师只用描述性定义或者举例说明概念,加之学生头脑中对相关的概念的印象也不深刻,致使他们不能真正地理解概念。通常情况下,小学生在理解概念时可能会观察到事物的某一点或者某一个方面,但是还不能对概念进行全面的思考和精准的运用。图式表达能让学生直观体验教材中的概念,能让他们在理清概念表达的思路基础上实现思维逻辑上的发挥。因此教师在概念教学时就可通过图式表达指导学生开展进一步的探究,以获得更多能力与素养的生长。

一、利用图式表达,使抽象概念形象化

小学生还是以形象思维为主,因此在概念教学中,教师要发挥他们形象思维的优势,可将抽象的数学概念形象化。概念被形象化之后,不但增强了学生参与的兴趣,也符合了他们的认知特点。

以苏教版小学数学三年级上册"分数的初步认识"为例,课本上这样阐述分数的概念:分数表示一个数是另一个数的几分之几或一个事件在所有事件中的比例,换言之,把单位"1"平均分成若干份,表示这样的一份或几份的数叫作分数。小学三年级的学生要直接理解这样严密的语言表达是有一定困难的,因此在教学中,教师也不宜直接将这样的概念抛给学生。要想让学生能够理解分数的内涵与意义,教师可借助相关的数学图式,以帮助学生建构思维上的转换。

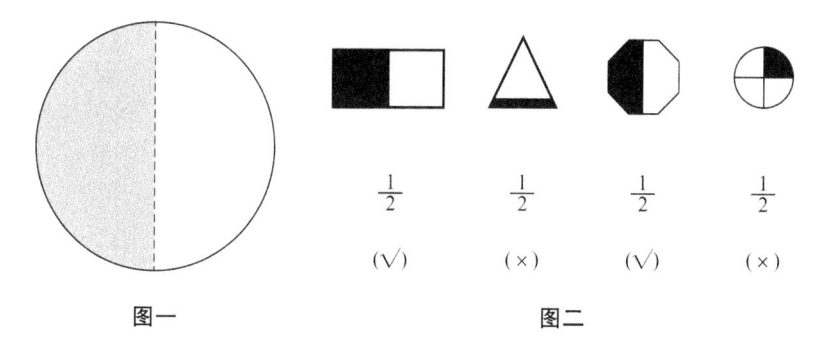

如图一所示,教师拿出一个月饼并当场平均分成两份。教师先是问学生,分成的两份是不是一样大,每份是不是都是这个月饼的一半,一半用哪个数来表示

呢。学生在回答完前面的两个提问之后，教师总结说，刚才把月饼平均分成2份，每份是这个月饼的一半，这一半就是它的二分之一。显然，通过图式，教师将分数的概念形象地表述出来。为了进一步让学生感知分数，教师让学生对着图一说一说二分之一中的这个"二"表示什么意思，"一"又是表示什么意思。再之后，教师又将月饼平均分为四份，让他们说一说，每一份可以用怎样的分数表示。显然，借助图式，教师想让学生认识一般意义上的分数，也就是说，让他们对分数的理解不仅仅局限在特殊的范例上。其实对概念的解读，教师要抓住的就是一些关键的词语，分数的概念中，教师就要指导学生抓住"平均"这个字眼。同样，教师不是让他们死记硬背这个概念以及这个关键词，而是通过反例教学法，展示一些不正确的图式，进而使他们加强对正确图式的理解。因此教师出示图二，并问出这样的问题：月饼这样分，能表示二分之一吗？这是为什么？

可见，通过图式的表达，学生能轻松地理解分数的概念，他们不需要去记忆复杂的文字表述，只需要借助图式就能说出分数的意义与内涵。同样地，借助图式，他们也能说出这个概念中需要关注的点。因此，图式表达改变了学生学习概念的方式，增强了学习的效果。

二、运用图式表达，使复杂概念简单化

图式表达之于概念学习就是以图表等方式将复杂的内容简单化，能让学生一目了然。学生看文字不能明白的内涵，通过图表就能清晰地知道其中的意义。因此在概念教学中，教师要善于将文字表述转为图表，将复杂的表述简单地呈现。

以苏教版三年级下册"小数的初步认识"这一章节为例，教师可以通过不同的语言表述将小数的概念展现出来。首先，教师可以从分数的意义说起，比如，把整数1平均分成10份、100份……得到的十分之几、百分之几……可以用小数表示。教师可就这样的表述再做一个补充，一位小数表示十分之几，两位小数表示百分之几……教师发现这个概念还不够完整，又做了这样的补充：在小数里，每相邻两个计数单位之间的进率都是10。用语言将小数的概念向学生解释清楚是多么费劲的事，可这样解释后，学生还是不能真正地理解什么是小数，因为这个概念从文字层面看就显得复杂。学生还觉得复杂的一个原因就是小数是一个新的概念，他们很容易将其与学到的整数、分数等概念混淆起来，这会让他们陷入学习的困境。教师可以借助图式帮助学生建构新的概念，以让他们融入新的认知情境。

因此，教师就建立起如图三所示的图式。教师展示的是一把直尺，上面标有

图三

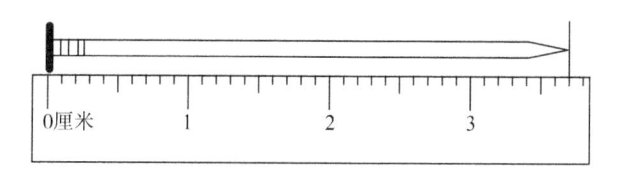

尺度,这是学生熟悉的事物。图片还展现出学生熟悉的文具——铅笔,教师要让学生说出的就是这支铅笔的长度。学生一看就知道这支笔的长度在3厘米与4厘米之间,他们发现这不是一个整数,不知该怎样表达。教师趁机补充一句,在进行测量和计算时,如果遇到不能正好得到整数的结果,大家可用小数来表示。对着图式,教师这样解释小数的概念,显然,学生对小数这个概念有了一个直观的感性的认识。教师接着就图三说,其中的1份是十分之一,也可以表示0.1。教师补充问,假如其中的7份就是十分之七,也可以表示成什么?学生回答0.7。教师再问这支铅笔的长度是多少厘米,学生回答出3.7厘米。

可以看出,图式之于概念学习不但将复杂变为简单,还将概念的运用也穿插进去,也就是说,图式表达不仅仅是阐述概念,也激发学生能力的生长。因此在教学过程中,教师遇到复杂的概念要尽量地帮助学生进行转化,以对接他们的最近发展区。

三、借用图式表达,使零散概念系统化

大多数学生在学习概念时还是采用死记硬背的方式,也就是说,他们将要运用到的一些定理、公式、定义等背得很熟练,以应付各种考试。但是在实际运用中会出现这样的情况,学生不能将一些概念系统化起来,总是孤立地去运用这些概念。比如他们会分别记忆长方形、正方形、三角形、平行四边形的面积公式,却不知道它们之间是有一定联系的,运用图式就能将这样的联系表述出来,进而也让这些概念之间形成一个相对完整的体系,更系统化,更有利于学生的综合运用。

以苏教版小学数学五年级上册"多边形的面积"这一章节为例,教师没有直接展示平行四边形的面积公式,即,如果用 S 表示平行四边形的面积,用 a 和 h 分别表示平行四边形的底和高,那么就有 $S=ah$。

教师先是展示如图四所示的图式,由于学生已经学过长方形的面积公式,教师就让他们把平行四边形转化成长方形,再求出面积。对着图式,学生将平行四边形沿高剪开,他们把剪下的三角形拼到另一边变成一个新的长方形。学生发

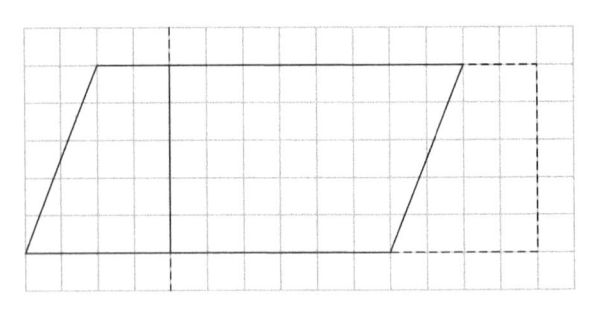

图四

现,新的长方形的长相当于平行四边形的底,新的长方形的宽却又相当于平行四边形的高,进而基于对图式的演示,他们发现长方形的面积等于平行四边形的面积。借力图式,学生能将平行四边形的面积公式与长方形的面积公式联系起来,使他们构成一个认知的网,同时,学生在遇到有关平行四边形的问题时,他们还会借助学习概念时使用的图式进行转化。

四、结语

在教学数学概念时,教师不仅要通过文字的解释让学生理解,还要通过图表、几何图形等为他们搭建具象化支架,促进他们对概念的内化与运用。小学数学课本的概念繁多,比如数的概念、运算的概念、量与计量的概念等。学生学习这些概念时,一般都要先感知理解,再形成概念、最后再巩固应用。图式表达能促进概念的系统化、结构化,进而使学生更感性地认知概念。图式表达既展示概念的框架图,又彰显学生的思维模式,是他们理解数学概念的"助推器"。因此教师需要指导学生在充分理解的基础上进行有意义的图式建构。

(范春辉　本课题核心组成员　本文原载于《小学生》(中旬刊)2022.1,有改动)

"图式表达"促进儿童数学概念学习的实践

小学生在学习数学时经常会遇到这样的问题:很难理解数学中的一些概念,不知该如何把这些概念运用到具体的实践中。但在小学数学学习中,概念是绕不开的重要内容,是学生学好数学的前提与基础。对小学生来说,难以理解数学概念的一个重要原因就是概念是抽象的,而小学生的思维却以形象思维为主。因此,教师可借助"图式表达",将其作为链接抽象与形象的重要通道,让学生感性地认知概念。

一、"图式表达"让数学学习由抽象走向直观

"图式表达"就是利用图式来表达数学知识,对于概念教学而言,就是利用图式来表达其内涵。换言之,就是用相对直观的图形和符号,加深学生对数学概念的理解。

以苏教版数学一年级上册的"序数、基数"为例,对刚刚步入小学一年级的学生而言,要让他们理解这样的概念还是有一定难度的。在语文课本的生词列表中,学生还没有接触到这样的词汇,因此很难在头脑中将这样抽象的概念进行转化。但是在生活中,学生又会经常进行有关基数与序数的表达。因此,教师可以先从生活入手,让学生借助生活经验理解概念,再将生活中的场景以图式的方式展示出来,将生活图式对接,这是将生活进行浓缩的过程。接着,教师将图式与概念进行对接,在抽象与形象之间转化,进而使概念变得更加直观与生动。教师设置这样一道题,一列队伍有 15 人,珊珊站在第 5 个,她的前面有几人?后面有几人?从这道题可以看出来,它要求学生能够理解基数与序数的概念,并且要将概念从课本抽离并运用到具体的情境中。面对这样的题目,直接让学生运用概念去解决还是比较困难的。对于此类题目,如果问前面有几人,学生一般很容易答对;但如果问后面有几人,很多学生就会列出错误算式:15－5。这时候,教师就可以让学生将问题文本转化为"图式表达",让题目变得直观。有了直观的图式,学生只要画一画、数一数,就能顺利解答,同时,教师让学生对照图式寻找规律,下次做题的时候图式就在头脑中。

二、"图式表达"让数学学习由单一走向多元

学习的方式应该是多元的,因为学生的思维就是多元的。因此,教师在概念教学中,要鼓励学生运用多元的方式去理解概念。事实上,学生在运用概念解决问题的时候,方法往往是单一的,他们想到的只是列式、计算等。其实很多时候,学生可以用"图式表达"来破解概念。"图式表达"能将文本和图形全面、形象地联系起来,在激发学生学习兴趣的同时,将数学概念教学变成了丰富的"图式表达"。

还以"序数、基数"这一课为例,为了更深刻地理解这两个概念,教师可以设置这样的问题:从前面数,珊珊排第 6,从后面数,珊珊排第 8,一共有几人?部分学生能够直接写出结果,但大多数学生还是需要用图式来阐述。有学生在桌子上摆起了"图式",他们用一块橡皮代替"珊珊",在橡皮的前面放了 6 块糖,在橡皮的后面放了 8 块糖。当学生试图将文字与图式对接的时候,却发现前、后都多

放了一块糖。"图式表达"的多元化特征还体现在对认知反省的多元化上。也有学生将"珊珊"用一个红五角星代替,在红五角星的上下各画上6个与7个星星,这样,学生也能很快得出"13"这样的答案。教师将学生设计"图式"的过程进行了展示,或画面,或视频,促使学生能够从多维度出发去理解概念,使学习方式更加丰富。

三、"图式表达"让数学学习由模糊走向清晰

在理解小学数学概念知识的时候,学生往往会犯这样的错误:将相近的或者相关的概念混合在一起,导致最后的问题得不到解决。问题产生的主要原因在于概念是抽象的,学生的理解是模糊的。如果充分借助"图式表达"的方式,就能让学生对概念的感知变得清晰,因为"图式表达"能直观地展示抽象思维与推理思维,能把概念的表述过程以图形的方式展示出来,把看不见的抽象思维显露出来。

以苏教版小学数学六年级下册"'转化'的策略"这一章节为例,教师设置了这样一道题目:$\frac{1}{2}+\frac{1}{4}+\frac{1}{8}+\frac{1}{16}+\frac{1}{32}=$?大多数学生拿到题目就开始通分,然后再计算。其实这一题就是让学生吃透分数这一概念,并将它在现实的情境中用起来,同时让学生对分数的理解再推进一个层次。教师让学生用图式将这5个分数所表示的意义展示出来,这其实就是将概念图式化。当学生将这些分数显现在图中,就是将这5个分数相加的和显示在图中,学生就能清晰地看出,这道题目的结果就是用"1"减去阴影的$\frac{1}{32}$。以图式为载体,在发展学生数学运用能力的同时,也让他们在不知不觉中深刻地感知了数学的概念,也让问题的破解有了新的突破口。杜威在《儿童与课程》中指出"教材要心理化",其实概念教学也要心理化,即将枯燥的概念放到学生已有的生活中,将概念与图式表达结合,进而让概念一步步地走向清晰。

将"图式表达"用于数学概念教学,其实就是充分挖掘小学生热爱画画与善于形象思维的天性,这一天性之于教学,就是培养学生在文字与图像之间转化的能力,即将概念的文字表述转为图式表达。通过这样的方式,学生学习概念时多了些许兴趣,也多了新的思维。

(凌辉 本课题核心组成员 本文原载于《数学大世界》(上旬)2020.10)

数学图式在小学数学教学中的价值及应用

摘要: 数学图式在小学数学教学中的价值,主要在于对学生数学能力提升和抽象思维形成的影响。教师要抓住小学生学习数学知识的思路,为他们讲解教材中的相关概念和运算法则,使其能够在学习过程中奠定良好的知识基础。教师可以将数学图式巧妙地应用于小学数学教学中,为学生讲解数学概念和几何图形,并对他们解决相关问题的思路进行有效指导。

关键词: 数学图式;数学语言;数学问题;小学数学

引言

数学图式有利于提高教师讲解数学概念和问题解决方法的科学性。在小学数学学习中,学生的思维发展还处在以直观形象思维为主的阶段。因此,教师应结合学生的心理特点,创新教学方法,并充分发挥自身引导作用,帮助学生理解较为抽象的数学知识。教师在教学方面的创新,应从学生的发展需求出发。数学图式是学生容易接受的教学辅助形式,教师应充分挖掘其优势,发挥其教学辅助作用,提高数学语言和数学思维等方面的教学效率,使学生更好地实现思维转化,进而培养学生思考数学问题、解决数学问题的思维,使他们了解数学语言在描述数学问题上的特有逻辑,以此让"数学图式"成为小学数学教学中的一大亮点。

一、数学图式在小学数学教学中的价值

(一)培养学生理解数学问题的能力

数学图式能够利用形象的图案,帮助学生理解数学问题,常见的一种数学图式就是思维导图。学生的思维方式决定了其对数学知识的学习需要依靠新旧知识的联系与整合。教师应根据学生的学习特点,帮助学生建立较为完整的数学知识结构,实现学生对数学知识的有效学习。与此同时,教师需要明确的是,学生只有在理解数学概念的基础上,才能深入理解和分析相关的数学问题,从而提高解决数学问题的能力。而数学图式在小学数学教学中的应用,能够帮助学生更准确地理解数学概念,并通过一定的图案帮助他们认识几何图形和客观事物,使学生循序渐进地构建数学知识框架,从而实现数学理解能力的发展。

(二)推动学生抽象思维的不断发展

数学图式是将教材上的文字内容转化为能够直观看到的图案。这样的方式

能够降低学生的学习难度,让学生更直观地学习数学概念,并由此逐渐过渡到数学问题和数学逻辑。在小学数学教学中应用数学图式,学生可以在理解数学知识的基础上,利用所学知识直观地分析和解决学习难点,这与学生的学习心理及思维特征相符。例如,学生刚刚接触加减法运算时,数学图式可以让学生理解运算法则是用于计算数字关系的思路,进而引导学生完成简单应用题的计算。经过不断积累,数学图式在培养和发展学生抽象思维方面将会发挥重要作用,能促进学生思维方式的转变。

二、数学图式在小学数学教学中的应用

(一)帮助学生初步认识钟表

在小学数学教学中应用数学图式,有助于学生初步认识特定的数字符号。例如,"认识钟表"这一教学内容,可以体现数学图式在帮助学生建立抽象思维方面的重要作用。钟表作为学生在生活中经常见到的物品,由表盘、指针和数字构成。钟表表盘上的数字既可以作为学生认识数字及数字顺序的辅助工具,又可以让学生认识正在经历的时间和时间段。在此基础上,学生能够对数字和实践产生概念性印象,从而在解决涉及时间数字的应用题时充分利用钟表知识,也为解决生活问题提供了思路。在"认识钟表"的教学过程中,教师可以利用数学图式让学生了解不同指针代表的含义,并让他们结合表盘上的数字来认识钟表上的时间数字。这样,学生能够深入地了解有关时间的数学概念。此外,借助钟表帮助学生认识数字的教学方法,可以对学生运用数学思维进行启蒙,使其正确认识数学问题,从而为后续解决生活中的问题奠定良好的基础。

(二)帮助学生树立数学学习信心

在小学数学教学中,教师应有效利用数学图式,满足学生的学习和发展需求,激发学生的数学学习兴趣,帮助学生掌握丰富的数学知识,夯实数学基础,这也是学生学习数学概念、解答数学问题的前提。例如,教师可以利用数学图式帮助学生学习加减法运算法则,使学生能更好地进行计算,进而使其树立学习信心。除此以外,许多数字符号的学习,需要教师利用数学图式为学生演示数字运算过程。教师的有效示范能够为学生展现数学图式的优势,使学生正确认识数字符号,明确数字符号在数学运算中代表的含义,以避免学生在计算时出现错误。但小学生尚未形成良好的数学思维,他们往往直接说出自己计算出的数字。而数学语言往往涉及很多符号,如用等号表示运算结果,用括号表示一些运算顺序。教师如果没有对数学语言的学习引起足够重视,将不利于学生运用运算法则解答数学题目。所以教师应充分利用数学图式,帮助学生形成良好的数学思

维,使其树立学习信心,从而培养良好的数学语言表达能力和数学逻辑思维。

(三)直观讲解各类几何图形

数学问题中的几何图形和学生在生活中看到的几何形状的物体存在数学概念与计算内容上的区别。小学数学教学中涉及的几何图形以平面图形为主,在几何图形教学中,教师应帮助学生对几何图形形成正确认识。小学阶段的几何图形虽然较为直观,但要想让学生正确区分这些几何图形,教师需要运用恰当的教学手段,帮助学生正确辨别这些图形。教师可以利用数学图式帮助学生认识图形概念,避免他们对常见图形出现错误理解。图形是由简单线条构成的特定图案,小学阶段主要涉及由曲线构成的圆形和由线段构成的正方形、长方形、梯形、平行四边形、三角形等。而学生在纸上随意勾画出的图形,被称作无规则图形,这类图形的面积没有特定的计算方法。数学问题中的图形基本为有规则图形,且存在宽度、长度上的可测量性,有一定的面积运算法则。学生对几何图形的认识和概念性理解会影响其后续数学知识的学习。小学生的理解能力有限,对于较为复杂的问题,教师可以引导学生将问题拆分成几个简单的问题,再逐一进行解答。这一方法在几何图形教学中十分常见。教师要通过数学图式,直观讲解各类几何图形及其能够被分割成的各种形状,让学生掌握多元的解题思路。数学图式的"图"是对几何图形抽象特点的具象化,教师巧妙运用数学图式,能够帮助学生形成抽象思维,使他们更好地理解几何图形的概念。

(四)帮助学生解决简单问题

在学习数学知识的过程中,学生会表现出对复杂问题的解决欲望和探索需求,但很多学生往往停留在解决问题的较浅层次,不利于其抽象思维的发展。小学阶段,数学问题多为选择题和应用题,要求学生正确运用所学知识。小学阶段的数学学习是学生后续学习数学知识的基础,在小学时期,很多学生对数学运算法则的理解还停留在直接计算数学算式的阶段,往往无法深入思考问题中的数字关系。因此,教师要利用数学图式,帮助学生分析并解决简单的数学问题。例如,针对题目"小明要去集市上购买4个苹果和2根香蕉,其中苹果3块钱1个、香蕉2块钱1根,小明一共需要花多少钱?"教师可以为学生画出苹果和香蕉对应的数学图案,让学生根据物品的个数和对应的货币数字来解答问题。学生的想法可能是分开计算苹果和香蕉需要花费的金额,思维停留在怎样使用运算法则的层次。因此,教师应利用数学图式,帮助学生分析问题中的数字关系,让学生结合数字语言和数字符号,完整地阐述自己的思路,并用运算法则解决问题,从而帮助学生形成解决问题的抽象思维。

结语

综上所述，为了有效培养学生的数学抽象思维，教师要充分利用数学图式，有效梳理和讲解数学知识，帮助学生掌握基本的数学知识和运算法则。与此同时，教师应积极引导学生分析应用题型的解答过程，逐步完成由口头语言到书面语言的思维转化，培养他们解决简单数学问题的抽象思维和数学逻辑，以充分发挥数学图式在小学数学教学中的作用。

（凌辉　本课题核心组成员　本文原载于《求知导刊》2021.9，有改动）

巧用概念的图式表达，建构高效数学课堂

摘要：数学作为小学教育阶段的一门基础性学科，对小学生的空间想象能力与逻辑思维能力有着较高的要求。掌握数学知识体系中大量的概念，是学习数学知识的基础，也是数学学习中的一大难点。对此，教师可巧用概念的图式表达，建构高效数学课堂。

关键词：概念；图式表达；高效；数学教学

数学概念是从客观现实中抽象出来的，具有高度的抽象性与概括性特征，是学生需要学习、感知与理解的关键内容，更是有助于他们学习其他数学知识、解题及实际应用的重要内容。图式表达是将数学知识以图的形式来展现，小学数学教师在概念教学中可采用图式表达引领学生观察与分析，帮助他们高效地构建数学概念，为后续学习夯实根基。

一、借助图式表达优势，转变概念呈现形式

（一）运用图式表达，使抽象概念变得形象化

小学生正处于形象思维占据主导地位的阶段，而数学知识具有显著的抽象性特征，概念则更加抽象。在概念教学中，小学数学教师需极力发挥出学生的形象思维优势，巧用图式表达，将具体的概念以图片、图表或图文并茂的形式来呈现，以此使抽象的数学概念变得形象化，这样不仅与学生的认知特点相契合，还能够激发他们参与学习的兴趣。

例如，在进行"分数的初步认识（一）"的教学时，教材中对"分数"概念的解释为：分数表示一个数是另一个数的几分之几，或一个事件与所有事件的比例。把单位"1"平均分成若干份，表示这样的一份或几份的数叫分数。对于三年级学生

来说，文字性介绍是比较难以理解的，因为这样的描述、用语十分严谨，而他们的抽象思维能力恰恰不强。针对这一情况，教师在课堂上运用图式表达转变了"分数"这一概念的呈现形式，在多媒体课件中展示画有一个圆的图式（如图一所示）。图中的一条虚线将圆分成两半，一半是灰色，一半是白色。然后，教师询问："这个圆被虚线分成的两份是不是一样大？每份是不是均为这个圆的一半？可以用什么数来表示？"学生经过观察、思考与讨论后回答了上述问题。教师结合他们的答案指出："这个圆被平均分成了 2 份，每份是这个圆的一半，一半即为 $\frac{1}{2}$。"教师通过图式表达形象地引入"分数"的概念后，要求学生结合图片说出 $\frac{1}{2}$ 中的"2"和"1"分别表示什么意思，并在课件中展示其他图形让学生进行练习，继续辨认 $\frac{1}{2}$。

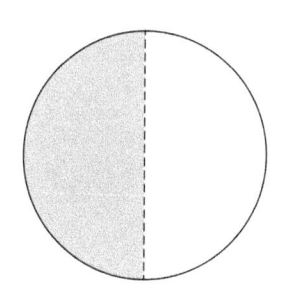

图一 "分数"教学中的图式

（二）应用图式表达，使复杂概念简单化

在小学数学概念教学中，图式表达可以让学生一目了然，便于他们更好地学习、内化与掌握数学概念，为之后的运用做好准备。在小学数学课程教学中，当讲授到概念类的知识时，教师可以应用图式表达的方法，将学生仅通过阅读文字难以明白的内涵，利用图的形式来展示，使学习内容显得清晰、明了，使复杂的数学概念变得简单化，借此辅助他们深入理解概念的内在意义。

以"小数的初步认识"的教学为例，教师从小数的意义切入来描述"小数"的概念："将整数 1 平均分成十份、一百份等得到的十分之几、百分之几等，能用小数表示。一位小数表示的是'十分之几'，两位小数表示的是'百分之几'，等等。在小数中，相邻两个计数单位之间的进率为 10。"教师发现，虽然自己费尽心思运用语言来描述，但不少学生仍然未能真正理解，原因是"小数"的概念从文字视角来看较为复杂，而且这对于学生来说是一个新概念，他们极易把"分数""整数"

等概念混淆。于是,教师应用图式表达,以实物的形式辅助学生重新构建"小数"概念,先拿出一把标有清晰刻度的直尺和一支长约 4 厘米的铅笔,再将铅笔的一端同直尺的 0 刻度线对齐,让学生观察后说出铅笔的长度。学生发现铅笔的另一端在直尺的 4 至 5 刻度之间,这说明铅笔的长度并非整数,于是纷纷产生"该如何表达铅笔的长度?"的疑问。这时教师点拨:"大家在进行计算或测量时,假如遇到结果非整数的情况,就要使用小数来表示。"这样不仅可以使复杂概念变得简单,还巧妙地穿插了小数的用法。

(三) 利用图式表达,使零散概念变得系统化

不少学生在学习数学概念时习惯采用死记硬背这种机械的方式,也就是说,他们把平常可能用到的一些概念背诵得十分熟练,以此应付作业与考试。但采用这样的方式有一定的弊端,即学生往往只掌握了零散的概念,而未学会系统化地运用这些概念。面对这一不利局面,小学数学教师在概念教学中,可利用图式表达将零散的数学概念整合在一起,使其变得系统化,方便学生在后续解题中综合运用,提高做题效率。

举个例子,对于"平行四边形的面积"这部分内容,教材结合转化思想归纳出平行四边形的面积公式。但由于部分小学生的逻辑思维能力和推理能力不强,很难透彻理解这一公式的推导过程及有关概念,因此教师对原有教学内容进行加工,借助图式表达的方式改进了教学过程。在课堂上,教师未直接给出平行四边形面积的公式,而列出了式子 $S=ah$,并指出 a 与 h 分别表示平行四边形的底与高,同时展示对应的图式(如图二所示)。因为学生已经学习过长方形的面积公式,所以教师就让他们试着将未知的平行四边形转化成已知的长方形。根据这一图式表达,学生在教师的引导下拿出准备好的平行四边形纸片,沿着高将平行四边形剪开,将剪下来的梯形平移至平行四边形的另外一边,拼接在一起,使它们构成一个长方形,进而发现新的长方形的长、宽就是平行四边形的底、高。

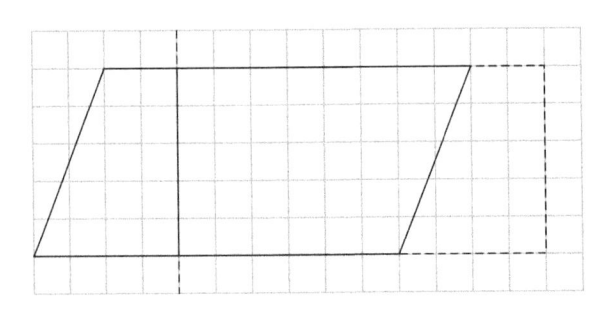

图二 "平行四边形的面积"教学中的图式

教师通过图式表达的演示,让学生了解到长方形的面积与平行四边形的面积相同。如此,教师利用图式表达,引领学生把平行四边形的面积公式、概念与长方形的知识相关联,能够使他们形成系统化的认知网络,加深他们对转化思想的认识,为他们接下来的学习提供更多助力。

二、以图式表达创设情境,降低概念理解难度

(一)结合生活进行图式表达,辅助学生学习概念

在小学数学概念教学中,教学的基础是引入概念,引入概念以后,教师就需要引领学生感知概念,让他们真正理解概念的内涵,方便他们之后的运用。在实际生活中,数学现象与问题可谓随处可见,小学生平常也积累了一定的生活经验,因此数学教师在概念教学中应该紧密结合生活素材,将一些生活化资源融入课堂,运用到概念讲解环节中,并将其当作学生感知与理解概念的工具,由此降低概念的学习难度,辅助他们更好地掌握数学概念。

比如,在开展"倍"的概念教学时,教师先要求学生认真观察教材中关于"两、三位数乘一位数"这部分内容的情境图,自己动手数一数各种不同颜色的花朵数量,并引出问题:"如何清楚地看出不同颜色的花朵之间的关系?"学生想到逐个对应摆放与排列等方式。教师让学生结合找到的信息自主提出问题。如学生提问蓝花和黄花一共有多少朵,红花比黄花多多少朵,红花的朵数是蓝花的多少倍。教师顺势引出新知识,唤起学生的生活经验,让他们初步感知倍是两个数之间的比较关系。接着,教师鼓励学生将刚才获得的信息与说出的问题进行归纳。当有的学生提到将2朵蓝花看成1份时,教师让其简要说出原因所在,然后讲述:"黄花有这样的3份,也就是有3个2朵。你们数一数是不是这样?"教师在学生数完后借机指出黄花的朵数是蓝花的3倍。最后,教师提出"红花的数量与蓝花的数量相比又是什么关系?"的问题,引导学生进行知识迁移,从而发现红花的数量是蓝花的4倍,并使其思考为什么黄花、红花都是同蓝花的数量相比,倍数却不同,旨在让他们在图式表达的辅助下建立"倍"的表象,通过对比深入感知"倍"的概念。

(二)运用信息技术手段,以图式表达模拟情境

小学生年龄比较小,逻辑思维能力还未得到很好的发展,对数学概念的感知以形象思维为主,再加上部分学生在学习过程中容易受到外界环境的影响和干扰,以致注意力很难长时间集中,最终影响他们内化数学概念。这就要求小学数学教师在平常教学中紧跟时代步伐,灵活运用信息技术手段进行图式表达,通过图片、视频、动画等形式模拟情境,使概念的学习内容变得有趣、生动,吸引学生

的注意力,让他们认真观察与深入思考,促使他们轻松理解数学概念。

例如,在"垂线"的概念教学实践中,教师先要求学生观察教材中关于"垂线与平行线"这部分内容中的三幅图片,并利用信息技术手段分别从每一幅图中截取两条相交的直线,在多媒体设备的大屏幕上显示出来,让他们基于相交情况对这三组线进行分类。接着,教师指导学生用三角尺的直角分别与三组线形成的角进行比较,使其感知到第一组线相交形成的角不是直角,后两组线相交形成的角都是直角,并认识到垂直是相交的一种特殊位置关系。然后,教师将第二幅图放大,闪动其中一个角,提问:"假如这个角是直角,那么你们能知道其他三个角的角度吗?"学生经过思考、探讨后判断出其他三个角均为直角。教师让学生讨论交流"结合上述图式,你们认为两条直线在什么情况下才能被称作'互相垂直'?"这个问题。在学生发言后,教师强调两条直线要相交成直角才能被称作"互相垂直",让他们用手势表示"垂直"。最后,教师在多媒体课件中展示几组相交的线段,让学生判断它们是否互相垂直,并说明理由,加深他们对"垂线"等概念的理解。

三、巧妙引入图式表达,优化概念教学形式

(一)应用图式表达进行整理,深化对概念的理解

抽象性是数学知识的显著特点之一,部分小学生自身学习能力一般、理解能力不强或认知水平有限,很难快速发现知识中所蕴含的数学概念,这就要求教师在日常教学中应用图式表达对数学概念进行整理,优化概念教学形式,使隐蔽的关系变得明了,同时积极引导学生观察、想象与猜测,进而发掘出知识中所隐含的概念性内容,这样不仅可以满足他们的求知欲望,还可以拓展他们的思维空间,深化他们对概念的理解。

例如,在实施"梯形"的概念教学时,教师并未急于讲授新课,而是引入了旧知识,引导学生回顾学习过的"四边形"这一数学概念,再提出"梯形、长方形、正方形、平行四边形的对边分别有什么特点?它们之间存在着什么样的联系?"的问题,让他们在小组内自由讨论和交流,要求他们将这几种平面图形整合在一起,画出图式,从而让他们整理小学阶段所学的各种四边形概念,形成完整的数学概念网络,了解这些不同的四边形之间的关系。有的学生在问题驱动下积极思考和互动,画出如图三所示的图式。如此,学生在图式表达的辅助下不仅可以更好地理解"梯形"的概念,还可以回顾其他四边形的概念,掌握它们的区别与联系,培养自身的逻辑思维能力,优化自身的知识结构。

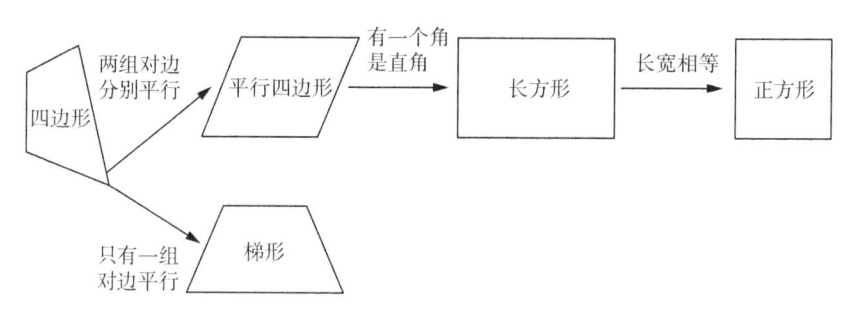

图三 "梯形"教学中的图式

（二）运用图式表达进行归纳，改善对概念的认知

部分小学生在学习数学概念的过程中会出现这样一种错误，即混淆了相关或者相近的概念，以致在做题时遇到障碍，甚至出现张冠李戴的情况，无法顺利解决问题。究其原因主要在于大部分数学概念是比较抽象难懂的，这些学生对概念的理解还停留在表面，没有真正掌握概念的内涵。对此，小学数学教师可运用图式表达，对相关概念进行归纳，让学生对概念的感知由模糊变为清晰，改善他们对概念的认知，便于他们后续应用。

比如，"分数的意义和性质"一课中出现多个新的概念，包括单位"1"、分数和分数单位等，其中单位"1"是建构分数概念的出发点。教师在讲授的过程中可采用图式表达辅助教学，要求学生观察教材的这部分内容中的四幅图片，用分数表示每幅图中涂色的部分，写好以后想一想各个分数分别表示什么，鼓励他们大胆说出各自的想法与见解，同时板书"$\frac{1}{4}$，$\frac{5}{8}$，$\frac{3}{5}$，$\frac{1}{3}$"，带领他们回顾"平均分"的概念。然后，教师以第四幅图中的$\frac{1}{3}$为例，提问："这里将6个圆看作一个整体，将它们平均分成3份，涂色部分是其中的1份，也就是$\frac{1}{3}$。那么前三幅图中的分数是把什么平均分后得到的呢？第四幅图和前三幅图相比有什么不同？"教师顺势引出"单位'1'"的概念，组织学生在小组内交流，讨论这与之前所学的"1"有什么不同，旨在让他们意识到之前所学的"1"只能表示"1个"，而现在学的"单位'1'"可以表示许多含义，如表示"1块饼""1个长方形""1条1米长的线段""由6个圆组成的1个整体"等，进而改善自身对数学概念的认知。

结语

综上所述，在小学数学教学实践中，教师要将概念教学放在重要地位，巧妙运用概念的图式表达创新教学方法与形式,以文字解释为前提,结合几何图形、图表等图式为数学概念的学习搭建起具象化的支架,促进学生对概念的理解与内化,并根据不同概念运用不同的图式表达方法,全力建构高效数学课堂,使学生对数学概念形成结构化、系统化的认知。

（凌辉　本课题核心组成员　本文原载于《教育界》2022.12,有改动）

第二节　"图式表达"在儿童数学概念学习中的实施策略

基于图式表达的小学数学概念教学策略探究

摘要：数学概念教学是小学数学教学中的重要内容,学生学习数学的前提是建立在对概念的理解上,学生理解抽象的数学概念比较困难,往往只是采用机械记忆的方式进行学习,并没有对数学概念有深入的理解,而教师借助图式表达的方式开展小学数学教学,能够将抽象的数学概念直观化,将单一的数学概念变得更加丰富,这不仅丰富了学生的数学概念学习过程,还避免了学生在内化数学概念过程中产生枯燥感。鉴于此,文章从优化概念呈现形式、构建概念学习情境、创新数学概念教学形式三个方面探究了教师借助图式表达开展小学数学概念教学的策略。

关键词：小学数学；概念教学；图式表达

引言

小学阶段是学生成长与学习的关键时期,同时也是提高综合能力的重要时期,学习数学知识对学生的逻辑思维能力与空间想象力提出了一定的要求,并且需要学生理解数学概念,从本质上看,数学概念是从客观现实中抽象出来的,它能够帮助学生感知与理解数学知识蕴含的重要本质,而图式表达的教学方式能够以图式的形式呈现数学知识,使学生构建数学关系图表,直观地感受抽象的数学概念,从而对数学概念形成深刻理解。因此,教师可以借助图式表达的方式开展数学概念教学,使学生在有趣的图式中感受学习数学概念的乐趣,减轻学生学习数学概念的负担,增强小学数学概念教学的有效性。

一、优化概念呈现形式

（一）呈现形象化的概念

学生在小学阶段多以形象思维为主，而数学知识通常具有较强的抽象性，其中以数学概念最为突出，因此学生无法对概念性的知识进行有效理解。因此，在概念教学中，教师可以将学生的形象思维优势充分地发挥出来，以图文并茂的方式呈现具体的数学概念，使学生能够学习较为形象化的数学概念，教师借助图式表达的方式开展数学概念教学，不仅符合学生的认知特点，还能够激发学生学习数学概念的兴趣。

例如，在教学"长方体与正方体的特征"时，为了加深学生对长方体和正方体特征的了解，使学生清楚地认识长方体与正方体中各个组成部分的名称，教师可以为学生提供长方体与正方体的实物模型，引导学生通过亲自观察、亲手触摸的方式进行学习，在学生对具体的实物进行感知后，教师可以引导学生进行感知转化，要求学生在纸上画出长方体与正方体，教师通过这样的教学模式，使学生由具体的观察操作转变为图式表达，由动作学习转变为表象学习，将抽象的数学概念形象化，进而逐渐对立体图形中"长""宽""高""顶点""棱"等概念形成直观认识，从而深入掌握长方体与正方体的基本特征。

（二）为学生降低概念理解难度

教师将图式表达运用于小学数学概念教学中，能够使学生一目了然，从而更好地学习、消化与掌握数学概念，并为之后的数学概念运用奠定基础，图式表达的运用能够将一些比较复杂的数学概念简单化，数学知识中有些概念具有丰富的内涵，但冗长的概念定义增加了学生的理解与记忆难度，教师借助图式表达，不仅能够使学生学习简洁明了的数学概念知识，还能够使学生对所学内容形成深刻记忆。

例如，在教学"小数的初步认识"中的"小数"时，大部分教师均是从小数的意义着手进行讲解的："将'1'这个整数平均分为 10 份、100 份后所得到的数字能够用小数进行表示。"教师在课堂教学中，往往"想方设法"地使用语言为学生描述小数的概念，但即使这样，也依旧有大部分学生无法对"小数"概念形成正确理解，造成这一现象的原因是用文字描述小数的概念比较复杂，且小数对学生来说是一个新的数学概念，他们容易将小数的概念与之前所学的分数、整数等概念混淆。因此，教师可以通过图式表达的方式促使学生理解小数的概念，教师可以拿出一支长为 5 厘米的铅笔与刻度清晰的直尺，然后将铅笔的笔尖与直尺中的"0"刻度线对齐，引导学生观察并说出铅笔的长度，学生能够发现铅笔的长度介于直尺的"5"刻度与"6"刻度之间,他们会积极思考如何表达铅笔的长度。此时,教师可以告诉学生,在进行测量或数学计算时,如果获得的结果不是一个整数,那么可以用小数的方式表示出来,这样的教学方式不仅能够降低学生学习数学概念的难度,还可以潜移默化地带领学生了解小数的具体使用方法。

(三)呈现系统化的数学概念

在小学数学的学习过程中,大部分学生均采用机械的死记硬背的方式完成对数学概念的记忆,虽然学生能够熟练地背诵出数学概念,但也只是记住了这些零散的概念,他们并不会系统地对这些概念进行运用。因此,小学数学教师需要借助图式表达的方式整合这些零散的数学概念,使学生能够在记住概念后,熟练地将这些概念用于数学问题的解答中,进而促进学生解题效率的提升。

例如,在教学"平行四边形的面积"时,教材中推导平行四边形面积公式时运用的方法为转化思想,但是由于学生的逻辑思维能力与推理能力较弱,他们无法深入理解推导平行四边形面积公式的过程以及相关概念。此时,教师可以借助图式表达的方式完成对这部分概念的教学。教师在课堂上可以先为学生列出算式:$S=ah$,其中 a 表示平行四边形的底,h 表示平行四边形的高,同时为学生展示与该算式对应的图式,学生在之前的数学学习中积累了推导长方形面积公式的经验,因此教师可以引导学生将平行四边形转化为长方形,学生使用课前准备好的平行四边形卡片,沿着平行四边形的高进行裁剪,并将裁剪下来的部分进行平移,使其与平行四边形的另一部分进行拼接,从而形成一个长方形,通过这一操作,学生能够发现拼接后获得的长方形的长与宽和原来平行四边形的底与高相等,于是明白了平行四边形的面积等于拼接后的长方形的面积。由此可见,教师借助图式表达能够引导学生将具有相似概念的数学知识进行联结,从而使学生构建一个系统化的数学知识网络,促进学生掌握数学中的转化思想,并为接下来的数学学习奠定基础。

二、构建概念学习情境

(一)联系学生实际生活,降低数学概念学习难度

在小学数学概念教学中,教师除了为学生引入数学概念的相关知识外,还需要引导学生感知数学概念,使学生能够真正理解概念的内涵,进而促使学生有效运用数学知识。学生的实际生活中常常出现与数学有关的现象或问题,因此教师可以结合学生的实际生活开展概念教学,在课堂中融入与学生实际生活有关的事物,使学生能够感知与理解数学概念,进而降低其对数学概念的学习难度。

例如,在教学有关"倍"的概念时,教师可以先带领学生仔细学习教材中"两、

三位数乘一位数"这部分内容,为了能够促进学生对数学概念的理解,教师在教学中可以将概念与学生实际生活相结合,并在课堂上引入图式表达的方式,先让学生回忆与之相关的旧知识后,再为学生在黑板中张贴2朵小红花,并提问:"黑板中出现的小红花数量是多还是少呢?"学生纷纷表示"不知道与谁进行比较,因此不知道小红花是多还是少"。接着,教师在黑板的另一个位置张贴4朵小红花,并再次提问:"这些小红花与之前张贴的小红花存在怎样的数量关系?"学生回答:"第二次所贴小红花比第一次贴的小红花数量多2朵。"此时,教师就可以为学生引出"倍"这一概念,并告知学生在生活中还可以用"第二次张贴的小红花数量是第一次张贴小红花数量的两倍"这一说法进行表达。教师借助学生生活中常见的物体,能够使学生通过物体数量的增加或减少完成对"倍"这一概念的理解,有助于学生构建"倍"的概念模型。

(二)信息技术助力,构建图式表达情境

在小学阶段,学生的逻辑思维能力还未得到完全发展,他们只能在形象思维的助力下完成对数学概念的学习,且部分学生在学习时容易被外界环境所影响,其无法长时间将注意力放在学习上,这导致学生内化数学概念时出现困难。因此,现阶段的小学数学教师可以借助信息技术手段为学生模拟图式表达情境,使学生在有趣且生动的环境下完成对数学概念的学习,提升学生对概念学习的专注程度,进而促进其对数学概念的理解与掌握。

例如,在教学"垂线"时,教师可以先引导学生预习"垂线与平行线"这部分内容。接着,教师借助信息技术手段为学生在多媒体设备中展示不同直线的相交情况,要求学生能够对所展示的内容进行分类。利用多媒体设备,教师可以在教学过程中放大其中一个图片,并将图片中两条直线相交后形成的角进行闪烁,引导学生思考:"如果直角闪烁,那么剩下的三个角是什么角?"学生在思考后,能够得出"其他三个角同样是直角"的答案。接下来,教师可以引导学生结合多媒体设备中的图式思考两条直线被称作相互垂直时需要满足的条件,教师借助信息技术,能够为学生构建概念学习的虚拟场景,有助于学生深入理解与掌握数学概念。

三、创新数学概念教学形式

(一)借助图式表达,整理归纳数学概念

数学知识具有一个明显的特征,那就是抽象性。由于学生的学习能力较弱,且认知水平及理解能力比较有限,他们难以清楚地理解数学知识中所蕴含的数学概念。这时,小学数学教师可以借助图式表达的方式为学生整理这些数学概念,为学生构建一个优化的数学概念学习网络,使学生能够在其引导下不断挖掘数学知识中存在的概念性内容,以此来满足学生的数学求知欲,使学生在不断探索的过程中加深对数学概念的理解。

例如,在教学"梯形"时,教师可以在正式开展教学活动之前为学生引入以往学习过的旧知识,使学生对"四边形"的概念进行回忆,并提出问题:"在长方形、正方形、平行四边形以及梯形这些图形中,它们的对边具有哪些特点?这些图形之间是否存在某些关联?"教师可以引导学生采用小组合作学习的方式画出长方形、正方形、平行四边形以及梯形的图式,完成对这四种不同的四边形概念的归纳整理,使学生构建完整的数学概念网络。学生在图式表达的教学方式下,不仅能够对"梯形"的概念有更好的理解,还能够复习与巩固以前所学的知识,清楚地感知数学知识与概念之间的关联,从而提升逻辑思维能力。

(二)借助图式表达,培养学生数形结合思想

学生在学习数学知识的过程中,很难掌握一些比较抽象的数学概念,这导致其参与概念学习的积极性较低。在图式表达中,图形符号是重要的组成部分,教师可以在开展概念教学时,将数字与图形进行紧密结合,将单一的数学语言转化为不同类型的图形符号,使学生在这种直观的图形展示中完成对数学概念的学习,提升学生的想象能力。学生在这个过程中,不仅能够对数学知识中所蕴含的意义有清晰的了解,还能够提升对数学概念的学习兴趣。

例如,在教学"鸡兔同笼"时,教师可以借助这一问题中隐含的数学概念设计数学题目:"一个笼子中同时装有不同数量的兔子与小鸡,此时笼子中共有16只脚与6个头,那么笼子中的兔子与小鸡分别有几只?"学生在第一次接触该问题时往往不知道应该如何解答,此时教师可以借助学生所熟悉的图形来帮助其理清解题思路,引导学生使用画圆圈的方式表示笼子中小动物的头,用画竖线的方式表示笼子中小动物的脚。学生通过这种直观的方式能够在画图推理的过程中获得问题的答案。不仅如此,为了使学生加深对数学概念的理解,教师可以引导学生借助画表格的方式将兔子与小鸡的数量变化清晰且直观地展现出来。教师将抽象的数学概念进行具体形象化的展示,能够突破数学概念教学的难点,使学生在图式表达的引导下清楚地理解数学概念中蕴含的隐蔽关系,并培养学生的数形结合思想。总之,教师在借助图式表达为学生讲解数学概念的过程中,需要引导学生进行自由想象与猜测,从而使学生在不断提升的求知欲中形成数学思维能力。

结语

总而言之,小学数学的概念教学一直都是教学中的重难点内容。教师在教学过程中需要将图式表达的方式有效利用起来,创新数学概念教学的方法与形式,立足学生对数学概念文字的理解,结合图表、几何图形等具体形式,降低学生理解数学概念的难度,使学生学会运用不同的图式表达方式来表达不同的数学概念,从而形成系统化的数学概念网络。

(张霞　本课题主持人　本文原载于《数学学习与研究》2023.8,有改动)

利用"图式表达"优化小学生数学概念学习的探究

在现今的小学数学教育中,"图式表达"被证明是极为有效的教学策略之一。这一策略以认知心理学为理论基础,通过运用图形、图像和符号等直观材料的视觉元素,将原本抽象的数学概念具象化地呈现出来,能够使学生通过视觉感知直接触及数学的核心本质。这样做不仅有助于加深学生对于数学知识的理解,而且能够促进他们分析问题和解决问题能力的提高。图式表达强调信息呈现方式与学生认知结构的高度契合,提倡教师创造性地设计教学内容,从而引导学生在积极的思维活动中建构并发展个人的知识体系。本文旨在深入探讨图式表达对学生数学概念学习和优化过程的影响,分析其对提升学生数学思维能力的作用机制,并以此为基础,为数学课程教学的设计与实施提供具有参考价值的建议。

一、图解导入,激发数学兴趣

图解导入是小学数学教学中起着关键作用的直观教学方式。它巧妙地利用图形、图片或示意图将抽象的数学概念具象化地展现在学生面前,为学生提供了明确且具体的思维起点。这种形象思维的开端不仅能迅速吸引学生的注意力,还能有效激发学生对数学问题进行深入探究的兴趣。教师精心设计的图解导入能够迅速引导学生聚焦课堂主题,并通过图解的方式将复杂的概念分解为易于理解的内容,可以帮助学生建立起概念之间的联系,推动他们进行深层次的知识加工。此外,作为先行组织者的图解导入,还能在学生的头脑中构建起知识框架,为后续学习活动的开展奠定坚实的基础。

以"平移、旋转和轴对称"这一教学内容为例。一位教师巧妙地运用教材和网络资源,搜集了火车、飞机螺旋桨和钟面等动画素材,将它们作为图解表达的媒介(如图一所示)。

图一

在课堂上，教师利用多媒体动态展示生动的画面，迅速吸引学生的目光。学生凭借生活经验，轻松识别出图片中的物品，形成了积极的学习氛围。当学生兴趣正浓时，教师巧妙提问火车移动、电梯升降等现象与数学概念的关联。这些问题可以引导学生从直观图像中提炼出平移、旋转等概念。经过深入的讨论和观察，学生不仅理解了这些概念，更能将其灵活应用于生活场景。

在此课例中，教师巧妙地运用图解策略，将抽象的数学知识与形象的生活实例相结合，成功激发了学生的兴趣。通过观察、思考与探讨，学生既掌握了数学概念，又提升了实践能力，能灵活运用数学知识解决生活难题。

实践证明，在小学数学教学中，图解导入对提升教学质量和学习效果至关重要。图解不仅能激发学生的兴趣，还在发展空间感知、视觉思维及逻辑推理等方面发挥着不可替代的作用。合理设计的图解能引领学生从感性认识出发，逐步深化对数学知识的理解，并培养批判性思维。教师应持续优化图解的内容和实施策略，确保图解与教学内容高度相关，能够激发学生的热情，引导他们积极参与数学知识学习过程。

二、模式认知，巩固数学概念

模式认知在小学数学教学中也发挥着至关重要的作用。这一环节主要聚焦学生对数学知识结构或规律的辨识与理解能力，是关键的心智技能之一。通过有效的模式认知训练，学生能够发现并建立不同情境下数学概念之间的联系，从而深化对数学原理的理解。在这一过程中，教师需要精心设计教学活动，借助丰富的例题和实践练习，指导学生在多变的情境中辨识不变的数学模式，理解数学模式背后的抽象概念和原理。

例如，在教授"小数的初步认识"时，教师常会遇到这样一个教学难点——学生难以仅凭语言描述准确地理解小数的含义和应用。即使教师用语言解释，学生仍然感到困惑。为了突破这一教学难题，有教师采用了更直观、形象的教学方法。这位教师利用刻度清晰的直尺，让学生观察刻度线如何表示不同的长度。随后，她拿出一支长度不是整厘米数的铅笔，引导学生猜测其长度，并通过提问：

"如果要准确表示这支铅笔的长度,而不是用大概的整数来描述,应该怎么做呢?"成功激发了学生的兴趣,使他们意识到了小数在生活中的实际应用。接着,教师进一步解释:"当我们遇到不是整数值时,如这支铅笔的长度,就可以使用小数来表示。小数能更准确地描述和计算长度、质量、时间等各种量。"

又如,在教授"折线统计图"时,一位教师首先利用多媒体展示了张小楠同学6~12岁的身高情况统计表(如图二所示)。在引导学生读懂统计表后,她又出示了一幅描绘张小楠6~12岁身高数据的折线统计图(如图三所示)。通过这种方式,教师能够更直观地展示数据的变化趋势,帮助学生更好地理解折线统计图的意义和应用,从而为学生今后学习和应用更复杂的统计知识打下了坚实的基础。

张小楠6~12岁身高情况统计表

年龄	6岁	7岁	8岁	9岁	10岁	11岁	12岁
身高/cm	116	118	121	126	132	141	144

图二

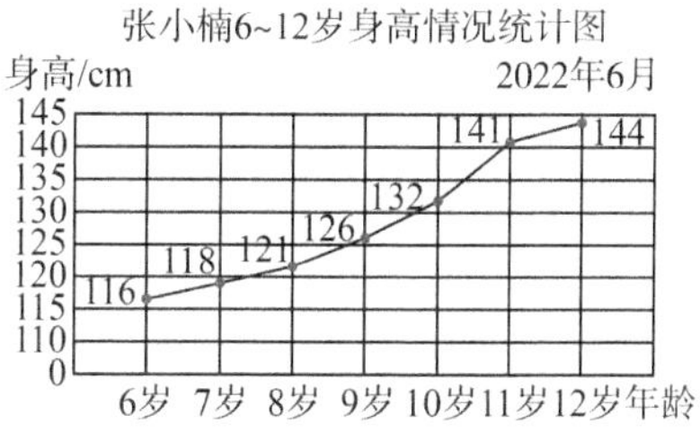

图三

随后,教师抛出了一个问题:"你们从这幅图中能观察到什么?"这立刻激起了学生的好奇心。他们开始仔细审视这幅图表,并纷纷分享自己的发现。在学生给出初步见解后,教师正式介绍:"这样的图叫作折线统计图。"接着,教师通过一系列问题引导学生关注折线统计图的各个部分:"这幅图包括哪些组成部分?""它的标题是什么?""图中的点表示了哪些数据?"这些问题可以帮助学生深入挖掘图表的关键信息,理解数据点如何连接以及它们所表达的意义。当学生能够清晰地解释图表信息后,教师继续引导他们发散思维:"这幅图有什么特别之处?""你们能尝试给出折线统计图的定义吗?"这些更深入的问题鼓励学生不要停留在图表表面的信息,而是去探索折线统计图的内在特征和它所展现的数据变化趋势。

在这两则课例中,教师巧妙地利用直观工具和多媒体资源,使抽象的概念变得具体,有效激发了学生的学习兴趣和思考能力。在"小数的初步认识"一课中,教师利用直尺和铅笔,将小数与实际长度相结合,让学生在实践中深刻理解了小数的含义和应用。在"折线统计图"的教学中,教师通过展示统计图,引导学生对折线图的特征及其所表示的含义进行了细致的观察、分析和归纳。这种教学方法不仅有助于加深学生对知识的理解,还能培养他们的观察力、思维能力和创新能力。

经过系统的模式认知训练,学生对数学知识的掌握变得更加稳固和深入。在这个过程中,教师不仅是知识的传递者,更是学生学习的引导者。他们精心设计的分组讨论、问题解决以及游戏化学习等活动,让学生主动参与、深入思考,不仅帮助学生从日常生活中发现了数学模式,还锻炼了他们的观察力和逻辑思维能力。随着模式认知能力的不断提升,学生在解决各类数学问题时变得更加得心应手,展现出了更强的创新能力和对新情境的适应能力。模式认知作为促进数学学习的深度和广度不断提升的有效手段,在数学教育中的意义不言而喻。

三、结构对比,明晰数学关系

结构对比是小学数学教学中的又一关键策略,它在厘清不同的数学概念间的内在联系方面发挥着重要作用。结构对比的核心在于通过对比相似但又存在区别的数学模式,帮助学生认识并了解这些模式的共性与差异。这一教学策略并非停留在表面的比较,而是需要教师引导学生深入剖析每一种模型的构造与原理,挖掘数学概念背后的深层含义。这种对比活动有助于学生从宏观上把握知识结构,从微观上深化对各个数学概念特性及其应用范围的理解。要想实现结构上的有效对比,教师就必须精心设计比较材料和活动,确保学生在比较的过程中能够积极探究和思考,进而建立起数学知识间的内在联系。

例如,在教授"圆的周长"这一内容时,学生常常会混淆"圆周长的一半"与"半圆的周长"这两个概念。针对这一教学难点,三位教师采取了不同的教学策略。第一位教师采用抽象的数学符号进行教学,通过符号的比较、归纳和概念的深化,帮助学生建立起了对这两个概念的清晰认识。这种方法能够使学生从数学的内在逻辑出发,理解和记忆这两个概念之间的区别。第二位教师选择了图形化的方法。她引导学生动手绘制"圆周长的一半"和"半圆的周长"的草图,通过直观的视觉图形,帮助学生形成了对这两个概念的图形化理解。这种教学方式依赖于直观的视觉感知,可以让学生通过图形的对比和观察加深认识。第三位教师选用了动作表征法作为教学手段。他引导学生通过手部动作模拟出180的圆弧,以表示"圆周长的一半",再加上直径的示意,从而直观地展现出"半圆的周长"。这种动手模拟的方式能够使学生通过动作行为来理解和记忆这两个概念的差异。

又如,在探索"乘法分配律"的过程中,学生通过举例和验证活动,成功揭示了该运算律的基本原理。在此基础上,教师鼓励学生用自己的方式表达乘法分配律。一些学生选择图形符号,如"△×(☆+□)=△×☆+△×□";一些学生偏好代数表示法,如"$a×(b+c)=a×b+a×c$";还有学生采用了文字描述,如"甲×(乙+丙)=甲×乙+甲×丙"。这些不同的表达形式虽然在外观上有所区别,但都精准地捕捉到了乘法分配律的核心意义。

这两则课例展示了小学数学教学中结构对比的有效运用。数学符号的抽象对比有助于加深学生的理解,图形化的方式直观地展示了概念之间的差异,而动作表征法则使学生切实感受到了概念间的不同。这些教学策略各具特色,但都聚焦于结构对比,能够帮助学生从对比中把握数学关系,厘清概念内涵。同时,通过引导学生用不同的方式表述乘法分配律,教师促进了学生的个性化学习,使他们能够选择适合自己的方法理解和记忆数学概念。

经过结构对比训练,学生能够在脑海中构建较为完整、系统的数学知识网络。这种训练不仅可以使学生更加深入地理解数学概念之间的联系,还增强了学生对这些概念的印象和理解。在这一过程中,教师需要发挥引导和激励的作用,不断优化对比活动的设计,激励学生主动投入对知识的对比、分析与融合。结构对比方法有利于发展学生的批判性思维,能够使他们在面对新情境时迅速调整原有的认知结构,更加高效地吸收和运用新的数学知识。

四、图像记忆,提升数学效率

图像记忆作为现代教育心理学和认知科学研究大力推崇的记忆增强技术,已在数学学习的过程中展现出了显著的作用。该技术致力于以视觉化的形式向学生呈现抽象的数学概念,使学生在直观形象的辅助下深化理解、强化记忆。图像记忆之所以有效,是因为它能将数学信息与学生的感官体验紧密结合,利用大脑对图像的高效处理能力,促进记忆的持久与准确。此外,运用图像记忆技巧也有助于学生建立知识间的联系,通过图解思考的方式解决复杂问题,进而提升整体思维的条理性和逻辑性。教师可以利用图表、图形及思维导图等多种载体,帮助学生将数学公式和解题步骤转化为易于记忆和回忆的视觉信息。

例如,在教授"梯形"的概念时,一位教师首先引导学生回顾了"四边形"这一基础概念,随后提出了一个探究性问题:"梯形、长方形、正方形和平行四边形有何特性?它们之间有着哪些联系?"这个问题立刻点燃了学生的好奇心,激发了他们的思考欲望。学生在小组中热烈地讨论、交流,并尝试用图形表示这些四边形之间的联系。他们动手绘制了一幅包含这些四边形的综合性图式(如图四所示),通过这种方式,不仅回顾了以往学习的内容,也深化了对梯形概念的理解。

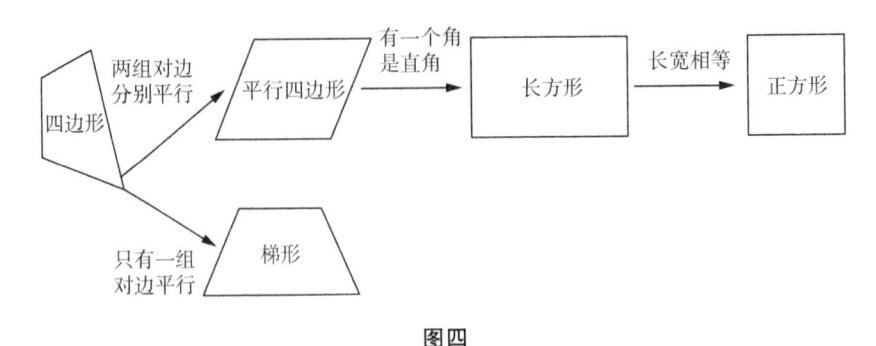

图四

在这一教学案例中,教师巧妙地运用了图像记忆策略,指导学生绘制综合性图形,帮助学生回顾并探索了四边形之间的关联。这种教学方式不仅激发了学生的好奇心和探究欲望,也促使他们积极地思考与交流。学生通过亲手绘制图形,将抽象的数学概念转化为了直观的视觉信息,深化了对梯形的认识,建立起了知识间的联系,同时提升了思维的条理性和逻辑性。

随着图像记忆策略在小学数学教学中的深入应用,其价值也逐渐显现。通过图像记忆,学生不仅能够迅速掌握数学知识,还能在长期记忆中保持较高的稳定性。为了最大限度地发挥图像记忆的作用,教师需要精心挑选和优化图像材料,确保它们能够准确地传达信息并与教学目标紧密契合。同时,教师应鼓励学生参与图像的创建过程,让他们通过制作思维导图或总结性图表等方式,锻炼图像记忆能力。

综上所述,通过深入探讨图式表达在小学数学教学中的应用,可以发现,其在强化理解能力、提升记忆效果、推动思维发展等方面具有显著优势。图式表达的本质在于将抽象的数学知识以直观的形式展现出来,从而减轻学生的认知负担,使他们能够更快速、更准确地掌握数学知识,并从多个维度深化理解。此外,图式表达还为教师提供了丰富的教学工具,使他们能够根据具体的教学目标和学生的实际情况灵活选择、应用各种图式表达方法。在教学实践中,教师应不断探索和改进图式表达策略,加强教育学和心理学的整合,以更全面地促进学生数学核心素养的发展。

(张霞 本课题主持人 钱鑫华 本课题核心组成员 本文原载于《数学大世界》2024.4,有改动)

借力图式表达促进学生数学概念学习

数学概念是数学知识体系中不可或缺的要素,学好数学概念对于学生掌握数学知识至关重要。小学阶段需掌握的数学概念多达500余个,如果将数学知识体系比作一棵大树,那么数学概念便是这棵大树上茂盛的绿叶。数学概念反映了现实对象的本质特征,是事物数量关系和空间形式本质属性的数学表达。小学数学概念通常以文字形式呈现,这些文字是对事物本质的高度概括和凝练,因此显得较为抽象和枯燥,对于以形象思维为主的小学生来说,理解起来颇具难度。数学概念的抽象性成为学生理解、记忆这些概念的障碍。在小学数学概念教学中,教师应充分考虑学生的认知特点,将抽象的文字表述转化为直观形象的表达形式,从而使复杂抽象的数学概念变得简单易懂,降低学生认知理解的难度,帮助他们有效理解概念的内涵并建立概念模型。

图式理论认为,"每个人头脑中都储存着对外部事物的大量结构性认识",这种存在于记忆中的知识结构或认知结构,被称为图式。图式能够直观形象地呈现数学概念,是连接数学概念与感性形象之间的桥梁。新概念的学习需要与大脑中原有的知识相互作用,形成直观化、图示化的组织结构。因此,在小学数学概念教学中,教师可以借助图式表达,有效地促进学生的数学概念学习。

一、图式表达在学生数学概念学习中的价值

学生学习数学概念的过程是一个从感性到理性的螺旋式上升过程。新课程倡导让学生自主学习、自我建构概念,体现了以学生为主体、以学习为中心的教育理念。在数学概念的学习中,引入图式表达旨在改变传统的教学方法和学习方式,激发学生学习的主动性和积极性,提高学生概念学习的实效性。通过图式表达,学生能够更直观地理解数学概念,有效地掌握和内化知识,真正成为知识的主人。

1. 激发数学概念学习兴趣

"兴趣是最好的老师。"学生只有对数学概念产生浓厚的兴趣,才会产生强烈的学习动机,积极投入到数学概念的学习之中。学生的兴趣往往集中在具体事实和经验知识上,他们往往偏好新颖、直观的事物。因此,在数学概念教学中,教师应深入了解学生的兴趣点,努力将抽象的数学概念具体化,并用直观的形式表达出来。教师可以通过各种形式的图形结构来呈现数学概念,以此吸引学生的注意力,激发他们的学习兴趣。概念的图式表达实质上是一种将文字与图形相

结合的表达方式,其通过形象、具体的结构形式来诠释概念,使抽象的数学概念变得形象、生动、有趣。将图式表达融入数学概念教学,有助于激发学生对数学概念的学习兴趣,促使他们由被动学习转变为主动学习,真正成为数学学习的主人。

2. 优化数学概念学习方式

在传统的数学概念教学中,教师往往以讲解为主,学生则通过聆听、思考、阅读、背诵等方式学习概念,并通过机械抄写和死记硬背来巩固所学。然而,这种教学方法和学习方式并不利于学生真正掌握数学概念。图式表达极大地优化了数学概念的学习方式,为学生提供了更宽广的学习路径,降低了概念学习的难度。相比于单纯的语言表达,图式表达更具直观性和概括性。通过图式演绎概念,将文字、符号、图形有机结合,能够提高数学概念表达的直观形象性,增强新概念与已有概念之间的联系,使零散的概念系统化。图式表达有助于提高学生的分析、概括等能力,增强他们对数学概念认知的条理性。在纵横联系中,学生能够更好地分析比较、融会贯通。图式表达为学生数学概念的学习打开了一扇窗户。

3. 助推学生自主探究概念

新课程强调学生的自主学习,倡导学生通过探究的方式自主建构数学知识。然而,有效的自主学习并非放任学生自由学习,而是需要教师的精心引导和辅助。教师需为学生提供必要的学习工具,帮助他们攀登知识的高峰。在学生学习数学概念的过程中,一些教师为学生提供了各种实物模型,让学生通过观察、操作和实验,收集各种信息,为概念的提炼提供实证支持。另一些教师则提供学习活动单,引导学生根据活动单中的要求有序地进行探究,将收集的信息整理好填入表格或绘制成相应的图表。这种填写或绘制图表的方式,实质上是一种图式表达,它为学生学习数学概念指明了方向,降低了概念学习的难度。通过图式表达,学生能够更好地对信息进行归类、分析、推理和归纳,提炼出概念的核心内涵并进行概念建模。这种方式助推了学生自主建构数学概念的过程,使概念学习变得更加高效。

二、小学数学概念学习中图式表达应用案例

概念的图式表达实际上是一种知识框架图,它代表了一种思维模式结构,是概念的表征形式。图式主要分为动作图式、表象图式和思维图式等。对于不同

的概念,我们可以采用不同的图式表达方法,如针对量的概念、运算概念、几何概念、统计概念等,可以分别利用如树形图、气泡图、鱼骨图等图式来促进学习。在数学概念的学习中,图式表达主要通过"画"的方式实现,即绘制不同形状的图形符号。根据学习对象和需要,我们可以绘制不同内容的概念图,如画情境、画题意、画数量、画关系等。结合教学实践,笔者将探讨如何在数的概念、运算概念和几何概念的学习中应用图式表达来提升学习效果。

1. 运用图式表达,学习数的概念

数的概念是数学概念的核心组成部分,其学习重点在于促进学生对数的意义的深入理解,使他们建立符号意识,并培养良好的数感。按照杜宾斯基的"APOS理论",学生在构建数的概念时,最后会到达图式阶段,即通过将概念进行图式化表达,从而构建数概念模型,促进数概念的结构化。为了利用图式表达帮助学生学习并建立数的概念,我们需要根据学生的认知特点,结合他们的生活经验,采用多种形式帮助他们感知、理解和记忆。

例如,在"认识整数"的教学中,教师可以通过模拟具体的生活场景来教学。如一棵树上有3个苹果和3只小鸟,教师可以引导学生"画情境",用画图的方式直观地表示"3"。这种"画数"的方法有助于学生认识和理解整数"3"的实际意义。教师还可以为学生提供数学学具,让他们亲自动手操作,如摆放3个圆片和3根小棒,或在计数器上画出3颗珠子,甚至利用方格图、数位顺序表等工具来展示"3"。这些活动能够引导学生从现实世界的"3"过渡到抽象的数学世界的"3",通过亲身实践增强感知体验,形成动作类型图式和表象图式,从而深化对"3"这个整数的意义的理解。"图式表达"能够清晰地展现"数概念"之间的结构关系,有助于学生理解和记忆这些概念。我们可以利用"括号图""圆圈图""鱼骨图"等图式表达工具,结合图文结合的方式,帮助学生学习数的概念。

在小学阶段,学生会接触到许多数的概念,这些概念之间往往存在紧密的联系,有些是上、下位关系,有些是并列关系。教师可以指导学生绘制概念图,用图式表达概念的意义以及它们之间的逻辑关系。通过画关系的方式,我们可以清晰地呈现概念的内涵、外延以及它们之间的关联,这种形象化的手段可以帮助学生更好地学习和理解数学概念。

例如,在"因数与倍数"这一单元,当学生学习了因数、公因数、最大公因数、倍数、公倍数、最小公倍数等概念后,教师可以引导学生绘制概念图(如图一所示),使用不同层级的括弧图来表示因数与倍数及其下属概念之间的层级关系,从而促进学生对相关概念的理解和记忆。

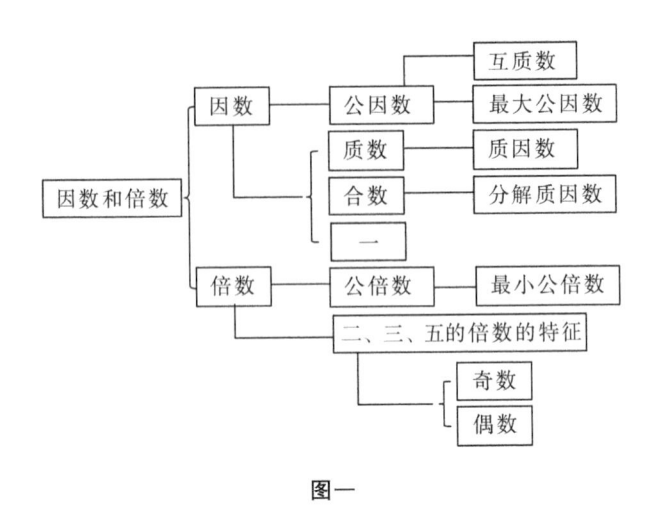

```
                    ┌─ 互质数
          ┌─ 公因数 ┤
    ┌ 因数┤        └─ 最大公因数
    │     │  ┌─ 质数 ─── 质因数
    │     ├──┤
    │     │  └─ 合数 ─── 分解质因数
    │     └─ 一
因数和倍数┤
    │     ┌─ 公倍数 ─── 最小公倍数
    ├ 倍数┤
    │     └─ 二、三、五的倍数的特征
    │     ┌─ 奇数
    └─────┤
          └─ 偶数
```

图一

在数的概念的教学中，借助图式表达可以直观地展示概念，帮助学生明确某种数的概念在相关知识结构中的位置和作用，从而深化他们对数的概念的理解和记忆。

2. 图式表达促进运算概念学习应用

运算在数学学习中占据着举足轻重的地位，运算能力是学生必须掌握的数学核心能力之一。学生运算能力的强弱很大程度上取决于他们对运算概念的理解和掌握程度。为了真正理解和灵活运用运算概念，学生需要突破概念认识的盲区，消除概念间的隔阂，将相关运算概念相互融合，并内化到相应的概念体系中。图式作为一种有效的学习工具，能够帮助学生降低运算概念的学习难度，表达概念结构，在大脑中构建知识经验网络。通过图式，学生可以突破认知局限，更好地理解和掌握运算概念。

以"分数除法"为例，它是分数乘法的逆运算，两者紧密相连。在教学"分数除法"时，教师可以教授学生"图式表达法"，引导他们用图式将分数除法和分数乘法这两个运算概念联系起来，通过比较两者之间的异同，梳理出它们之间的结构关系，从而帮助学生深入理解分数除法的概念。学生可以运用图文结合的方式，将分数乘法、倒数等已有概念与分数除法这个新概念相联系，从而突破"分数除法"概念的理解障碍，掌握运算方法。

在运算概念的教学中，教师应充分利用图式表达的直观性和系统性优势，丰富学生的想象，增强他们的感知和表达能力，激发他们的多向思维，促进相关知识的迁移。

3. 图式表达促进几何概念学习应用

"几何"是数学的重要分支,学好几何概念对于掌握数学基础知识至关重要。教师需要优化几何概念的教学方法,帮助学生深入理解和掌握几何概念,以便能够在解决实际问题时灵活、准确地应用。图式作为一种有效的教学工具,能够极大地丰富学生的想象,增强他们的空间观念并激活他们的思维。通过图式表达,学生可以更直观地理解几何概念,将知识结构化,形成知识网络。常见的图式表达方式包括箭头图、气泡图、树形图和鱼骨图等,教师可以根据具体的教学需求进行选择。在几何概念的教学中应用图式表达,旨在展现思维的核心,引导学生通过画图的方式表达自己的思维过程。通过图式,学生可以建构各个知识点的关联,并通过分析、比较和推理,将知识以不同的形式进行整合。

以"垂直"概念为例,它是"认识垂线"一课的重点。在教学时,教师可以引导学生通过画概念图的方式理解这一概念。比如,使用箭头图表达垂直概念的关键词:两条直线→相交→交点→四个角→都是直角→互相垂直。通过图式表达,学生可以将"垂直"这一新概念与已有的"相交""直角"等概念联系起来,将多个知识点整合成一个有条理的知识体系,从而更好地理解和掌握"垂直"和"垂线"等概念的内涵。

"图式"为学生搭建了一座从形象到抽象的桥梁,使他们的思维更加凝练,有力地促进了学生抽象思维的发展。

三、图式表达促进学生数学概念学习的评价

新课程倡导"教—学—评一致性"理念,其中评价扮演着至关重要的角色,它成为教与学之间的桥梁。"图式表达"作为教学评价的重要方面,是教师应重点关注的领域,同时也是提升概念教学质量的关键支撑。在数学概念教学中,教师应着重评估图式表达的应用效果,包括其是否有效促进了学生的概念学习、在实际应用过程中是否存在问题,并据此作出相应的调整和改进。

在概念教学中应用图式表达进行评价时,教师应广泛收集评估信息,基于证据进行科学评价。评价应发挥其导学导教的功能,能够诊断学生数学概念学习的状况,从而帮助他们更好地掌握数学概念。促进学生数学概念学习的图式表达评价应该是多元化的。教师应将诊断性评价、过程性评价和总结性评价有机结合,特别要加强过程性评价,将评价融入整个教学过程,贯穿学生概念学习的始终。这种评价应基于证据,持续关注并收集学生应用图式表达学习概念的情况,全面评估学生的学习成效。在数学概念学习过程中,教师应为学生设计评价

任务,鼓励他们通过说一说、做一做、画一画的方式展现自己的学习成果。通过观察和分析,教师可以判断图式表达在促进学生概念学习方面的效果。评价时,教师应以教学目标为核心,以核心素养为导向,全面考虑评价的逻辑起点。图式表达评价应内外兼顾,既要关注外显的学习表现,又要审视内隐的学习过程;既要进行整体评价,又要关注细节表现;既要评估图式表达在概念建构中的价值,又要评价其对学生思维发展的作用。

图式表达概念有助于促进新概念与原概念的联结,推动新概念融入原有知识结构,并迁移应用于解决新问题。小学数学教师应充分利用图式表达这一工具,为学生数学概念学习提供有力支持,助力他们更好地理解和掌握数学知识。

(宋云翔　本课题核心组成员　本文原载于《数学大世界》2023.2,有改动)

运用"图式表达"促进儿童数学概念学习

数学概念是数学教学的基础、核心,具有抽象概括性。在小学阶段,数学概念多达506个,如果以文字表述的形式呈现,则显得枯燥抽象,给儿童学习数学增添了难度,图式能够将数学概念以直观形象的方式呈现在学生的面前,让学生更容易理解掌握数学概念。同时,图式的引入不仅能弱化文字表述带给儿童的负面影响,也能够有效激发儿童学习数学知识的活力,让儿童更加主动地参与数学学习活动。为此,在数学教学中,教师不妨借助图式表达的手段,将数学概念与儿童的思维、生活紧密相连,促进学生各种数学能力的成长,提升他们的数学素养。

一、识图

(一)吸引目光,调动活力

大多数学生对数学概念持有刻板印象,认为数学概念枯燥无趣。因此,在带领学生学习数学概念时,学生会持有消极的学习态度,以至于影响后续数学概念的学习。而图式表达的方式,能够有效刺激学生的视觉,激活学生的形象思维,让学生更主动地将目光放在学习内容上。对此,在数学教学中,为了让学生主动地敲开数学的大门,使学生积极地进行数学概念的探究、理解,教师不妨利用图式吸引学生的目光,打造灵活的数学课堂。

比如,在"平移、旋转和轴对称"这一课的教学前,教师先利用网络渠道,收集火车车厢、电梯、剪纸艺术、飞机的螺旋桨等图片,为后续用图式表达数学概念做准备。在正式上课时,教师先用多媒体技术为学生展示火车车厢、电梯等物品的图片。在看到日常生活中常见的物品时,学生会主动地将注意力放在课堂上,并基于自身的生活经验,积极地指出"这是电梯""这是火车的车厢"……伴随学生热烈的情绪,教师顺势提出"电梯是如何移动的呢?""飞机的螺旋桨是如何旋转的呢?"等问题,使学生从具体的生活实物中抽象出数学概念。这样,在生活中遇到具有相似特征的事物时,学生也能够用数学进行解释,增强对数学概念的应用能力。

教师用生活中经常见到的图形设计导入环节,能迅速地抓住学生的目光,让学生对所学数学概念产生极强的兴趣,有效地降低学习数学概念的门槛,唤醒深埋心底的学习欲望。

(二)观察图式,理解概念

在以往的数学教学中,许多教师习惯于以口述的方式,直接为学生介绍数学概念,导致数学概念难以真正地走入学生的心底。而由学生自主观察、理解的数学概念,往往能让学生铭记于心。所以,在数学概念教学中,为了辅助学生理解,教师不妨用图式表达,引导学生进行观察、分析,促使学生从图中把握数学概念的内涵、特点等,真正地增强学习的实效。学生在观察的过程中,教师也要围绕图式向学生提问,启发学生思考,让学生观察得更加仔细。

在"折线统计图"这一课中,教师先使用多媒体技术为学生展示教材上的身高情况统计图,并向学生提出问题:"你从这张统计图上能看到哪些信息呢?"引导学生从整体上对统计图进行观察。在学生简单地讲述自己观察到的信息后,教师说明"像这样的图就是折线统计图",并继续提出"折线统计图包含几部分呢?""这张折线统计图的标题是什么?""图上的点代表什么含义?"等问题,为学生指明观察的方向。在学生清楚地说明图上信息后,教师追问"你能发现这张图有什么特点吗?""你能根据自己的观察,总结折线统计图的概念吗?"等问题,请学生进一步把握折线统计图的内涵。问题能激发学生思维的活力,引领学生思考的方向。案例中,教师围绕图形,向学生提出多样化的问题,能够指导学生精准展开观察活动,在有效提取信息的活动中增强对折线统计图这一概念的印象。

二、制图

(一)引入图形,引导填写空白

图形的引入,让数学课变得更加灵动,也更加有趣。在引导学生自主制作数学概念图时,教师能够发现,部分学生的数学素养正处于飞速发展的阶段,自主制作概念图需要花费较长的时间,也会在无形之中加重学生的心理负担,有违双减政策对数学教学的基本要求。对此,教师便可以为学生呈现带有空白区域的概念图,请学生根据自己的理解,对概念图进行填写,让概念图变得更加完整。此外,教师还可以请学生在原有的概念图上进行扩充、拓展,让概念图变得更加丰富,从而助力学生学习数学概念。

在"千米和吨"这一课中,教师先在课下进行概念图的制作,并有意识地在概念图上挖空,为后续的教学做准备。在带领学生学习了千米、吨等概念后,教师为学生展示带有空白区域的概念图,并告诉学生:"小红对本节课的知识非常感兴趣,在学习了千米、吨的概念后,迫不及待地利用概念图整理了本节课的概念,但是不小心擦除了一些内容,你能根据今天所学补全这一概念图吗?"促使学生发挥乐于助人的精神,主动地补充概念图上的内容,如在"1吨="中,学生补充为"1吨=1 000千克";在"一头大象约重5(　　)"中,学生补充为"一头大象约重5(吨)"。结合学生补充概念图的过程,教师也能够直观判断学生学习本节课概念的效果,以便精准对学生进行指导。

教师在概念图上挖空,并用趣味性的语言激发学生补足概念图的动力,能够拉近与学生的距离,促进师生之间的互动,以便学生跟随教师的步伐,逐步建立结构完整的数学概念体系,在刺激视觉感官中,加深对数学概念的印象。

(二)创建小组,鼓励自主制图

小学生学习数学知识是一个循序渐进的过程,当教师直接向学生提出围绕概念制作图形的要求时,大多数学生会犯难,形成抵触心理。而新课标倡导教师为学生创建合作学习的平台,请学生依靠集体的力量,共同完成学习任务。对此,在指导学生围绕概念制图时,教师也应当基于对学生的观察和判断,采取科学的原则为学生分组,以便加快学生制图的进度,促使每一个学生在发挥自身的价值中,共同完成图式,深度学习数学概念。

在组织学生学习"小数的初步认识"中的知识时,教师先对学生的学习态度、学习效果进行观察,以便结合学生的反应,对学生的理解能力、学习能力、动手实践能力等进行精准判断。随后,教师基于互补的原则进行分组,使得各组内既有对小数这一概念理解得较为透彻的学生,也有学习能力、实践能力较强的学生。在分好组后,教师向学生提出"使用图式对小数的相关概念进行整理"的任务,请学生发挥小组的力量,共同探讨本节课主要包含哪些数学概念,厘清不同概念之间的关系。在实际进行绘制时,实践能力较强的学生再提出自己的建议,让图式变得更加灵动、形象。如此,在各司其职中,学生便能完成小数概念的整理和记忆。

教师先对学生的数学素养进行分析,再立足科学的原则分组,能让学生之间形成良好的互动关系,在相互指导、相互辅助中,共同完成数学概念的整理和直观表达,从而加快学习数学的进度,真正地让数学概念深入人心。

三、用图

(一)整理概念,完善知识结构

复习课是数学教学中的重要课型,能帮助学生夯实基础,查漏补缺。然而,在以往,受到应试教育思想的影响,许多教师会直接为学生提供许多习题,期望学生在题海之中强化应用能力,进一步加深对数学概念的印象。实则这样的做法,不仅效果较差,也难以起到复习旧知的作用,甚至会引起学生的反感,让学生更加畏惧数学课堂,抵触数学概念。而思维导图能够以图式的方式反映学生的思维过程,让学生在整理各概念之间的联系中完善知识框架,强化对数学概念的记忆。对此,教师不妨让学生利用思维导图完成数学概念的复习,提高复习课的教学质量。

例如在"倍数与因数"这一课的复习课中,教师便可以为学生设计"利用思维导图,对倍数与因数的概念进行整理"的任务,鼓励学生展开实践活动。随后,学生先翻阅教材回忆之前的学习过程,明确本节课中主要包含哪些数学概念。之后,学生进行思考,判断不同数学概念之间的关系。紧接着,学生尝试使用思维导图将思考的结果画下来,完成抽象思维到具象图形的转变。比如,有的学生将"倍数与因数"置于思维导图的中心位置,并延伸出"倍数与因数的联系""2、3、5、10倍数的特征""最大公因数/最小公倍数"等支路,完成知识的整理与复习。

陶行知先生提出了"教学做合一"的教育思想,倡导学生透过"做"的方式模糊"教"与"学"之间的界限,让学生真正地依靠自己的双手触及知识的本质。案例中,教师请学生基于数学概念进行思维导图的制作,能有效解放学生的双手,让学生通过导图的制作理清思维,真正地提升复习实效。

(二)展示交流,鼓励表现自我

在过去的数学教学中,教师是课堂上的"主角",学生犹如被动的"观众",只能静静地观看教师在讲台上的"表演",缺乏参与感。而新课标提出改进传统教法,将课堂还给学生等建议,倡导教师凸显学生在学习活动中的主体地位。对此,在学生完成概念图的制作后,教师也要请学生担任"小老师",向他人介绍自己制作的概念图,并对图上的概念进行解释说明,讲解不同概念间的联系。这样,也可以让学生比对彼此制作的概念图,发现差异,从而对概念图进行改进、完善,以便在进一步思考、发现中,更为透彻地理解数学概念,形成更加完整、正确的数学知识体系。

在"垂线与平行线"这一课的教学前,教师先布置"用概念图画出本节课概念之间的联系"的任务,请学生在课前基于自己的理解,完成概念图的制作。在课堂上,教师与学生掉转身份,请学生担任小老师的角色,为他人展示自己制作的概念图,并向他人介绍每一个概念的内涵,以及不同概念之间的关联。在一名学生介绍完毕后,教师再请其他学生进行展示和补充,使学生意识到不同概念图的差异性。随后,教师提出"这些概念图有什么差异呢?你认为哪一个概念图更好呢?"等问题,引导学生对展示的概念图进行比较分析,从而选出内容最完整、结构最完善的概念图。在围绕多个概念图进行反复讨论、交流的过程中,学生也能够透彻地理解垂线、平行线的概念。

每一个学生就犹如一株花木,有着独特的学习思维和理解能力。在自主根据数学概念进行概念图的制作后,教师请学生比较不同的概念图,能让学生在直观比较中发现差异,从而在筛选、判断中加深印象,实现对数学概念的透彻解读。

(三)优化评价,促进学生反思

评价环节是数学教学中不可缺少的一个环节,但是,在过去的数学教学中,大多数教师直接以"好""不好"等简单的评语,对学生进行点评,使得评价活动缺乏针对性,学生也难以透过评价的过程,真正地意识到自己的不足,并进行精准改进。而教师运用图式表达的手段带领学生学习数学概念后,大多数学生能够完成概念图的制作,并透过概念图反映自己理解数学概念的效果。对此,教师不妨利用概念图指导学生展开互评、自评等活动,促学生及时地发现自己理解上的不足,在完善概念图中提高认知数学概念的水平。

在"长方形和正方形"这一课中,教师先根据学生的学习特点,采取循序渐进的方式,带领学生进入长方形、正方形的世界,增强学生对几何概念的理解。紧接着,教师请学生借助图式表达的方式整理本节课的概念,并提出"尝试添加自己的创意"的要求,激活学生的思维。当学生制作了概念图后,教师向学生提出"图中的概念关系是否正确""概念图是否清晰""概念图是否有创意"等评价项目,请学生有序展开组内互评的活动。之后,教师立足专业的角度,指出学生制作的概念图存在哪些不足,又有哪些优势。如在概念图上添加了图形,这样的做法非常新颖,也让长方形、正方形的概念变得更加清晰。但是文字性的表述过多,弱化了概念图的优势等。随后,学生再结合同伴、教师的意见,进行反思、改进,从而提高学习的质量。

教师借助这种评价形式,能有效调动学生进行反思,让学生将概念图当作上升的台阶,在优化、补充、改进既念图的过程中,提升学习概念的效率。

总而言之,图式表达的方式真正将学生置于课堂上的主体地位,改变了传统

"重练习轻概念"的教学形式,让学生真正夯实基础,把握数学的本质,获得数学素养的持续发展。所以教师应继续重视图式表达这一教学手段,进一步推动图式表达与数学概念的有机融合,全面提升学生学习数学概念的实效,让学生真正地掌握数学概念。

(钱华　宋云翔　本课题核心组成员　本文原载于《科学大众(智慧教育)》2023.4,有改动)

"图式表达"促进儿童数学概念学习的实践研究

小学是学生学习和成长的关键阶段,同时也是培养学生综合能力的重要时期。数学是小学阶段的一门基础课程,对学生逻辑思维能力及空间想象能力均有着较高要求。数学知识体系中涵盖了大量的数学概念,从本质上来说,数学概念就是从客观现实中抽象出来的一种内容,是学生感知和理解数学知识的重要内容。"图式表达"指的就是将数学知识以图的形式表现出来,引导学生观察、构造和理解各种"图式",将各级数学关系建立起相对应的图表,使数学概念变得直观化和具体化,从而深化对数学概念的理解。由此,小学数学需加强"图式表达"的教学,帮助学生建立起数学概念,为日后的学习奠定基础。

一、创设情境,激发兴趣

小学生的年龄尚小,逻辑思维尚未得到完全开发,对数学概念的感知以形象思维为主,加上在学习过程中极易受到外界环境的干扰及影响,注意力难以集中,从而无法将数学概念内化。为激发学生学习兴趣,教师可利用"图式表达"法,通过模拟情境,让教学内容更为生动化和趣味化,引导学生进行深入思考,进而获取数学学习乐趣,提高教学效果。

例如,在教学小学数学苏教版教材中"两位数相乘"的知识点时,笔者就先指导学生阅读书本内容,在明确计算方法的基础上,利用"图式表达"将教学内容直观呈现,并引导学生了解、分析数学知识中隐藏的概念,创设实践情境,让学生带着疑问投入学习,这样可以激发学生对问题解答的热情,同时明确学习目标。如"44×48",可将数字转化为图形,引用 40×40、40×8、40×4、8×4 的长方形(如图一所示),这样一来,学生就能够明确"44×48"即四个长方形的面积之和(如图二所示)。整个转化过程让学生感到非常新奇,他们通过计算实践就可快速得出答案。这样不仅能满足学生的探索需求,还能让学生明确数学概念。

图一　　　　　　　　图二

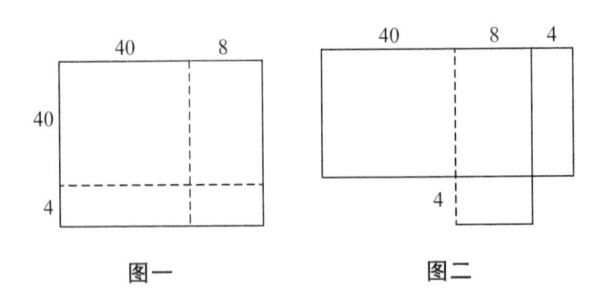

二、结合生活，理解概念

小学数学概念教学的基础是引入概念，将概念引入后，就要引导学生感知和理解概念。在实际生活中，数学问题随处可见，学生在生活中积累了大量的生活经验，这些生活经验就可作为学生感知、理解数学概念的基础。教师可将数学概念与实际生活联系起来，将复杂问题简单化，从而增强学生对数学概念的认知。

例如，在教学小学数学苏教版教材三年级上册"倍的认识"一课中，由于学生在此之前只学习了加减法，并未接触"倍"这一定义，因此学习难度较大。为简化概念内容，我将概念与生活相结合，引入"图式表达"，先联系旧知识，将三个三角形贴于黑板（如图三所示），提出问题："三个三角形，是多还是少？"学生纷纷表达疑惑："是与谁比较呢？"我再贴出三个圆形（如图四所示），再次提问："这两个量是什么数量关系？"学生回答道："数量相等！"这时我就引入"倍"的概念："其实还有一种说法，三角形个数是圆形的1倍！"由学生在生活中最常见到的图形入手，借助物体的数量关系帮助学生理解"倍"的概念，从而帮助学生构建"倍"的模型。

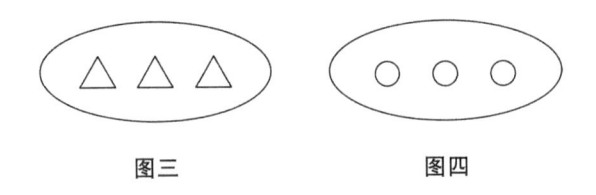

图三　　　　　　　　图四

三、启发联想，拓展思维

有的数学知识较为抽象，学生难以马上发现其中所蕴含的数学概念，这就需要借助"图式表达"将隐蔽的关系明了化，使抽象知识具体化。在"图式表达"中培养、拓展学生的空间想象力是促使学生理解数学概念的重要方式之一，教师在应用"图式表达"时需积极引导学生自由想象和猜测，这不仅能满足学生的求知欲，还能够拓展学生思维能力。

例如，在教学"鸡兔同笼"知识点中隐藏的数学概念时，我就会出示例题，让学生自行思考：笼子里有若干只鸡、兔，共8个头，26只脚，鸡和兔各几只？刚接触这类问题的学生可能无从下手，为帮助学生厘清思路，分析数学概念，我就应用"图式表达"，引导学生用圆圈表示头，圆下两竖表示鸡，圆下四竖表示兔，这样学生就能够直观推出答案。在此基础上，为促使学生深入理解数学概念，我再引导学生进行列表（如表一所示），突破教学难点。学生在画图和列表的过程中，就能够借助图形启迪思想，同时有效发挥想象力和思维能力，参透数学概念。

鸡	8	7	6	5	4	3	2	1	0
兔	0	1	2	3	4	5	6	7	8
脚	16	18	20	22	24	26	28	30	32

表一

四、整理归纳，升华概念

学生在积累数学概念后，为加强学生对数学概念的记忆和理解，教师可指导学生整理、总结数学概念，进而将数学知识变得系统化，促使学生形成数学概念体系，进而升华数学概念。

例如，在教学小学数学苏教版教材四年级下册中"认识梯形"一课时，我会先引入旧知识，让学生回忆四边形的数学概念，再设置问题："梯形、正方形和长方形的对边各有什么特点？它们之间有什么样的联系呢？请画出结构图。"在问题的引导下，学生积极思考，并尝试画出结构图（如图五所示），通过整理、归纳四边形的数学概念，形成数学知识网络，不仅能培养学生的逻辑思维能力，还能优化学生的知识结构，进一步提高数学概念教学的效率和质量。

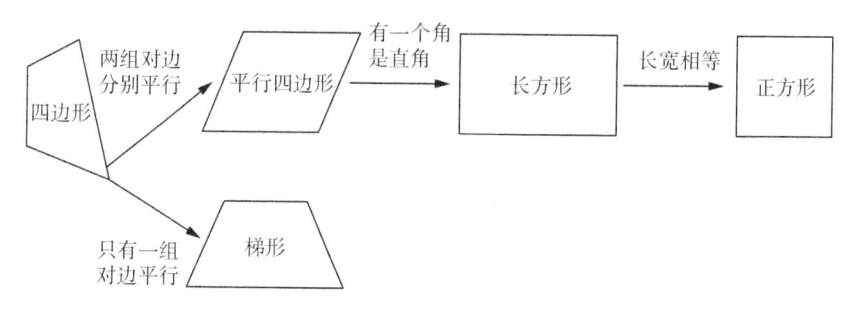

图五

综上所述，小学数学概念教学中，"图式表达"有利于提高教学质量。教师需要积极探索"图式表达"的有效途径,促使学生体验、感知和理解数学概念,进而提高学生的数学水平。

(陆娟　本课题核心组成员　本文原载于《数学大世界》(上旬)2020.11,有改动)

巧用图式表达,建构小学数学高效课堂

目前,图式表达逐渐成为小学数学中的主要教学方法。在日常的教学活动中,教师通常将抽象的数学问题具体化,将内隐的数量关系外显化。通过内容丰富、形式多样的学习任务,学生一边以图式思考具体问题,一边以图式搭建知识架构,延伸知识内涵。文章从具体的教学案例出发,深入分析图式表达在小学数学课堂中的应用策略。

一、营造有效情境,优化图式使用

(一)创设生活情境,优化知识展示

"让小学生在生动具体的情境中学习数学"是新课标的一个重要理念。随着新课改的推进,情境式教学被广泛地应用于小学数学课堂。受年龄的限制,小学生接触外部世界的主要方式为日常生活实践。为了活跃课堂氛围,同时也为了应用图式表达,教师搭建教学情境并融入丰富的生活案例。与成年人不同,小学生的视角、生活经验均存在局限性。在课程设计阶段,教师有意识地利用线上、线下等多种渠道搜集学生学情,了解他们的生活经验以及知识积累情况。针对教材内容,教师匹配以相应的图式以及新颖的知识展示形式。

以苏教版小学数学千克和克为例。在课堂测验阶段,教师降低试题难度并将"5千克=？克"转化为"如果有5箱1千克的苹果,现需要将这袋苹果划分为250克的小袋包装,问:可以分出多少袋？"从此前的学情搜集中,教师发现,学生虽然对重量单位的了解较少,但他们经常接触生活中的物品的重量。针对这一情况,教师重构测试题的内容以及形式。结合问题内容,教师匹配以相应的插图。在插图中,学生将把千克转化为箱子,将克转化为袋子。结合此前学习的知识点,学生沿着1千克=1 000克的公式解决数学问题。

基于生活情境,教师以图式的方式将零散的知识点串联起来。在此过程中,学生既能积极参与,又能从整体的角度,从学科的角度理解学科内涵。值得一提的是,小学生的理解能力有限,所以,教师在设计图式表达时应秉承简洁且生动的原则。

（二）构建问题情境，转变教学思路

问题是思维的开端，是学生探索新知识，复盘旧知识的原动力。虽然，小学生缺乏创新能力，但他们拥有较强的联想与想象能力。针对具体的、难以理解的知识点，教师以图式为基础设计循序渐进的问题链。基于问题链的内容，学生或以实践的方式探寻问题答案，或以图式的方式输出自己的所思所想。在此过程中，教师转换角色定位并将自己视为问题的提出者以及学生的引导者。凭借高效的师生、生生互动，学生既能形成强烈的求知欲以及学习欲望，又能发现良好且科学的探索方向。

比如，在研究圆的周长时，教师并未直接提问"如何计算圆的周长"，而是拿出一张圆卡片，并提出问题："如何计算出圆的周长？"接下来，学生们纷纷提出自己的观点。比如，有的学生以图式的方式绘出测量步骤。"我们可以先将圆卡片对折，然后用尺子测量半圆两端的距离×2"，针对这一猜想，很多学生提出了自己的质疑：圆的边缘并不是直线，而是弧线，所以，这样的测量方法应该是不行的。结合学生间的认知冲突，教师提出了一个新的可能。"如果我们用一根细细的绳子，沿着圆卡片的四周绕一圈，再测量绳子的长度可以计算出圆的周长吗？"随后，学生以小组为单位商讨具体的方法。在最终的成果汇报阶段，学生以自愿的原则，利用电子白板中的圆以及绳子测量出圆的周长。经过前期的指引，学生初步感受周长测算的方法。最后，凭借知识铺垫，教师讲述教材内容。

在图式表达法的指引下，抽象的定义、内涵变得更加具体。相较于以往的教学模式，学生不再处于被动地位。结合具体的实践任务，学生或调动知识积累，阐述自己的猜测，或沿着专业引导完成图式的探索以及总结。

二、借助数学图式，优化教学策略

（一）外显数字关系，降低问题难度

从以往的教学经验来看，学生通常会存在下述难题：不理解题目内涵。为了使内隐关系外显，教师充分利用数学图式并使难以理解的矢量关系直观化。考虑到学生的实际情况，教师通常在以下几个方面采用数学图式。首先是题目设计阶段，通过将图式融入题目内容，学生可以直观地理解题目内容；其次是题目解答阶段，在此过程中，教师使用线段、图形等方式帮助讲解题目，辅助学生做题。值得一提的是，小学生的理解能力有限，因此，教师应展现充足的耐心。

比如，在研究相遇问题时，教师首先以文字的方式展示了一道题目。"现有甲、乙两辆车，他们从A、B两地相向出发。在距离A地60千米处两人第一次相遇后，两车继续出发，后又在距离B地40千米处二次相遇。问：两地的间隔是多

少?"从题目本身来看,题目似乎少了些已知项。一般来说,计算两地距离通常要知晓两个要素,其一为行驶的时间,其二为行驶的速度。然而,从题干来看,题目既未言明两车的行驶时间以及速度。针对这一情况,教师引入图式并以线段的方式表示两辆车的行驶路线以及 A、B 两地。其中,为了区分两车的第一次相遇以及第二次相遇,教师以蓝色线条标注两车的第一次行进路线,以红色线条标注两车的第二次行进路线。针对两条行进路线,教师分别计算甲车与乙车走了多少路程,然后再借助甲车与乙车的相遇情况完善试题答案。

图式的合理使用既能集中展现出题目的数量关系,又能提供新颖的解决问题的思路以及方法。结合对学情的深度把握,教师匹配以有针对性的引导。通过高效的师生互动,学生逐步构建起科学、合理的解题步骤以及方法。

(二)借助数学图式,完善知识体系

受传统教学模式的影响,小学生缺乏系统的数学逻辑思维,具体表现为:缺乏对单元知识的理解、应用能力。为了引导学生从整体的角度,从学科的角度理解数学知识,将理论与实践相结合,教师秉承大单元教学理念并引入思维导图。相较于试题检验式的检验方式,以思维导图为基础的知识复盘更能促进学生搭建起完整的知识架构。一方面,清晰、简洁的组织结构可以直观地展示知识点与知识点间的联系;另一方面,学生在设计思维导图时可以充分发挥自己的想象力、思考能力。基于差异化的思维导图,教师设计相应的展示活动以及专业引导。

以苏教版小学数学"三角形、平行四边形和梯形"为例。在课程讲解阶段,教师按照教材内容将本节课的内容划分为三个模块。每逢一个模块讲解完成,教师都设计总结任务。在此过程中,学生以思维导图的方式阐述自己的理解。比如,在讲授过平行四边形的知识点后,教师布置总结任务。考虑到学生的实际情况,教师以关键词的方式予以提示。通过"平行四边形的意义""平行四边形的特征"等关键词,学生尝试着将零散的知识点串联起来。由于每一位学生的知识积累程度、理解程度均是不同的,所以,他们在面对相同的学习任务时通常会存在差异。针对差异化的反馈,教师秉承生本思想辅助他们完成知识架构的搭建。此外,在课程讲解的最后,教师要求学生将有关三角形、平行四边形、梯形的知识架构串联起来。

一般来说,小学数学具有较强的逻辑性,而小学生缺乏举一反三的意识、能力。基于单元内容,教师布置思维导图汇总任务。根据任务需求,学生或调动联想与想象能力,或调动知识积累,将零散化的知识点串联起来。凭借初步的知识积累,学生以查缺补漏的方式迅速知晓自己的问题所在。

（三）借助数学图式，促进问题解决

小学阶段的学生年龄尚小，心智尚未发展成熟。因此，他们缺乏使用抽象逻辑思维分析数学问题的能力。为了提升学生的数学能力，丰富他们的数学思维，教师重构教学理念并引导学生以图形化的方式解决问题。在此过程中，教师发挥中介的作用。针对学生的图式构建方式、构建成果，教师匹配以相应的引导方式。值得一提的是，适当介入并不意味着教师可以取代学生进行思考。

以苏教版小学数学"长方形和正方形的面积"为例。针对"长方形的面积"这一知识点，教师布置下述计算题："原长方形操场的长和宽分别是40米与20米，经过一系列的延长后，长增加了10米，宽增加了8米，问：新操场的面积是多少？扩建后的操场比新操场的面积增加了多少？"结合问题内容，学生以图式的方式自主提炼题干。其中，针对长方形操场的长和宽分别是40米与20米这一要求，学生绘制一个长方形并在长处标注40米，在宽处标注20米。针对长增加了10米，宽增加了8米这一要求，学生在原有长方形上进行延展并在合适的地方进行标注。基于上述成果，教师适当提问：怎样才能区分原长方形以及扩建后的长方形的面积？这时，有的学生将扩建后的部分以阴影的方式予以表现。从后续的反馈来看，大部分学生可以图式为辅助，得出正确答案。

图式的合理引入旨在将文字化的已知条件转化为图形。通过抽象向直观的变化，学生逐步提升分析问题、解决问题的能力。在此过程中，教师把控好自主探索以及专业引导间的尺度。

三、借助数学图式，优化知识讲授

（一）借助数学图式，讲述数学概念

数学概念的学习与传递是小学数学教学的重要组成部分。受应试教育模式的影响，小学生的理解能力有限，这也使得他们在面对开门见山式的讲解时容易存在畏难情绪。为了活跃课堂氛围，同时也为了提升学生的学科素养，教师借助数学图式优化知识讲解。虽然，小学生缺乏抽象思维能力，但他们可以以图式为基础，自主总结、分析出数学概念的内涵、特征。在此过程中，教师秉承民主教育理念，预留出充分的探索时间。相较于以往的教学模式，教师通过图式构建问题情境，辅助学生完善思维架构。

以苏教版小学数学"平移、旋转和轴对称"为例。在研究"轴对称图形"这一概念时，教师并未让学生看一看、读一读概念，而是借助多媒体技术，展示生活中的轴对称。由于小学生具有具象思维的特点，所以，教师引导他们将感性认知转化为理性思考。在课程讲解中，教师展示中国结的右半部分，问："如何用美术的方式补足左半部分?"接下来,学生凭借自愿的原则,以美术的方式补足中国结的左半部分。教师又问:"这名同学是如何补全的?"这时,有的学生表示,他是沿着中间的那条虚线进行延伸的。接着,教师又展示了多幅轴对称图形的图片:"这些图片有哪些联系?"考虑到学生的实际情况,教师要求他们以短句的方式阐述上述图片的共性。比如,有的学生表示:轴对称图形有一条对称轴。再比如,有的学生表示:轴对称图形如果沿着对称轴折叠,它的左右两边是完全一样的。针对反馈,教师予以总结、分析。

深入理解数学概念是培养学生高阶思维的前提与基础。相较于具体的、零散的知识点,数学概念的呈现方式更加抽象。围绕数学概念的特点以及学生思维能力的发展现状,教师设计图式并以"图"的方式引导他们自主总结概念内涵。此外,由于小学生的理解能力有限,这也使得他们的概念总结存在瑕疵。针对尚不完备的概念总结,教师以评语式、过程式的评价方法输出自己的观点。

(二)借助数学图式,激发认知冲突

图式展示不仅能成为教师讲授新知识的主要方法,还能成为学生自主接触新知、探索新知的策略。当学生形成绘制图式的习惯后,他们将自觉使用图式简化知识内涵。然而,在实际的数学学习中,学生经常会发现这样的现象——即使两个知识点间存在联系,存在相似性,它们的图式亦存在差异,即以往的图式无法解决现有问题。针对学生的认知冲突,教师秉承创新思维,从引导的角度进行延伸。凭借前期的图式理解,学生可以自主总结新知识的内涵。

以苏教版小学数学"三位数乘两位数"为例。在课程讲解中,教师并未直接讲述如何计算三位数乘两位数,而是先罗列出两位数乘两位数的计算题。根据 $12×12=144$,教师引导学生复盘竖式计算法并以思维导图的方式复盘两位数乘两位数的基本方法。"如果是122乘12应该如何计算?"结合问题引导,学生尝试着自主探究三位数乘两位数。从后续的反馈来看,三位数乘两位数与两位数乘两位数有一定的相似之处。针对学生的计算方法反馈,教师展示事先制作的思维导图。通过理论与实践的结合,学生发现:原有的思维导图无法支撑现有的知识内容。这时,教师将两位数乘两位数,三位数乘两位数联系起来。凭借思维导图的完善,学生逐步完善知识架构并产生新的问题:三位数乘三位数与三位数乘两位数间有哪些关联?

相较于传统的教学模式,以图式为基础激发学生的认知冲突更契合他们的认知规律。在日常的教学活动中,教师紧扣教材内容,探寻知识点间的联系,探寻数学知识的解决方法。

综上所述,图式作为一种先进的教学模式,旨在优化情境搭建,降低知识的渗透难度。基于学生的思维特点,教师重视图式并借助教学活动激发学生的学习积极性,丰富他们的想象力。在此过程中,学生可以意识到自己的主体地位,自主绘制图式。值得一提的是,小学生的理解能力有限,所以,教师应秉承生本思想,予以充足的探索时间、空间。通过适时介入,学生能够自主发现问题、分析问题、解决问题。

（凌辉　本课题核心组成员　本文原载于《成长》2024.9,有改动）

"图式表达"促进儿童数学概念学习的实践研究

摘要：伴随着新型教育理念的持续深入,数学概念在数学学习中扮演着越来越重要的角色,其不仅关乎着儿童未来的数学学习,更对儿童逻辑思维能力的养成有着至关重要的作用。对此,在儿童数学概念教学中应适当使用"图式表达"法,通过将概念直观化的方式,减轻数学概念的抽象程度。通过图文结合,儿童能更容易学习数学理念,深入理解数学概念,从而在学习过程中,能够熟练应用逻辑思维,增强数学素养。故而,本文试图通过对图式表达教学模式进行分析,为儿童数学概念的学习实践提供参考材料。

关键词：儿童；数学；图式表达；概念

立足目前的儿童教育,教师应当注重对儿童数学概念的教学,通过图式表达的方式优化儿童的数学思维,使其能够深入学习数学概念,明确了解数学概念的内容,从而加深儿童的数学印象,以此来提升其数学能力。使用"图式表达"的教学方法,儿童在学习过程中能够对数学进行分析、归纳,概括数学重点,构建完善的知识结构。并且,在实际的学习过程中,教师通过图式表达的方式让儿童自主梳理数学内容、进行自我反思,能够以个性化的方式培育儿童的数学素养,推动整体教学进程。

一、"图式表达"的教学作用

图式表达,即通过将抽象的文字语言转化为形象的图像表达,让数学概念更为简单易懂,从而以直观化的方式面向儿童,使其能够更容易理解数学概念。首先,图像表达能够帮助儿童进行知识体系简化,使他们能够更为轻松地学习数学逻辑,巩固数学重点,在分析问题时也能够突破知识难点、优化数学思维,从而建立起更为严密的数学逻辑结构。当然,图式表达也能够锻炼儿童的思维能力。通过图式提示,儿童能够更为直观地联系知识与图像之间的逻辑,从而能够更好地梳理数学内容,进行深入思考,并在问题探究中反思自我。另外,图式表达的方式也能够更好地激发儿童的学习兴趣,吸引儿童的注意力,让儿童能够在图式学习中产生更浓厚的数学兴趣,以此来推动数学课堂的兴趣化革新,使得儿童能够在轻松愉悦的氛围内掌握数学知识,获取图形思维。

二、"图式表达"促进儿童数学概念学习的实践

(一)注重儿童需求,合理融入图式

在儿童数学概念的学习过程中,教师应当发挥自身的督促作用,关注儿童的实际需求以及学习特点,通过图式表达的方式,优化儿童的数学认知,使其能够更好地进行数学概念认知,以此来提升儿童的思维能力。并且,在概念拓展中,为提升儿童的数学概念学习效率,教师可以选择合适的图式方式,让儿童能够更好地理解数学概念。例如,对于低年级的儿童而言,该阶段的儿童往往会被新鲜事物所吸引,在介入图式的过程中,可以选取一些色彩相对明艳、形象生动有趣的图形或卡通人物来呈现数学概念,这有助于低年级儿童深入数学学习中,培养数学概念,在娱乐中了解数学知识。对于高年级儿童而言,应选择一些结构相对复杂的图形,或者逻辑更为严谨的流程图等图式,激发其探索欲望,让儿童在学习过程中能够循序渐进地了解数学概念,理解数学知识,以此来增强其数学思维,满足好奇心,提高学习效果。当然,为确保增强儿童数学概念的认知能力,教师应关注儿童需求,了解儿童的学习特点以及学习风格,进行个性化设计。教师与家长可以灵活调节图式表达的内容,针对儿童进行特异化设计,让其在充满乐趣的学习中了解数学概念,以此来夯实其数学基础,为儿童未来的数学学习奠定严谨的思维逻辑基础。例如,儿童在学习数字加减法时,图式可以采用贴近生活的例子,让儿童更好地了解加减法的概念。如图一所示,原本有 5 个月亮,减掉了一个月亮,于是只剩下了 4 个月亮。这种图式教学的方法,能够让儿童更加了解数学逻辑概念,应用合适的图形,能有效督促儿童进行自我思考,深入学习数学知识,从而锻炼他们的数学逻辑能力,使其形成清晰的数学认知。

图一

(二)结合结构图例,构建概念系统

对于儿童数学概念的学习来说,图式表达至关重要,而结构图例作为图式表达的重要组成部分,也能够有效帮助儿童系统性地构建数学概念体系,完善思维

逻辑,以此来促进儿童学习数学概念。一方面,儿童在学习过程中,可以借助概念图将相关的数学概念相联系,形成知识网络来促进对数学概念的理解,通过概念网络厘清数学知识间的内在联系,以此来形成完整的知识体系,增强思维能力。另一方面,儿童在选择结构图例时,也可以考虑运用流程图解决数学问题,清晰的流程图能够有效展示数学问题的解决过程,帮助儿童理清思路,明确解题步骤,了解逻辑模式,进而有助于儿童掌握正确的解题方式,加深对数学概念的认知。例如,儿童在进行数学混合运算时,往往会由于计算先后顺序错误而导致结果出差错。面对这种问题,儿童可以根据结构图例中的流程图,明确数学运算逻辑,以此来掌握正确的解题方式。如图二所示,计算$(1+2)×3÷6-1÷(1+1)$这个式子,按照下列的流程图,儿童就会知道,应当优先计算小括号内,然后再进行乘除运算,最后进行加减运算。以此得出最终结果应当为1。

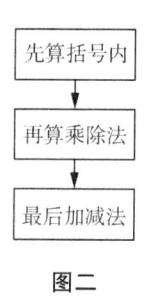

```
先算括号内
   ↓
再算乘除法
   ↓
最后加减法
```

图二

另外,也可以使用树状图帮助儿童对数学概念进行分类归纳,让儿童能够形成更为清晰的逻辑框架,以此来加深儿童对数学概念的理解程度,增强其数学思维能力,帮助儿童更好地掌握数学逻辑,扩展其数学思维。

(三) 拓展数学模型,具象数学概念

在目前儿童的数学概念学习中,教师应当注重对数学模型的拓展,应用图式表达,将数学概念具体化,让儿童能够看穿数学概念的本质,帮助其形成直观的数学理解。在此基础上,教师可以利用互联网平台搭建数学模型,让儿童可以与虚拟模型进行互动探索,培养创新意识。通过这种方法,教师可以让儿童在学习过程中更具新颖感,以此激发其好奇心,增强儿童的探索欲望,促使其主动探索数学领域,搜寻与数学概念有关的相应知识,培养数学爱好。当然,图式表达也应当与生活情境相结合,构建生活化的数学模型,让儿童能够在贴合实际生活中了解数学概念,以此来增强儿童的学习兴趣。例如,将生活小事融入课本的应用题,比如让学生计算房间的大小。例如,经过小明的测量,他的房间长约5米,宽约3米,高约3米,试问小明房间的体积?答:根据题目可列式子$5×3×3=$

45立方米,故而小明的房间体积为45立方米。通过这种问题,教师能够让儿童学会在生活中找寻数学知识,应用生活中的图式,感悟数学道理,从而有效加深儿童对数学概念的理解,将数学概念的学习变得更为生动,增强儿童对数学知识的应用能力,让其在应用数学知识解决实际问题时能够更加游刃有余,推动儿童数学概念学习效率的增长。

综上所述,教师应当做好数学概念的教学工作,应用图式表达的方式,将抽象化的数学概念直观化,应用科学化的教学理念,优化教学进程,让儿童在学习过程中能够循序渐进,深入了解数学思维,培育数学精神。进而有效提高儿童的思维能力,增强其数学意识,为儿童未来学习数学奠定坚实的逻辑基础。当然,教师在教学进程中,也应当辩证地看待教学,应用科学化的方式,结合多元教学措施,优化儿童的数学认知结构,从而有效增强儿童的数学认知,提高其数学素养,实现对儿童的数学逻辑思维能力的增强。

(姜琴　本课题核心组成员　本文原载于《少年素质教育报》(教师版),有改动)

"图式表达"促进儿童数学概念学习的探索
——以一堂数学概念教学课为例

摘要:数学概念较为抽象,对于以直观形象思维为主的小学生而言比较难理解。笔者立足学生认知起点,灵活处理教材,尝试通过"图式表达"的学习方式让学生直观形象地理解抽象的数学概念。笔者以"认识垂线"一课为例,把概念枯燥抽象的文字描述转变成直观形象的"图式表达",从"图式表达"的连接、变化、演变、绘制四个方面,让学生借助直观形象的"图式表达"真正理解抽象的本质,从而让学生理解掌握数学概念,同时帮助学生在头脑中建立数学概念的网络,激发学生数学学习的兴趣。

关键词:图式表达;小学数学;概念学习

数学概念抽象且逻辑性强,学习数学概念对于以直观形象思维为主的小学生而言是比较困难的。特别是从三年级开始,数学教材中逐渐出现描述性的概念;从四年级开始,教材中描述性概念也开始慢慢增多。学习这些描述性的数学概念,对于正处在以直观形象思维为主的小学生而言是个挑战。如何把抽象的描述性的数学概念转化成直观形象的"图式表达",从而让学生真正掌握这些数学概念?接下来,笔者就以自己执教的"认识垂线"一课谈谈自己是怎么去处理这些概念教学的。

一、"图式表达"的连接　找准数学概念的生长点

小学教材中的数学概念就是一条链子,单元里的每个数学概念就是一个个独立的环扣。"图式表达"这把钥匙能把这些独立的环扣连接成知识链。本单元"垂线与平行"共11课时,是学生学习数学以来遇到的内容最多、概念最多的单元。"认识垂线"这节课里有4个概念要学生掌握,即互相垂直、垂线、垂足、距离,而且这4个概念都是用文字描述的。除此之外,教材中还掩藏着4个概念,虽没有用文字描述出来,但如果不理解的话,也会影响学生理解掌握教材已写出的4个概念。这4个掩藏的数学概念就是相交、交点、夹角和垂直线段。课堂上,首先应让学生知道相交、交点、夹角这3个基础概念。于是,笔者设计了这样的环节:

师出示了一条线段,问:老师现在把这条线段的一端无限延长,就成了什么?

生:射线。

师:现在呢?(把线段的另一端也无限延长)

生:直线。

师:现在屏幕上有两条直线(如图一所示)。直线是可以无限延伸的。接下来会出现什么情况呢?(如图二所示)

生:相交。

师:这两条直线相交于这一点(如图三所示),(师指交点)这一点就叫作交点。直线相交之后形成了几个夹角?

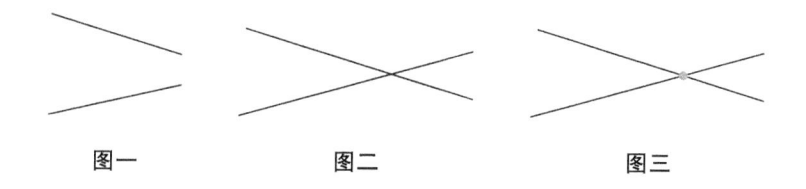

　　　图一　　　　　　图二　　　　　　图三

生:4个。(并到大屏幕上指)

学生对数学中的相交、交点、夹角并不陌生,但是他们的认知却并不规范。教师通过图式一一展示,把线段变成射线、直线,帮助学生回顾旧知,然后再出示一条直线,引出相交,这样借助直观图引出相交、交点、夹角的概念,比文字的呈现更清晰、更直观、更形象。在这,笔者把数学概念通过"图式表达"呈现出来,再把一连串的相关概念通过"图式表达"连接起来,不仅让学生在概念学习中轻松理解单个概念,还有利于学生找到概念之间的生长点,从而理解多个有联系的概念,让这些数学概念形成一个小网络。

二、"图式表达"的变化　找到数学概念的关键点

用文字表述的概念比较抽象,在学生不能真正理解概念的内涵时,我们可以利用直观的图式变化呈现概念里的难点,从而找到理解概念的关键点。本课中,笔者是这样设计让学生理解"互相垂直"这一概念的:在学生理解相交之后,让学生从熟悉的生活中找到相交的直线(出示六幅生活中常见的实物图),描出六组相交的直线(如图四所示),然后把学习素材呈现在屏幕中。

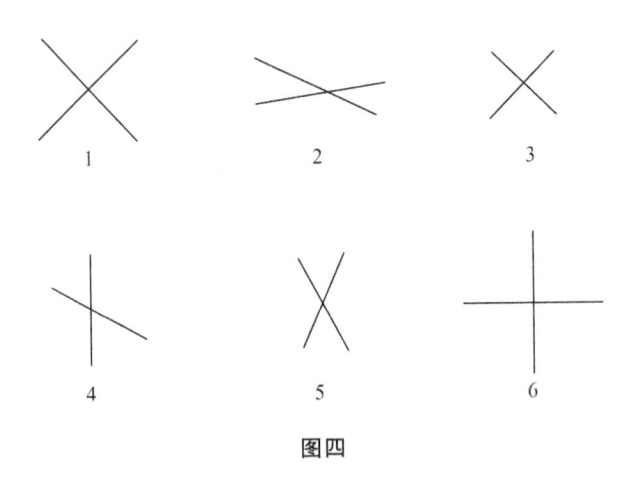

图四

师:同学们,你们能按照一定的标准把这六组相交的直线进行分类吗?

进行汇报交流,让学生说说分类的依据。这样,学生在交流中发现相交成直角的分为一类,不成直角的分为另一类。

师(指着相交成直角的一类追问):这几组的直线都相交成了直角?

生:是的。

师:怎么验证呢?

生:三角尺、量角器。

师出示三角尺进行验证。师生总结:这三组相交的直线都相交成了直角。

师:这几组直线相交成的角都是直角,在数学上我们称之为两条直线互相垂直,一条直线就是另一条直线的垂线,两条直线的交点叫作垂足。(生齐读)

师:你能找到里面的关键词吗?

生:直角、互相垂直、垂线、垂足。(生答,师圈出这些关键词)

师追问:什么是互相垂直?

生:……

(学生只是对互相垂直有了浅层的理解,不能真正理解互相垂直的内涵。)

师：请看。现在这两条互相垂直吗？（如图五所示）

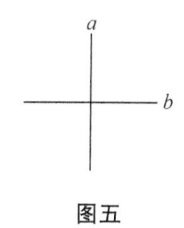

图五

生：互相垂直。

师（把直线 a 掩去）：现在呢？（如图六所示）

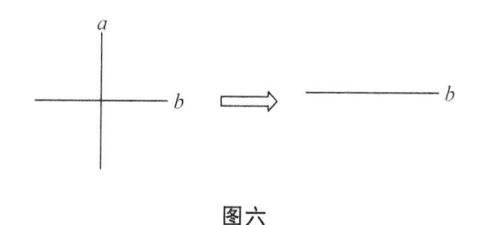

图六

生：不垂直了。

师：你想说什么？

生：一条直线怎么能说互相垂直呢？（指着图六箭头后的直线 b）

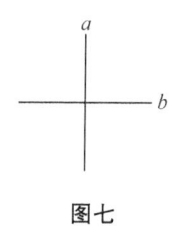

图七

师（指着图七）：直线 b 是垂线？

生：老师，不对，应该说直线 a 是直线 b 的垂线，直线 b 是直线 a 的垂线。

师：从他们的回答中，你听出什么了？

生：互相垂直与垂线是指两条直线之间的位置关系，不能单独存在。

师：你总结得真到位。

学生理解"互相垂直"这个数学概念存在一定难度，主要是学生不能理解"互相"这个词，但是"互相"这个词对于学生而言又不陌生，只是在数学语境中不能体会，那如何去帮助学生理解这个熟悉而陌生的词语的意思呢？首先需要学生自己细细品味、体会；其次让学生通过"图式"的变化去体会、理解。于是笔者就设计了先用"图式表达"将"互相垂直"这个概念呈现在学生眼前，然后从这一组互相垂直的直线中抽去一条直线，通过图形的变化让学生真正理解"互相垂直"的本质意义，从而也理解了"垂线"这个概念。"图式表达"不仅把抽象的用文字表述的数学概念转化成直观的"图式表达"，还能把概念理解的难点处进行呈现，从而帮助学生理解掌握数学概念。

三、"图式表达"的演变　　找寻数学概念间的连接点

概念与概念之间存在密切的联系，垂直是相交的一种特殊情况。如何让学生理解垂直与相交之间的关系呢？笔者在此设计了这样一个环节：出示活动角。

师：现在两条直线的位置关系我们只能称之为什么？（如图八所示）

生：相交。

师：怎样才能使这两条直线相互垂直？谁来操作一下。

学生在白板上进行操作。

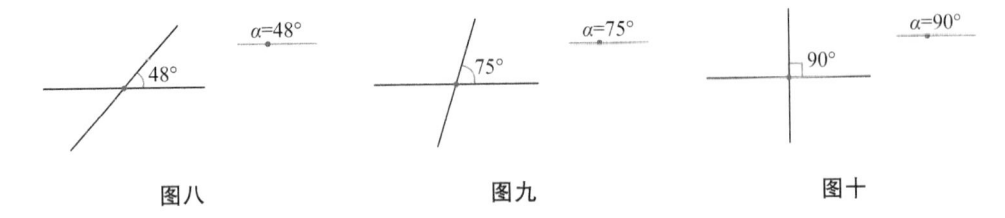

图八　　　　　　图九　　　　　　图十

师：请学生们仔细观察（如图八、图九、图十所示），角的标记发生了什么样的变化？

生：原来弧形的角的标记变成了直角的标记。

师：对呀！当两条直线互相垂直时，我们做上直角标记，就表示两条直线互相垂直。

师：通过刚才的学习活动，我们知道了，垂直是相交的一种特殊情况，所以可以用这样的集合图表示。（如图十一所示）

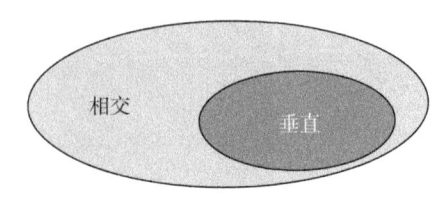

图十一

教师运用"图式表达"演示了两条相交直线所成的一个夹角由小变大的过程,让学生感知这两条直线的位置关系始终是相交,夹角成90度时两条直线是互相垂直的关系,同时也是相交。然后教师出示相交与垂直相互关系的集合图。这样,让学生通过活动体会到相交与垂直的关系,再用直观的集合图让学生把所学的知识归纳到认知体系中,从而让学生的认知上了个台阶。这时,笔者再进行追问:看得懂吗?你能来解释一下吗?让学生从心中明了再到自己能用数学语言进行描述,从而使学生真正理解两者之间的关系。

"图式表达"的演变让原本单一的"图式表达"转变成多个"图式表达"的有机结合,这种灵活的演变,让学生从本质上掌握数学概念,对数学概念理解得更透彻。

四、"图式表达"的绘制　找出数学概念的结合点

对于学生而言,掌握"距离"这个概念也是本节课的难点(认识点到直线的距离)。笔者设计了这样的环节:

师:请看游泳图(如图十二所示),小华在游泳训练时感到体力不支,想以最短的时间游到岸边,你能给他什么建议?其实,这里还藏着数学知识呢,打开书本到 90 页,请大家自学例 7,看看我们能学会什么?小组里相互交流一下,你学会了什么?

师:谁来汇报一下,你知道了什么?

生:……

师:我们一起来还原现场,泳池边就是一条直线,小华可以抽象成一个点,(边说边演示抽象过程),连接这个点到这条直线可以画多少条线段?(如图十二所示)

图十二

生:很多条。

师：哪条线段最短？

生：中间那条。

师：这条线段和这条直线是什么关系？

生：垂直的。

师：像这样，垂直于直线的这条线段就是垂直线段。经过这个点的垂直线段有几条？

生：一条。

师：这条垂直线段的长度就是点到直线的距离。（出示概念）

生（齐读）

在这里，学生不仅仅要理解"距离"这个概念，还要理解"垂直线段"这个概念。让学生自学、阅读例7中的概念，学生光通过自学是不能真正掌握的。为此，笔者让学生通过图式先去理解点到直线的线段，接着通过观察、比较，发现从点到直线有无数条线段，其中一条是最短的。然后，让学生去挖掘最短的那条线段与直线的位置关系，从而引出"垂直线段"这一概念，再引出"点到直线的距离"这一概念。教师通过让学生自己画图、比较、测量等，使学生找到概念的本质，也就掌握了概念。

如果本节课上到这也未尝不可，但是笔者认为，本单元学习的"认识垂线"讲述的是在同一平面内的两条直线相交的一种特殊情况，指的是线与线之间的位置关系，学生也掌握得不错，但是线与面、面与面之间也存在垂直的位置关系。为了拓宽学生的知识面，让学生对垂直的位置关系的认识从二维拓展到三维，让学生的知识网络更宽广一些，为此，笔者在课堂教学中设计了这样的教学环节：

师：今天我们一起认识的是两条直线互相垂直，那么一条直线和一个面或者两个面之间有没有这种相互垂直的现象呢？

学生思索片刻，疑惑重重。教师利用白板技术，呈现线和面的直观图式（如图十三所示），面与面的直观图式（如图十四所示），让学生去思考、探究。这样一个具有挑战性的话题，激发学生继续探究学习的欲望，开拓了学生的思路。

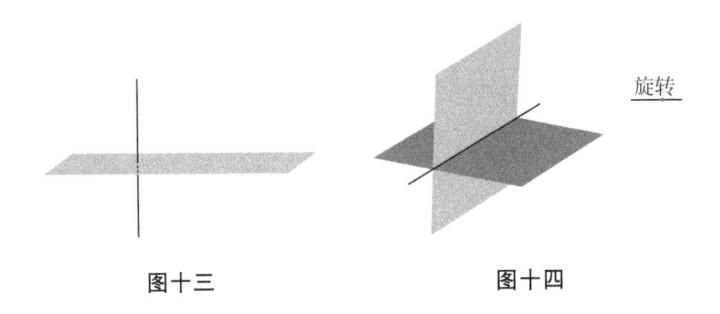

图十三　　　　　　图十四

整个课堂,笔者运用"图式表达"直观呈现概念,利用"图式表达"突破概念中的难点,利用"图式表达"连接两个乃至多个概念,帮助学生掌握概念的本质内涵,引导学生进行概念建构,提升学生的概念理解能力,有效地完善学生数学概念的"网络结构"。由此可见,"图式表达"符合学生的心理特点、年龄特征和认知结构,是学生学习数学概念的重要工具、手段和方法。作为教师,要充分发挥"图式表达"的导学功能,帮助学生学习数学概念。

(张霞　本课题主持人　钱鑫华　本课题核心组成员)

第三章

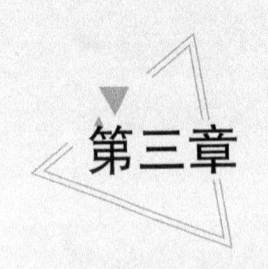

经典课例

第一节　"图式表达"促进儿童数的概念学习的课例

"认识100以内的数"课时教学计划

教学内容：苏教版小学数学一年级下册第21~23页例1和"想想做做"。

教学目标：

1. 通过摆小棒的活动，让学生初步感知两位数的基本组成方法，认识到几十几都可以用几个十和几个一组成。

2. 通过具体的活动情境，使学生能够正确地数出数量在100以内的物体的个数，并认识新的计数单位"百"，能借助小棒图理解"10个十是一百"。

3. 培养学生的动手操作能力和语言表达能力，并培养学生简单的估计能力，感受数学与生活的联系。

教学重点：帮助学生建构"几十九添上1是多少"的数学模型。

教学难点：认识新的计数单位"百"，能借助小棒图理解"10个十是一百"。

教学资源：学生在一年级（上册）中已经知道，10根小棒捆成1捆表示1个十，2个十是20，这节课在此基础上开展。这部分内容的学习为以后认识万以内的数做好了铺垫。

教具准备：30根小棒，10捆小棒。

教学过程:

一、创设情境,导入课题

1. 在茫茫的青青草原上,生活着一群快乐的小羊(出示不规则排列的 9 只小羊),谁来数一数,这里有多少只小羊?(随机点评孩子数的方法:眼到、手到、心到,按一定顺序数。)

2. (大屏幕再出示 1 只小羊)现在有几只了? 真了不起,用到了我们学过的知识"10 个一就是十"。(板书)

3. 我们接着看:(出示 100 只小羊的图片)谁来猜一猜,这里有多少只羊? 要知道这里有多少只羊,学完今天这一课你就会有办法知道了。(出示课题)一起读。

设计意图: 根据一年级儿童的性格特点,在课的开始创设情境,吸引儿童的注意力。屏幕上出现 9 只羊,再增加 1 只羊就是 10 只羊,复习"10 个一就是十",让儿童感知 10 只羊大概是多少,同时在头脑中通过复习初步建立 10 只羊的"图式"概念。

二、动手操作,学习新知

(一) 认识几十几都可以用几个十和几个一组成

1. 我早就听说我们班的孩子动手能力特别强,所以老师想试试,听好要求:数出 23 根小棒,把它们摆在桌上,比一比谁又对又快。(巡视,收集有用资源)

2. 说说你是怎么摆的?(指名到展台上操作)你喜欢谁的摆法,为什么?

3. 我们来做一个游戏,我说你摆,看看谁最快?(25,43,52……)摆好就坐正,同桌检查。

(二) 建构"几十九添上 1 是多少"的数学模型

1. 动手能力真强,名不虚传。瞧,老师也摆了一个数,(29,2 捆加 9 根)是多少? 怎么知道的?

2. (动画演示,又来了 1 根小棒)现在有多少根了? 说说你的想法。(帮助学生明确:原来的 9 根与添上的 1 根合在一起就是 1 捆,这 1 捆与原来的 2 捆合起来就是 3 捆,所以 29 添上 1 就是 30。)

由此可以发现,当我们数到 29 的时候,后面一个就是——30。

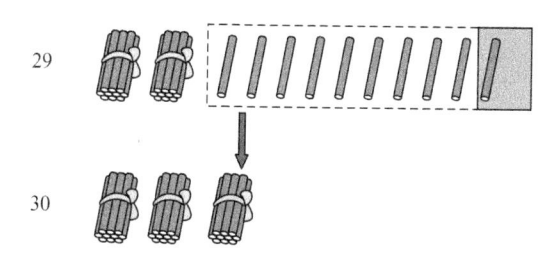

设计意图：儿童认识理解"30"这个数是存在一定困难的,为帮助儿童认识这个数,可以借助"29"这个数。29可以用2捆加9根小棒表示,在此基础上添上1根就是30根。然而,此时儿童脑中没有完全理解"30"这个数,为了帮助儿童真正理解"30"这个数,就需要借助"图式表达"。课件呈现2捆加9根小棒,再添上1根小棒就是2捆加10根小棒,10根小棒可以捆成1捆,这1捆与原来的2捆合在一起就是3捆,1捆是1个十,3捆就是3个十,3个十就是30。在"图式表达"呈现的过程中,儿童在脑中理解并建立起"30"的概念,同时还知道"30"的由来以及其所表示的意义。"图式表达"直观地呈现抽象的"30"这一概念,乃至"30"的由来与"29"之间的关系。这样,儿童在头脑中就能清晰而完整地建立起"30"这个数的概念。

3. 想一想,49添上1就是多少了?怎么想的?（大屏幕演示）也就是说,49的后面就是——50。

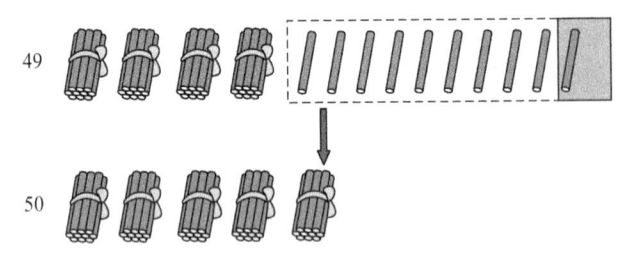

设计意图：儿童在理解"30"这一数的概念的基础上认识"50"就比较容易了。通过"图式表达"的呈现,儿童明白49是4捆加9根小棒,添上1根就是4捆加10根小棒,10根小棒可以捆成1捆,这1捆与原来的4捆合在一起就是5捆,1捆表示1个十,5捆就表示5个十,就是50。教师再次利用"图式表达"直观地呈现抽象的"50"的由来以及其所表示的意义,儿童轻松而清晰地建立起"50"这一数的概念,同时厘清了它与"49"的关系。这一环节的设计为儿童初步建立"几十九添上1是多少"的数学模型。

4. 接下来,我们来玩个对口令游戏,看看谁的反应快。我们边拍手边说:29的后面是30,49的后面是50,59的后面是60,69的后面是70,79的后面是80,89的后面是90,39的后面是40……

5. 这种现象在我们数学中叫作"满十进一"。（板书）

设计意图：对口令游戏让儿童感知几十九后面是几十,为儿童建立"满十进一"的数学模型。

(三) 认识新的计数单位"百"。

1. 小朋友,刚才对口令游戏中,你们的反应很快,那有谁知道,99的后面是多少呢？真的吗？用自己的小棒摆一摆，再数一数。

2. 谁来当小老师，边摆边讲，99的后面就是100。

3. （课件演示：出示9捆加9根）看，多少根小棒？添上1根是多少了？怎么想？（根据学生回答，演示）

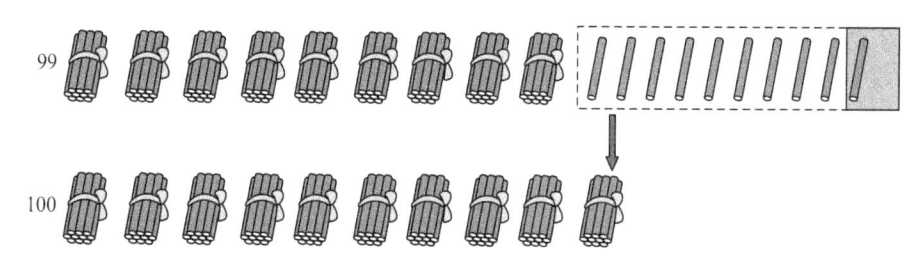

设计意图："图式表达"直观地展示99添上1是100。此时儿童头脑中的数学模型依旧是"几十九添上一是多少"的模型，儿童所知道的100是儿童在生活中听到的数，他们不理解100所表达的意义。

4. 1捆就是10根，谁能10根10根地数，从10数到100。真不错，我们一起数一下。

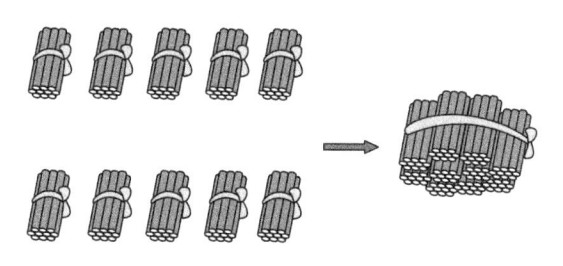

10个十是一百

5. 观察，这里有几个10根，我们可以把10个十扎成1大捆，这1大捆就是多少？对呀，10个十是一百。（板书，齐读）

设计意图：鉴于儿童不能真正理解100所表示的意义，再次呈现"图式表达"，目的是让儿童直观理解"1捆是10根，10捆就是10个10根，就是100根，也就是10个十是一百"。由此，儿童能真正理解"100"是怎么来的以及这个数所表示的意义，同时在"图式表达"的呈现中真正理解了"百"这一计数单位。以上两次"图式表达"的逐一呈现让儿童能够利用直观图去理解数的意义，把新知转化成旧知，在头脑中经历了知识的形成过程，就能轻松地认识100以内的数。

三、分层练习，巩固提升

1. 学到这儿，现在你能数出这儿到底有多少只羊吗？自己试一试。（再次

出示小羊图)

汇报。

(疑惑地)怎么会有这么多答案啊?那有没有办法能使大家很快地数清楚呢?(根据学生回答,小羊图重新排队)现在方便了吗?数一数,到底是多少只羊?你是怎么数的?真会学习。

2. 瞧,老师为了庆祝元旦,给我们班 45 名学生买了这么多好吃的,请你们数一数,如果每人分一个,够不够?(出示香蕉 40 根、苹果 45 个、糖果 56 颗)赶快数一数,比一比谁数得又对又快。

汇报,香蕉有多少根?说说你是怎么数的,够吗?苹果呢?糖果呢?

小结:看来我们在数数的时候,可以根据实际情况,5 个 5 个地数,也可以 10 个 10 个地数。

3. 小朋友们喜欢做营业员吗?看,老师把柜台搬到了我们的教室里了。这里卖的都是铅笔,如果老师想买 72 支笔,你准备怎么拿给我?我想买 54 支,又该怎么拿?如果我想买 39 支笔,你会怎么拿?

对呀,换个角度思考问题就会变得更简单。

4. 刚才我们在数数时都是顺着从小数到大的,那生活中有没有哪种情况是反过来数,从大数到小的?(出示红绿灯图,演示 60、59、58、57)你会接着往下数吗?试试看。

汇报:一起数。(边数边演示)

四、课堂小结,当堂检测

1. 对于今天学的内容,你们会了吗?

2. 我们拿出作业纸,跟着老师一起来完成。(老师读题,学生练习,集体校对)

3. 最后,老师给大家带来一篇数学小日记,来读一读,里面写了些什么?回家后也收集一下你所需要的数,也写一篇这样的数学小日记,好吗?

附:数学日记

我有一个幸福的家。

我家住在江城一品 18 号楼的 26 层。我爸爸今年 38 岁,妈妈 36 岁。和我们住在一起的还有 60 岁的爷爷和 59 岁的奶奶。

他们非常爱我,我也爱他们。

(海门市"青蓝结对·同伴互助"工程之师徒"同题异构"课堂教学比赛一等奖教案)

"分数的初步认识"课时教学计划

教学内容:
苏教版小学数学三年级上册第88~89页例1、例2及相关练习。

教学目标:

1. 能结合具体情境初步认识分数,知道把一个物体或图形平均分成几份,每份是它的几分之一;知道分数各部分的名称,会读写分数;初步学会联系分数的含义,并能借助直观手段比较几分之一的大小。

2. 经历从日常生活中抽象出分数的过程,感受几分之一的形成过程,进一步丰富参与数学活动的经验,培养观察、操作、思考和表达交流的能力。

3. 在认识分数的活动中,体会分数源于实际生活中的需要,进一步感受数学与生活的联系,增强对数学的亲切感。

教学重点:

1. 结合具体情境初步建构分数的概念,认识几分之一。
2. 借助实物或图像比较分子是1的分数大小,能具体地比较几分之一的大小。

教学难点: 根据给出的没有均分的图形,估计部分约占整体的几分之一。

教学过程:

一、直入正题,明确目标

1. 小朋友们,在之前的学习中我们一起认识了整数,其实在数的家族中还有许多其他成员(课件出示省略符号),今天这节课,我们就一起来认识一位新成员——分数。(课件出示课题,同时板书课题)

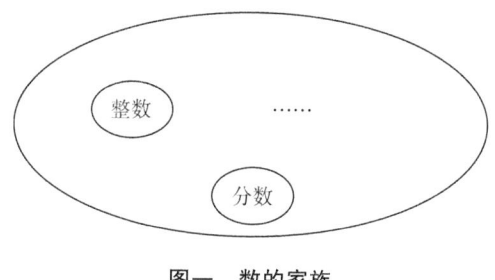

图一 数的家族

设计意图: 在儿童的认知中,从整数概念到分数概念是数的概念的一次重大跨越。这是儿童第一次认识分数。首先,要让儿童清晰地认识到分数是数的一种,但它不属于整数。在这一环节中,直接呈现"图式表达"(如图一所示),让儿童从视觉上感知数、整数、分数等的关系,在儿童头脑中建立起数概念的概念网络。

2. 分数,单看这个名字呀,我们就知道,它肯定和平均分有关。(课件演示:先把"分"字放大,再出示平均分)所以,今天的学习,我们就从平均分开始。

二、问题引领,活动助学

1. 请看(出示习题),把4个苹果平均分给两个小朋友,每人能分到多少个?请你说,真好,他还会用算式 4÷2＝2 来解答(如图二左)。

2. 接着看,把2杯牛奶平均分给两个小朋友,每人能分到几杯(如图二中)?你来讲,思路真清晰。

3. 我们继续平均分。瞧!这里有一块蛋糕,把它平均分给两个小朋友,每人又能分到多少呢(如图二右)?

4. 小朋友们,想不想自己动手分一分这块蛋糕?拿出课前准备好的工具,自己动手分一分。

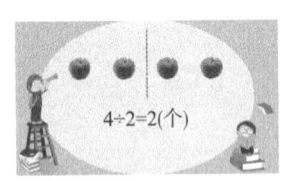

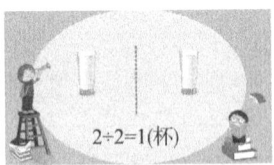

图二　平均分的示意图

设计意图:这一环节旨在让儿童在"图式表达"中回顾平均分的过程,体会平均分。

三、作品展示,引出新知

1. 同学们的动手能力真强,刚刚老师收集了几个同学的作业,我们一起来看一下,(展示学生的作业)有什么想说的?请你,哦,原来这份作业有问题,(手指着说)这里的两份不一样多,没有做到平均分。

2. 我们重点来看这种分法,(课件出示:演示平均分的过程)谁能把老师刚才演示的过程,用一句话来表述一下。女孩你说,表述得真完整,老师把一块蛋糕平均分成了2份。

3. 我们来验证一下,(拖动其中的一份,使之与另一份完全重合)瞧,两份完全一样，做到了平均分。那在这种情况下，这其中的一份能用之前学过的整数表示了吗？嗯，确实不能，我们一起来看，我把一块蛋糕平均分成两份，这份是其中的一份，可以用二分之一来表示，(出示分数 1/2)跟我读，二分之一。

4. 这一份是蛋糕的二分之一，那么另一份呢？也是二分之一。谁能完整说一说，我们是怎么得到这个二分之一的？男孩你说，你的语言表达能力真好。把一块蛋糕平均分成两份，每份都是它的二分之一(如图三所示)。

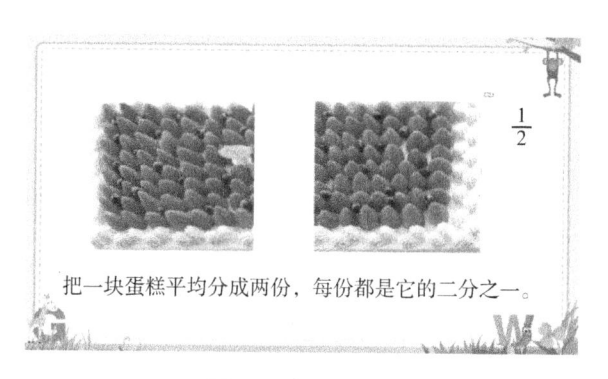

图三 平均分蛋糕

设计意图：在用图式分蛋糕的过程中，儿童深切地感知到：把一块蛋糕平均分成两份，其中的一份不能用整数表示，需要用一种新型的数来表示，就是用分数来表示。在这里，儿童知道分数与整数不属于同一种数，进而知道分数与整数是属于两个不同种类数的范畴。当"图式表达"直观呈现把一块蛋糕平均分成两份，其中的一份用 1/2 表示，儿童可以清楚地知道二分之一所表示的意义，同时也知道了用二分之一表示的这部分蛋糕与整块蛋糕之间的关系，从而直观地认知了分数的内涵。

5. 那二分之一该怎么来写呢？我们先写一条直线表示平均分。平均分成两份，就在横线下面写 2，表示其中一份，就在横线上面写 1，这个分数就是二分之一。结合分的过程想一想，这样写有道理吗？我们一起伸出手指，和老师一起边说边写。把一块蛋糕平均分成两份，这表示其中的一份，用二分之一来表示。

6. 分数的每个部分都有自己的名称，这条横线我们叫它分数线，分数线就表示平均分，分数线下面的 2 我们叫它分母，表示平均分成了 2 份，上面的 1 叫分子，表示取其中的一份。

7. 我们回到黑板(手指刚刚展示的作业)，这份可以怎样表示？(再指一份)这一份呢？不同的分法，其中的一份为什么都用二分之一表示？说得真好，只要把一个蛋糕平均分成 2 份，分法不限，每份都可以用二分之一表示。

8. 老师还准备了其他形状的蛋糕,你能找出它们的二分之一吗?拿出信封二,自己动手尝试。谁想来展示?(依次展示)真是一群有智慧的小朋友,现在请你仔细观察,这些图形形状一样吗?想一想,为什么其中的每一份都用二分之一表示?真会思考,任何物体,任何形状的图形,只要被平均分成两份,每份都是它的二分之一。

9. 注意看,老师展示了一个图形的二分之一,你能还原出它原来的样子吗?谁能来试一试。同意吗,谁有不同的想法?

大家的想法都很棒,挑战升级,(出示三分之一)这个分数会读吗?如果现在这个图形是原来图形的三分之一,你还能还原出原来的样子吗?你来试试看,真不错,还有其他想法,现在你能说一说三分之一表示的是什么含义吗?

同学们太了不起了,看来接下来也难不倒你们,谁来挑战四分之一。真了不起,我们一起说,把一个图形平均分成4份,每份都是它的四分之一。

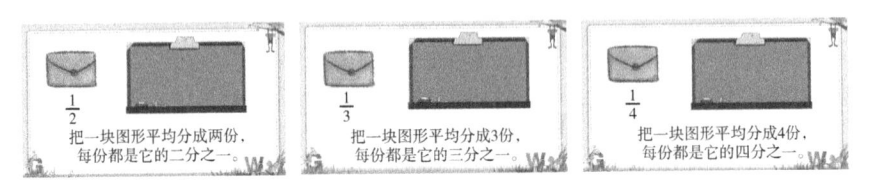

图四

设计意图:儿童根据给出的分数,结合"图式表达",还原原来的图形,从而从不同的角度去认识分数,体会分数的意义,深切感知给出的这一份与整个图形之间的关系(如图四所示)。

10. 我们已经认识了许多分数,下面这些图形的涂色部分你能用分数来表示吗?(出示图五)说一说你是怎么想的。仔细观察这两个图形的涂色部分,你有什么发现?(另外两幅图退出,只显示二分之一、四分之一)的确,分数也能比较大小,我们一起来看一看(演示比较),你能给它添上合适的符号吗?

(再出现表示八分之一的图)现在有三个分数了,再来比一比,这里怎么填?真好,真会举一反三。

四、多层练习,内化提升

1. 看,这是小明去学校的必经之路,小明每天都要经过这条路去上学,如果小明走到了这个位置,你估一估,大概走了全部路程的几分之几?说说你是怎么估的。继续,如果走到这个位置呢,又是几分之几?

现在老师把他抽象成纯数学问题(出示),这里填多少?还能继续分下去吗?

如果继续分下去,还会得到哪个分数? 真会思考! 现在你看看,你发现了什么? 是的,把这个直条平均分的份数越多,每一份就越小。

设计意图:让儿童经历把同一直条平均分成若干份,其中的一份用分数表示的过程,再让儿童结合图比较这些分数的大小,从而归纳出"把这个直条平均分的份数越多,每一份就越小"。

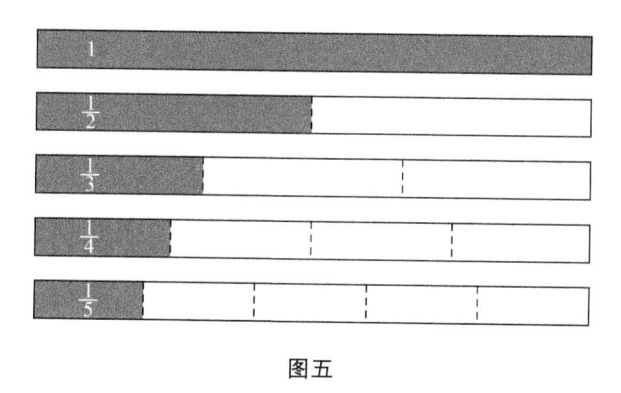

图五

2.(出示巧克力)这是一块巧克力,你能在其中找到分数吗? 说说你是怎么找到的。

五、回顾总结,评价反思

1. 学到现在,你能介绍一下你所认识的分数吗?(出示思维导图,根据学生的回答出示)

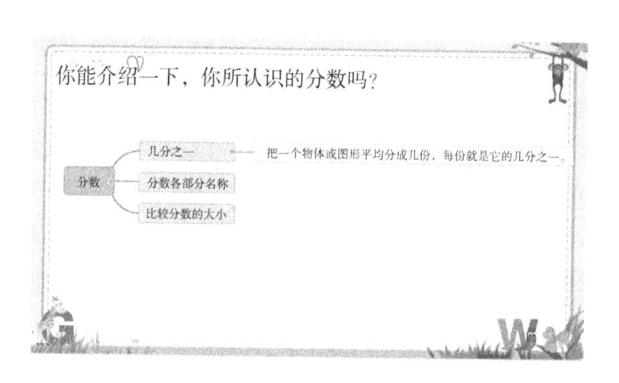

图六 思维导图

设计意图:通过思维导图的形式回顾课堂,让儿童直观掌握本课的知识点,同时利用思维导图的特性,帮助儿童建立数学概念的知识脉络,厘清数学概念间的关系,从而帮助儿童更加深刻地掌握数学概念。

2. 分数已经有(　　)年的历史了,让我们通过一个视频来了解一下分数的发展史。(观看视频)

六、当堂检测,质疑问难

1. 学以致用的环节到了,请大家拿出作业纸,认真完成,请注意完成时间。做完了吗？好的,请看批改要求：(1)请组长组织校对批改；(2)把有争议的题做上记号,准备全班交流；(3)如有需要,请举手示意,老师来帮助你们。

2. 我们进行全班交流。

(南通市海门区正余小学课题研究推进会公开课教案)

"认识几分之一"课时教学计划

教学内容：苏教版小学数学三年级下册第76～78页例1、2,"试一试"和"想想做做"。

教学目标：

1. 使学生结合具体情境进一步认识分数,知道把由一些物体组成的一个整体平均分成几份,每份可以用几分之一来表示,并能根据具体的问题情景,用几分之一表示出部分与整体的关系,进一步构建分数"几分之一"的实际概念。

2. 使学生经历"几分之一"知识的获取过程,从中培养学生的观察、操作、概括、推理等能力。习题正确率达80%以上。

3. 体会分数与现实生活的联系,感受分数在实际生活中的应用。

教学重点：帮助学生掌握一些物体被分成几份后,每一份即几分之一的含义。

教学难点：帮助学生理解如果一份里有几个物体,每个物体都能用几分之一来表示。

教学资源：

学情分析：学生在三年级上学期已经初步认识了分数,知道了把一个物体平均分成若干份,其中的一份可以用几分之一来表示。本节课重在通过操作实践帮助学生理解把由一些物体组成的一个整体平均分成几份,每份也可以用几分之一来表示,使学生完善对几分之一的认知。

教材简析：这部分内容主要让学生认识一个整体的几分之一。从一个物体的几分之一到一个整体的几分之一,这是分数认识的主要拓展。书中安排了两个层次：一是通过例1、2来认识二分之一、三分之一；二是用同样的方法去认识几分之一。

教学过程:

一、复习导入(5分钟左右)

1. 看图写分数,并说说分数的意思。

用分数表示每个图形的涂色部分。

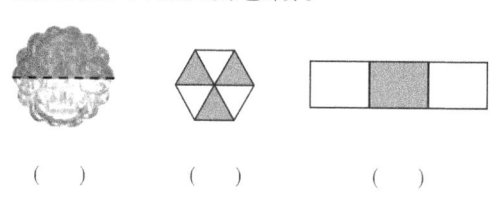

(　　)　　　(　　)　　　(　　)

预设:1/2、3/6、5/8。

2. 小结:刚才我们是把一个图形、一个物体、一条线段平均分成了几份,取出了其中的一份或几份,可以用分数表示。

设计意图:本节课承接的是上学期学习的"认识分数"一课,由于时间相隔比较长,儿童对分数的相关概念遗忘得差不多了。于是,设计这一复习的环节,通过"图式表达"直观呈现分数的相关概念,目的是让儿童在"图式表达"中回顾、理清与分数相关的概念与知识,为接下来的分数学习打下基础。

3. 明确课题,认定目标。

二、自主学习(15分钟左右)

1. 阅读例题,理解题意。

(1)思考:这道题是把什么平均分?

预设:把6个桃看作一个整体。

(2)谁能用这样的句式来说一说这道题的意思:把(　　)看作一个整体,平均分给2只猴子就表示把这个整体平均分成(　　)份,每只小猴分得这盘桃的(　　)。

(3)回顾这个1/2的意思,同桌说一说。

2. 导学单一。(时间:3分钟)

(1)分一分,涂一涂:请表示出下图中每盘桃的1/2(书本第76页中间两幅图)

(2)比一比,想一想:每盘桃的总数不同,分得的每份个数也不同,为什么都可以用1/2来表示?

(3) 小组交流:重点交流第二个问题。

3. 集体交流。

(1) 说说自己表示的方法。

(2) 得出:不管一盘桃有几个,都可以看作一个整体。只要把这个整体平均分成2份,每份就是它的二分之一(如图一所示)。

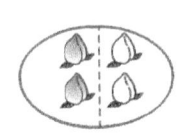

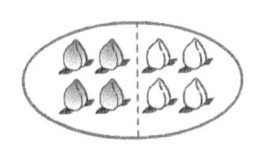

不管一盘桃有几个,都可以看作一个整体。只要把这个整体平均分成2份,每份就是它的二分之一。

图一

设计意图:对于分数二分之一,要从两个层次去理解:一是把一个物体平均分成两份,其中的一份是这个物体的二分之一;二是把一个整体(一些物体)平均分成两份,其中的一份是这个整体的二分之一。"一个物体的二分之一"在三年级上册就已学习,而"一个整体的二分之一"是这节课的学习内容。从一个物体的二分之一到一个整体的二分之一,这是分数二分之一内涵的拓展。课堂上,"图式表达"的直观呈现,让儿童轻松掌握二分之一这个数。在前后两个同为二分之一的"图式表达"的对比中,儿童能真正理解二分之一的内涵,从而真正掌握二分之一这个分数。这也为后面学习其他的分数打下基础。

4. 自主学习例2。

(1) 学生先在图上分一分,再填一填。

(2) 交流分的过程:重点说说这个1/3是怎么来的?

预设:把6个桃看作一个整体,平均分成3份,每份是它的1/3。

(3) 思考:和例1一样,这盘桃也是6个。为什么例1每份用1/2表示,这里却用1/3表示?

预设:因为平均分的份数不同。

5. 导学单二。(时间:3分钟)

(1) 分一分:12个桃可以平均分成几份? 每份是它的几分之一? 在图上先分一分,再填一填。

(2) 说一说:在小组里交流各自的分法,看看你们组一共有多少种不同的分法。

(3) 比一比:都是12个桃,表示每一份的分数为什么不同?

6. 集体交流得出：把一盘桃平均分成几份，每份就是它的几分之一。

7. 回顾反思：今天认识的几分之一和前面学过的有什么不同？

预设：以前是把一个图形、一个物体、一条线段平均分，今天是把几个物体看作一个整体平均分。

三、练习理解，内化新知（12分钟左右）

【基础练习】完成"想想做做"第1、2、3题。

1. 学生独立在书上完成。

2. 集体交流：

第1题：说说是怎么想的？（表述规范、完整）

第2题：思考比较，第1列两幅图为什么都用1/4表示？第2行两幅图都是8个正方体平均分，为什么表示每份的分数不同？

第3题：说说是怎么想的？

【综合练习】完成"想想做做"第4题。

1. 学生动手操作。

2. 集体交流：说说你是怎么拿的？（电脑演示）

【创编练习】1天是1个星期的几分之几？1分钟是1小时的几分之几？1秒钟是1分钟的几分之几？

四、课作（8分钟左右）

《课课练》第54页。

五、家作

《补充习题》第60、61页。

（南通市海门区正余小学课题研究推进会公开课教案）

第二节　"图式表达"促进儿童量的概念学习的课例

"倍的认识"课时教学计划

教学内容：苏教版小学数学三年级上册第4、5页"倍的认识"，"想想做做"第1～4题。

教学目标:

1. 通过直观的操作,把"几倍"和"几个几"之间的联系凸现出来,使学生初步认识倍,初步建立倍的概念。85%以上的学生能正确表达。

2. 培养学生观察、推理、迁移知识的能力及语言表达能力。

3. 培养学生善于动脑的良好学习习惯和学习数学知识的兴趣。

教学重点: 建立"倍"的概念。

教学难点: 理解"倍"的本质含义。

教学资源:

学情分析: 学生已经学会解答"几个几"的问题,知道要解决"几个几"的问题应运用乘法进行计算。在此基础上,教学"倍的认识"和"求一个数是另一个数的几倍"的实际问题,应该是比较顺利的。

教材分析: 教材分两个层次,第一层次:通过具体情境来认识"倍",会正确表达相关实际问题;第二层次:会运用"倍"的知识来解决相关的实际问题。

教学过程:

一、复习引新(3分钟左右)

1. 照样子圈一圈。

○○ ○ ○ ○ ○ ○ ○

每两个圈一圈,有( )个( )。

2. 观察大屏幕,根据老师提示思考。

红彩带:
绿彩带:

绿彩带的长度有几个红彩带这么长?

像这种情况,我们可以用绿彩带的长度是红彩带的5倍来表述他们的关系。

设计意图: 儿童对于"倍"这一数学概念是很陌生的,但是儿童已经认识了"几个几",如何架起两者之间的桥梁呢?"图式表达"架起了这一座桥梁,它直观形象地呈现了"倍"的内涵,这一环节的设计让儿童直观地感知绿彩带有5个红彩带那么长,因此绿彩带是红彩带长度的5倍。这样一来,儿童就能轻松地理解"倍"这一数学概念。"图式表达"的直观性能够帮助儿童理解数学概念的内涵,值得在教学中推广。

3. 明确课题，认定目标。

二、学习例三(15 分钟左右)

1. 明确例三中的数学信息及需要解决的数学问题。
2. 集体交流：比一比，谁的想法多？

预设：红花最多，蓝花最少；

红花比黄花多 2 朵；

红花比蓝花多 6 朵；

黄花比蓝花多 4 朵；

黄花是蓝花的 3 倍；

红花是蓝花的 4 倍……

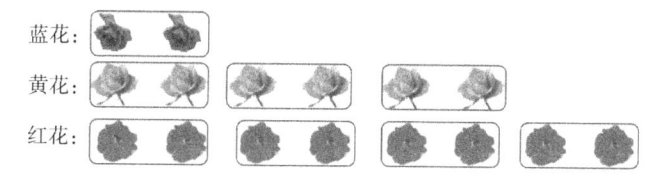

黄花是蓝花的3倍。　　蓝花有2朵，黄花有3个2朵，黄花是蓝花的3倍。
红花是蓝花的4倍。　　蓝花有2朵，红花有4个2朵，红花是蓝花的4倍。

3. 自学。

导学单(时间：5 分钟)

(1) 如果要求红花是蓝花的几倍，可以怎样列式解答？试着列出算式。
(2) 阅读书本第 5 页最上面的内容，看看你列的算式对吗？
(3) 小组交流：说说自己是怎么想的，为什么列除法算式？
(4) 全班交流。

说说自己的想法。

明确："倍"不是单位名称，不用写上。

师生共同小结：今天学习有关"倍"的知识，实际上就是在过去学习的"几个几"知识上发展的，解答这样的题目，必须要看清楚：①谁和谁比；②第一行有 1 个几，第二行有这样的几个几，谁就是谁的几倍；③要求一个数是另一个数的几倍，就是求一个数里有几个另一个数，要用除法算。

设计意图：这一环节是让儿童加深对"倍"这一数学概念内涵的认知，"倍"不是一个独立存在的个体，它是两个数学量比较的产物。"图式表达"的呈现让儿童直观感知到"倍"是两个数量比较产生的，同时再次让儿童感知到"倍"的概念是建立在旧知"几个几"的基础之上的,一个数是另一个数的几倍就是指一个数里有几个另一个数。这一环节的设计还让儿童感知到"倍"是多个数量之间两两产生的关系,究其本质是两个数量之间比较的结果。

三、内化练习(时间:15分钟)

【基本练习】

1. 第5页"想想做做"第2题。

先摆一摆、分一分,再填空。

2. 第5页"想想做做"第3题。

提问:你打算怎么连?将填空补充完整。

3. 完成"想想做做"第4题。

【拓展练习】

拍手游戏:老师拍几下,你能拍出我的几倍吗?

四、课作(时间:7分钟)

《补充习题》第2页。

五、家作

《课课练》第2页。

(南通市海门区正余小学课题研究推进会公开课教案)

"认识时分"课时教学计划

教学内容:苏教版小学数学二年级下册第8、9、10页例1、例2、"想想做做"。

教学目标:

1. 使学生通过观察、思考、交流等活动,了解钟面的结构,认识钟面上的整时并能记录钟面上的整时;知道1时=60分。

2. 使学生在认识时、分的过程中,初步了解时针、分针的计时原理,能感受1小时、1分的时间长短,形成单位时间时、分的观念;发展初步的观察能力及推理、抽象能力。

3. 使学生知道认识钟表和时间是日常生活的需要,了解时、分是日常生活里的时间单位;培养认真观察、相互交流的学习习惯,初步体会珍惜时间的意义。

教学重点:认识时间单位时和分,知道钟面上一共有12个大格和60个小格,知道1时=60分,理解时与分之间的进率。

教学难点:理解1时=60分,并能正确说出钟面上所显示的时间。

教学准备:学具钟,希沃课件。

教学过程:

一、谜语导学,激发兴趣

1. 猜谜语。

老师带来一个谜语,我们一起看:(出示谜面)赛场像个盘,三人跑得欢,矮子走一步,长子走一圈。(打一日常用品)

谁能猜到? 预设:钟表

2. 揭示课题。

今天这节课,我们就一起走进钟表博物馆,去探索时间的奥秘。(板书课题:认识时分)

设计意图:猜谜游戏是一种富有挑战性和趣味性的游戏,用猜谜游戏能够迅速集中学生的注意力,调动全班学生学习的积极性,同时能够自然地引入今天的学习内容,激发学生主动参与课堂学习的热情。

二、自学展示,探索新知

1. 认识钟面。

钟表王国的兄弟姐妹可多呢! 我们一起来欣赏一下这些钟表(如下图所示)。(课件展示各种不同形状的钟表)

虽然这些钟表的形状各不相同,但是它们也有相同的地方,仔细观察,找一找它们有什么共同的地方? 独立思考后,同桌间说一说。

设计意图:钟表的钟面形状各异,但各种形状的钟面上却存在相同的地方。

在这一环节中呈现不同种类的钟面,让儿童进行比较,找到其中的共同点,为后面认识时针、分针、大格、小格等打下基础。

全班交流,引导学生之间相互补充完善答案。根据学生交流顺序,引导学生相继认识时针、分针,认识大格、小格。

【认识钟面刻度】

向学生介绍:一般钟面上都会有刻度 1~12,主要是方便大家读数。这是罗马数字的钟面,这也是钟面的刻度,也表示 1~12,只不过它没有用阿拉伯数字,用的是罗马数字。

【认识时针、分针】

你知道长针和短针的名称吗?明确:长针是分针,短针是时针(见下左图)。

让学生把学具钟面上的分针和时针指给同桌看。

【认识大格、小格】

(1) 同学们说钟面上有大格和小格,那么谁来指一指,大格在哪里,小格在哪里(见下右图)?

指出:像这样从 12 到 1 就是一大格。(课件演示)大格里面的就是小格。

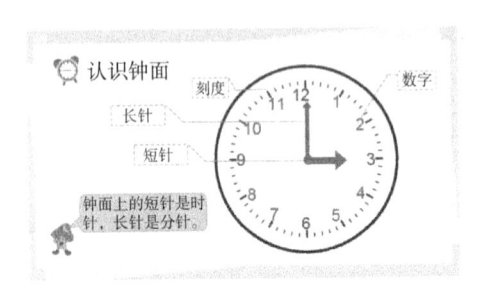

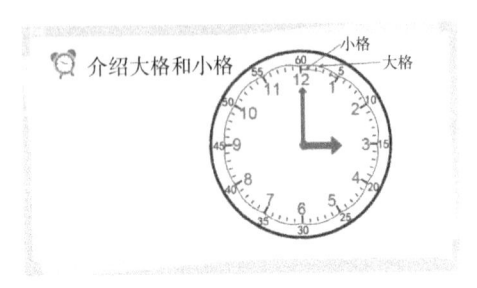

设计意图:二年级儿童的思维处在以直观思维为主的阶段,教师在教学时针、分针、大格、小格等数学概念时,利用"图式表达"的直观性,让儿童理解这些概念。这些概念呈现在同一图式中,更能让儿童辨析其中的区别,从而帮助儿童真正理解掌握这些数学概念。

(2) 数大格和小格。拿出自己的小钟表,拨一拨,数一数:钟面上有几个大格?每个大格里面有几个小格?钟面上共有几个小格?

学生自主学习,教师巡视指导,关注学困生。

展示交流:谁来说一说,你数到几大格,多少小格?并演示一下,你是怎么数的。

预设:一共有 12 大格,60 个小格。数小格时可以 5 个 5 个数。

即时小练习:从 12 到 1 是几大格?有几小格?从 12 到 3 呢?从 12 到 6 呢?到 12 呢?

介绍顺时针方向:知道我们刚才数格子的方向是什么吗?(顺时针)

介绍儿歌:分针长,时针短,一个快来一个慢。1 到 12 团团坐,大格共有 12 个。1 大格,5 小格,一圈小格 60 个。

2. 认识整时。

(出示 8 时的钟面)老师从博物馆里带出来一个漂亮的钟表,你知道这个钟面表示的是几时吗?你是怎样看出来的?

明确:分针指着 12,时针指着 8,是 8 时。在数学上,8 时写作 8:00。指导书写。

(出示 9 时的钟面)这个钟面上表示的是几时?你是怎样看出来的?

明确:分针指着 12,时针指着 9,是 9 时。在数学上,9 时写作 9:00。指导书写。

观察两个钟面,8 时与 9 时的分针指向有什么共同点?时针呢?

总结:分针指着 12,时针指着几就是几时。

设计意图:儿童对于文字呈现的整时的概念,在理解上需要经历想象、思考,不能立刻掌握,存在一定的困难。这一环节,直接借助"图式表达"让儿童直观而清晰地理解数学概念,就降低了难度,儿童轻松掌握了数学概念。

学具演示从 8 时到 9 时的过程。提问:这里的时针是怎样变化的?你发现了什么?

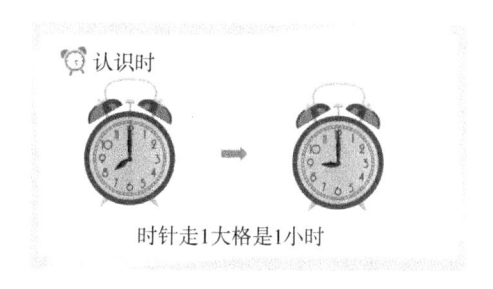

板书:像这样时针走一大格就是一小时。

设计意图:"小时"与"时"是两个不同的概念,儿童很难去辨别。"小时"是表示经过的时间段,是一个历程。"时"指的是一个时刻。这一"图式表达"的呈现能让儿童直观理解:时针从 8 时到 9 时走了 1 大格就是 1 小时。同时再在图中让儿童感知,1 时指的是时针指着 1、分针指着 12,进而比较"1 小时"与"1 时"的区别,从而让儿童真正理解两者的区别,理解掌握"小时"与"时"这两个数学概念。

即时小练习:在你的学具钟面上拨出 3 时,6 时,9 时,12 时。

展示:说说你是怎么拨的?重点交流 12 时。

仔细看一下,老师让你拨的这四个时刻,分别在钟面的什么位置?

小结:我们记住这四个时刻的位置,在没有数字的钟面上也能很快读出时间。

3. 认识几分钟。

我们知道了时针走大格计时,你知道分针走什么格子计时吗?预设:小格。

演示分针走一小格。提问:谁知道分针走一小格是多长时间?

板书:分针走一小格是 1 分钟。

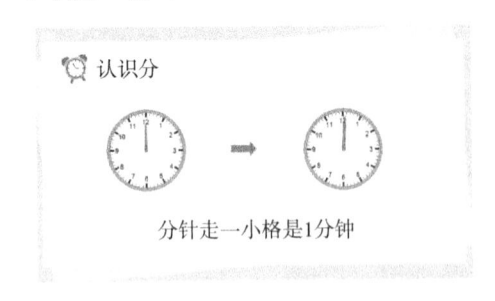

分针走一小格是1分钟

设计意图:在认识"分"这一数学概念时,通过"图式表达"的呈现,儿童能从视觉上感知:分针走一小格就是 1 分钟。在此需要特别强调"分针走一小格",从而让儿童理清 1 分钟与 1 小时的区别。

4. 探索时分关系。

同学们,听过龟兔赛跑的故事吗?小白兔失败后非常后悔,决定再也不骄傲了。有一天,它又碰到了老乌龟。(课件出示龟兔在 12 棵树围成的圆圈中相遇的画面)

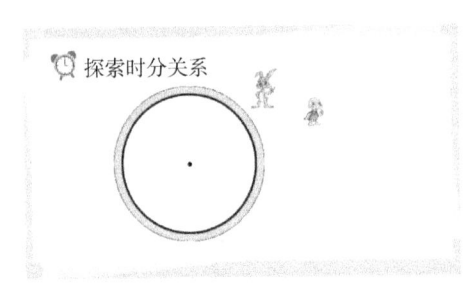

它们决定再进行一场比赛。我们一起喊口令,让它们同时开始好不好?(课件播放龟兔从正上方的一棵树开始跑步的画面)

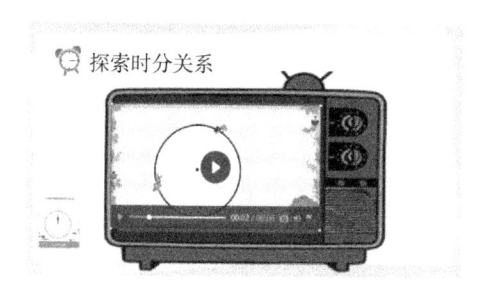

比赛结束,乌龟跑了多远?兔子呢?它们所用的时间一样吗?(打开几何画板)再次演示时分关系,追问:你发现了什么?

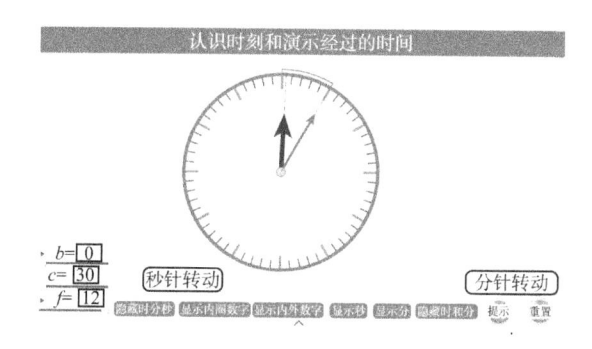

总结:时针走 1 大格是 1 时,分针走一圈是 60 分,1 时=60 分。(板书并引导全班读一读)

设计意图:这一环节主要让儿童通过观察、操作、探索来获取知识。教师利用龟兔赛跑故事,通过直观、形象、生动的分针、时针走动的画面演示,来突出重点,突破难点。儿童通过视觉感知 1 时与 60 分的关系,进而发现 1 时=60 分,加深印象和理解。

三、多层练学,学以致用

钟表博物馆顺利通关,数学乐园向我们敞开了大门,小朋友愿意接受挑战吗?

1. 第一关:认一认,写一写。

先说一说钟面上是几时,再写一写。

2. 第二关:认识时分运动会,看看谁第一个到达终点。

3. 第三关:挑战 1 分钟。

我们通过刚才的学习,认识了时分。那也只是在钟面上认识的,到底1分钟有多长呢?下面我们就亲自来体验、感受一下吧。

请先看挑战要求:挑战任务1:1分钟内,能写多少个漂亮端正的汉字?

挑战任务2:1分钟内,能做对多少道口算题?

挑战任务3:1分钟内,短绳能跳多少个?

请自主选择一项挑战任务,拿出相应材料,完成挑战。(老师倒数计时)

交流汇报,你1分钟能完成哪些事情?

(珍惜时间教育)1分钟固然很短,但我们却能做那么多事情,因此我们要珍惜每一分钟,这会让我们的生活更充实。

同学们坐端正,我们一起来看一段一分钟的视频。

看了这个视频,你有什么想说的?

(渗透爱国教育)每一分奋斗,成就光辉梦想。

四、评学反思,拓展延伸

1. 通过这节课的学习,你有哪些收获?

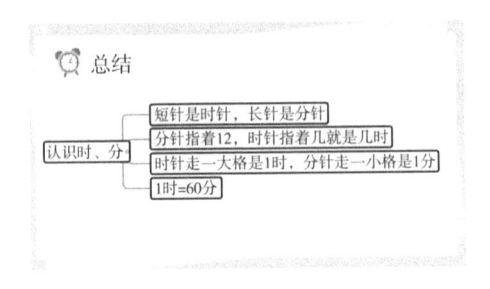

```
总结
认识时、分 ── 短针是时针,长针是分针
          ── 分针指着12,时针指着几就是几时
          ── 时针走一大格是1时,分针走一小格是1分
          ── 1时=60分
```

设计意图:思维导图的呈现,帮助儿童回顾本课的知识,同时帮助儿童在头脑中建立知识网络与概念网络。

2. 了解钟表的发展史。

五、板书设计

认识时分

时针走一大格就是1小时

分针走一小格是1分钟

1时=60分

(全国第三届红色文化育人课堂比赛一等奖)

第三节 "图式表达"促进儿童运算的概念学习的课例

"乘法的初步认识"课时教学计划

教学内容:苏教版小学数学二年级上册第20～22页例题。

教学目标:

1. 在具体情境中,学生初步理解乘法的意义,知道乘法算式各部分的名称,会读、写乘法算式。

2. 在摆一摆、说一说等数学活动中,学生感受相同数相加与乘法之间的联系,体会用乘法表示的简洁性。

3. 培养学生的观察推理能力,激发学生数学学习的兴趣。

教学重点:理解"几个几相加还可以用乘法计算"。

教学难点:从简单的实际情境中抽象出"几个几相加"的实际问题,并列出乘法算式。

教学过程:

一、揭示课题,明确目标

1. 小朋友们,请看这里的算式:

2+3+6 5+5+5 3+7+8 4+4+4+4 9+1+6 2+2+2+2+2

2. 谁能把这些算式分分类?

3. 谁能说说你这样分的依据是什么? 指出:像这些算式5+5+5、4+4+4+4、2+2+2+2+2,加数相同的加法算式,我们还可以用乘法计算。今天我们一起来初步认识乘法。(出示课题:乘法的初步认识)

二、自主学习,提炼建模

1. 出示情境图,你从图上看到了什么?(引导说出:兔子每堆2只,有3堆,追问:兔子有几个2只? 鸡每堆3只,有4堆,追问:鸡有几个3只?)

2. 你能用小棒摆一摆兔子有几个2只,鸡有几个3只吗?

3个2　||　||　||　　　　4个3　|||　|||　|||　|||

设计意图:从生活中的情境抽象到小棒,从小棒抽象到数,"图式表达"的直观呈现,让儿童经历抽象的过程,感知几个几,从中真正理解几个几的数学概念,为后面学习乘法打下基础。

3. 你能根据图列出算式,求出兔与鸡的只数吗?指导学生看情境图写出两道连加的算式:2+2+2=6,3+3+3+3=12,追问:这两道算式有什么相同的地方?

3个2　|| || ||　　　4个3　||| ||| ||| |||

3个2相加　　2+2+2=6　　　4个3相加　　3+3+3+3=12

设计意图:从图到式,在打通图与式之间的联系中理解几个几相加的内涵,为理解乘法的意义打下基础。

4. 3个2相加,还可以用乘法计算,写成:3×2=6或2×3=6。4个3相加,还可以用乘法计算,写成:4×3=12或3×4=12。

3个2　|| || ||　　　4个3　||| ||| ||| |||

3个2相加　　2+2+2=6　　　4个3相加　　3+3+3+3=12
3个2相加　　3×2=6或2×3=6　　4个3相加　　4×3=12或3×4=12

设计意图:"图式表达"的逐一呈现,帮助儿童将实物抽象成数,打通图与式之间的联系,同时打通加法与乘法之间的联系,帮助儿童理解乘法的意义,从而真正掌握"乘法"这一数学概念。

5. 用小棒摆一摆。(完成"试一试"),然后用"几个几相加得多少"的说法来说说这几个加法算式。儿童再次体会加法和乘法之间的联系。

6. 小结:几个相同的加数相加就可以说成是几个几相加。以上这些表示几个几相加的算式还可以转化成什么式子呢?(在相应的加法算式后面板书乘法算式)

7. 自学书本例题2,认识乘法各部分名称。

3×2=6或2×3=6
乘号　　乘数 乘数 积

设计意图:教师直观呈现"图式表达",让儿童从视觉上直接掌握乘法算式中各部分的名称,这样的教学方式,其教学效果远胜口头表述。

8. 完成第21页的"试一试"。观察加法算式和乘法算式,比一比哪种写法比较简便。

三、多层练习,内化提升

(一)适应练习

1. 学生独立完成"想想做做"第1题。

集体交流汇报。让学生在理解图意的基础上抽象出"几个几",组织学生比较、讨论加法与乘法的联系与区别。

2. 完成"想想做做"第3、4题,体会写法与读法的统一。

(二)比较练习

1. 完成"想想做做"第2题。

根据学生的回答,师在黑板上贴出圆片,分别让学生说一说是几个几,通过比较,让学生体会4个3和3个4的意思是不同的,但列出的乘法算式是相同的。

2. 根据加法算式列出乘法算式。

小朋友们,回到课的开始,这些加数相同的加法算式5+5+5、4+4+4+4、2+2+2+2+2,你们能把它们写成乘法算式吗?写好后说说你的理由。

(三)创编练习

联系生活,说一说。我们在日常生活中经常会碰到这种可以用乘法计算的问题。请大家想一想,说给大家听一听。

预设:生1:我妈妈给我买了3袋铅笔,每袋都是4支,用乘法计算就是$4×3=12$或$3×4=12$。

生2:我家有5个人,吃饭时我为每个人拿了2支筷子,用乘法计算是$2×5=10$或$5×2=10$。

生3:我们教室里有3排日光灯,每排3根,用乘法计算是$3×3=9$。

生4:我们每个人都有两只手,每只手有5个手指,一共有10个手指,用乘法计算是$2×5=10$或$5×2=10$。

生5:我们还有两只脚,手指和脚趾一共就是20个,$4×5=20$或$5×4=20$。

四、课堂作业

必做题:《补充习题》第10页。

选做题:

用○★△代表3个数,有○+○+○=15,★+★+★=12,△+△+△=18,○+★+△=(   )

(南通市海门区正余小学课题研究推进会公开课教案)

"加法交换律、加法结合律"课时教学计划

教学内容：苏教版小学数学四年级下册第 55～56 页的例 1 和"练一练"、第 58 页练习九第 1～3 题。

教学目标：

1. 使学生主动参与探究，理解加法交换律和结合律所表示的意义，感受到运用加法运算律能使计算简便。

2. 通过课上观察、比较、讨论、分析等活动，鼓励学生提出数学问题，培养学生解决简单数学问题的意识和能力。

3. 通过自主学习，让学生经历探究的过程，体验成功的快乐。

教学重点：认识加法交换律和结合律。

教学难点：发现并概括加法结合律。

教学过程：

一、揭示课题

今天这节课我们一起来研究"运算律"。（板书时中间空开）

从字面上来理解的话，运算律就是运算中的规律。

二、探索新知

1. 既然是运算中的规律，那我们就从最简单的加法运算开始。（出示一年级的一图两式填空两组），熟悉吗？怎么列式？它们两个算式都等于 9，所以我们可以把这两个算式写成一个等式。（板书等式）

再来一组，这一组我们也可以这样写，一起说。（板书等式）

这题呢？（出示例 1 的第一个问题），谁来口答列式？还可以怎么列式？这两个算式的结果也是一样的，所以也可以这样写。（板书等式）

2. 观察比较老师所板书的这些算式，你有什么发现？把你的发现悄悄告诉同桌。

谁来说说，你同桌发现了什么？（根据学生回答板书）真了不起，其实这个规律就叫加法交换律。你看，这名称形象吗？

数学是求简的，谁能用最简单的方式来把你的发现表达出来？（根据学生回答板书）

我们一起来观察一下字母式子，看看等号前后什么没变，什么变了。

```
1+8 = 8+1
2+4 = 4+2        ——————  加法交换律
28+17 ⊜ 17+28    两个加数相加，交换两个加数的位置，和
                 不变。这就是加法交换律。
```

$$a+b=b+a$$

设计意图：在探索加法交换律这一环节中，呈现一年级的一图两式的填空两组，由于所列的两道算式的结果相等，就可以把这两个算式写成一个等式。当儿童写出三道等式后，让儿童仔细观察三道算式，引导他们发现其中的规律，并用最简单的方式把发现的规律表达出来。根据儿童的表述，呈现加法交换律的"图式表达"。儿童经历了研究加法交换律的过程，为研究加法结合律打下了基础。

3. 古人说："千金难买回头看。"我们一起来回顾一下，我们是如何总结出加法交换律这个运算律的。

（边描述边手指算式）我们先列举了一些算式作为学习素材，（板书：列举素材），然后进行了观察比较，（板书：观察比较），最后抽象概括出了规律。（板书：抽象概括）

列举素材 —— 观察比较 —— 抽象概括

设计意图：授人以鱼不如授人以渔。掌握学习方法远比掌握知识点更重要。因此，教师设计了此环节，让儿童在总结方法的过程中掌握学习方法。为了使儿童能直观清晰地理解研究方法，课上呈现了学习运算律方法的"图式表达"，从而让儿童轻松理解、掌握研究运算律的方法。

4. 这就是我们研究规律的一般方法，下面就用这种方法来自学加法结合律。有信心完成吗？

请看导学单，阅读书本第56页。(1)按照提示，把书本中所列举的学习素材填写完整。(2)仔细观察，认真比较，你有什么发现？(3)把你概括出的规律说给小组伙伴听。（学生自学，教师巡视指导）

5. 我们一起来交流一下，书本中提供了哪些学习素材？（学生回答例1的问题时追问：这样列式是先求什么？这样列式呢？)

通过观察这些算式，你发现了怎样的运算规律？（引导学生相互补充、完善）

可以用什么简洁的方式表示出来？（根据学生回答板书）

因"图式表达"而美丽

(28+17)+23 = 28+(17+23)
(45+25)+16 = 45+(25+16) ———— 加法结合律
(39+18)+22 = 39+(18+22)

三个数相加：可以先把前两个数相加，再和第三个数相加；也可以先把后两个数相加，再和第一个数相加，它们的和不变。这就是加法结合律。

$$(a+b)+c=a+(b+c)$$

我们一起来观察一下字母式子，看看等号前后什么没变，什么变了？

看来我们班的孩子真会学习。现在我们一起来看老师的板书，你觉得今天这节课的重点在哪里？

设计意图：学生应建立在加法交换律的基础上学习加法结合律，两者在研究方法上是相同的，为此，将探究过程的主动权还给儿童，儿童在探究中发现运算规律，总结出加法结合律，同时用简洁的方式表示出加法结合律。儿童借助总结出的加法结合律的"图式表达"，清晰而直观地理解掌握加法结合律。在这一过程中，儿童的数学素养得到了培养，他们学习数学的信心也得到了增强。

三、巩固练习

下面我们就要运用自己探索出的规律来解决一些数学问题。

(1) 指导完成练一练：先看这一题，每一题都独立思考一下。组织交流。

(2) 填空（改变练习九的第1题）。

(3) 出示练习九的第3题。

请同学们仔细观察一下，上下两题的结果一样吗？为什么？如果要求你算出它们的结果，你喜欢算哪一题？为什么？我们一起来算一下，看看是不是这样。

算完了吗？每一组的下面一题算起来很方便，谁来说一说，为什么会这么方便？

小结：我们根据算式中数的特点，合理选用运算律能使计算简便。

(4) 其实我们还可以运用加法交换律帮助验算呢！我们一起来看这题，请大家快速完成。

展示、校对。

四、课堂总结

学到现在，你们有什么收获？

嗯,在加法运算中有交换律和结合律这样的规律,接下来,你有什么猜想? 你准备怎样去研究你的猜想?

五、课堂作业

1. 完成《补充习题》第42页第1、2、3题。

校对作业,分析典型错例,统计正确率。错误的同学订正,全对的同学做"提高题"。

2. 巧算 1+2+3+4+5+6+7+8+9+10=？

板书设计：

运算 → 观察比较 → 规律

列举素材　　　　抽象概括

（南通市海门区正余小学课题研究推进会公开课教案）

第四节　"图式表达"促进儿童几何概念学习的课例

"长方形和正方形面积计算"课时教学计划

教学内容：苏教版小学数学三年级下册第66～68页例题、"试一试"、"想想做做"第1～2题。

教学目标：

1. 启发学生认识到探求长方形面积计算公式的必要性,激发其学习的动机。

2. 让学生通过参与长方形和正方形面积公式的推导全过程,理解并掌握长方形和正方形的面积计算公式,发展其抽象概括能力。练习正确率达80％以上。

3. 能比较熟练地运用公式进行计算。

教学重点：掌握长方形、正方形的面积公式。

教学难点：探索面积公式的发现过程。

教学资源：

学情分析：学生认识了面积的含义、面积单位,知道了"一个图形的面积是看它里面包含了多少个面积单位"。

教材分析:本教学内容一共有三个例题,脉络清晰,层层递进。先通过摆一摆,让学生初步体会到面积与长和宽的关系,接着通过量一量,让学生体会到长就是面积单位摆放的列数,宽就是面积单位摆放的行数,从而知道为什么面积就等于长乘以宽了。

教学过程:

一、揭示课题,明确目标(1分钟左右)

1. 明确课题。
2. 认定目标:学会计算正方形以及长方形的面积。

二、热身小练习(5分钟左右)

1. 根据老师的提问思考:应该怎样摆？面积是多少？

(1)摆满了。

(2)先摆一排,再靠着宽摆一竖行。

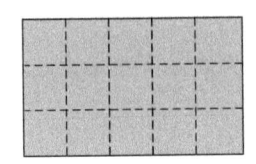

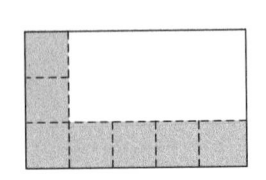

设计意图:"图式表达"呈现摆满的结果,儿童能一下子知道,长方形的长是一排可以摆的小正方形的个数,长方形的宽是可以摆的小正方形的排数。这样直观地呈现,儿童能清晰地看出长方形的长宽就是每排小正方形个数与排数。接着,过渡到"先摆一排,再靠着宽摆一竖行"这种简易摆法,儿童由于有了前面的基础,也能轻而易举地从"图式表达"中明白长方形的长是每排小正方形的个数,宽就是排数。"图式表达"的直观呈现让儿童在视觉上感受数学概念的内涵,同时两次具有梯度的直观呈现更提高了儿童的数学思维梯度。

2. 练一练:

看两个摆了一部分小正方形的长方形,说出它们的面积。

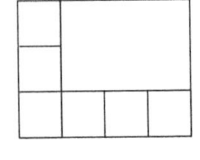

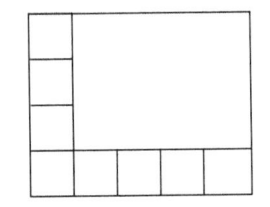

3. 小结:每排的个数乘排数就等于面积了。

4. 这么大一块草地,如果也这样去量的话,是不是不太方便?

三、自主学习(14 分钟左右)

1. 导学单:(时间:5 分钟)

用若干个 1 平方厘米的正方形摆出 3 个不同的长方形,填写下表,并回答问题。

	长(厘米)	宽(厘米)	1 平方厘米的正方形的个数	面积(平方厘米)
第 1 个长方形				
第 2 个长方形				
第 3 个长方形				

(1)每个长方形中正方形的个数你是怎么得到的?

(2)仔细观察表格,长方形的面积与它的长和宽有什么关系?怎样能求到长方形的面积?

2. 小组交流:重点交流长方形的面积与长和宽有什么关系。

3. 全班交流。

(1)看着他们的记录,你能猜到他们是怎么摆的吗?

(2)每个长方形中正方形的个数你是怎么得到的?

(3)仔细观察表格,长方形的面积与它的长和宽有什么关系?怎样能求到长方形的面积?

(4)说说这个长方形的面积是怎么求的?

(5)解决老师课一开始的问题。(长方形草坪的面积)

长方形的面积=长×宽

如果用 S 表示长方形的面积,用 a 和 b 分别表示长方形的长和宽,上面的公式可以写成:
$$S=a×b$$

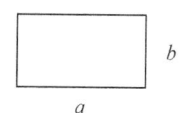

设计意图:这一环节的设计,让儿童知道长方形中正方形的个数就是每排正方形的个数乘排数。在仔细观察表格后,学生发现长方形的面积与正方形的个数相等,推理得到长方形的面积就是长乘宽。这里的"图式表达"既是长方形面积计算的结构形式,又内含长方形面积的推导过程,让儿童轻松理解掌握长方形面积的计算公式,同时促进儿童数学思维能力的培养。

4. 思考:正方形的面积又该怎样算呢?为什么可以这样算?
5. 学习并记住用字母表示的公式:

$S=a\times b$；$S=a\times a$。

正方形的面积=边长×边长

如果用S表示正方形的面积,用a表示正方形的边长,上面的公式可以写成:

$S=a\times a$

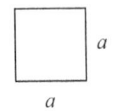

设计意图:正方形是特殊的长方形,正方形的面积可以在长方形面积计算的基础上进行推导。正方形面积计算的"图式表达",让儿童清晰、轻松地掌握面积的计算,给儿童的数学学习减轻了负担。

四、分层练习,内化提升(10分钟左右)

1. 看图口答:书本"试一试"。
2. 独立完成"想想做做"第1、2题。

做完后集体讲评。

五、课作(10分钟左右)

完成《补充习题》第52页。

六、家作

《课课练》第46页。

(南通市海门区正余小学课题研究推进会公开课教案)

"认识垂线"课时教学计划

教学内容:苏教版小学数学四年级上册第89～90页例6、例7、"练一练"和第94页练习十五第1~3题。

教学目标:

1. 使学生联系生活实例,知道两条直线相交成直角时,这两条直线互相垂直;初步建立垂线的概念,认识垂足,能根据垂线的特征正确识别两条互相垂直的直线。

2. 使学生在观察、比较和测量等活动中,认识点到直线的距离,知道直线外一点到这条直线的所有连线中,垂线段最短。

3. 使学生在认识垂线和点到直线距离的过程中,初步体验由具体实例抽象出几何图形的过程,培养观察、操作、比较、想象等能力,发展空间观念。

4. 使学生在参与数学活动的过程中,进一步感受数学与生活的联系,获得学习成功的愉悦体验,增强学好数学的自信心。

教学重点:认识垂线,根据垂线的特征,正确识别两条互相垂直的直线。

教学难点:会确定和测量点到直线的距离。

教学过程:

一、揭示课题,认识相交

1. 揭示课题并板书课题。

2. 由复习旧知而引出相交。

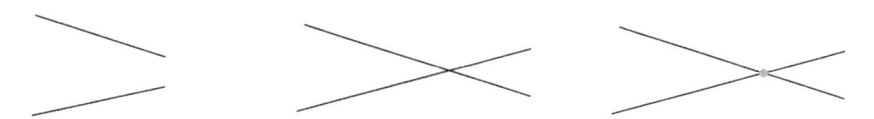

设计意图:这一环节,教师利用白板自带的动画效果与书写功能,以短、平、快的方式导入新课,同时直观形象地展示线段、射线、直线三者之间的关系,以及直线与直线相交中隐藏的相交、交点、夹角这三个基础概念,让儿童在"图式表达"中掌握隐藏的数学概念,为儿童后续的数学学习奠定基础。

二、目标驱动,自主学习

(一)认识垂线

1. (出示实景图)你在这些物体中能找到相交的直线吗?老师把这些相交的直线描下来。

2. 请大家按照一定的标准,把下列六组相交的直线分一下类。独立思考后,在小组里说说你是怎么分的。

设计意图:数学源于生活。从儿童生活中熟悉的事物入手,从中找到相交的直线,然后利用多媒体技术把儿童所找到的直线描下来。这些不同种类的相交方式呈现在儿童的眼前,让儿童对其进行分类,同时对同伴讲讲自己的分类标准。

因"图式表达"而美丽

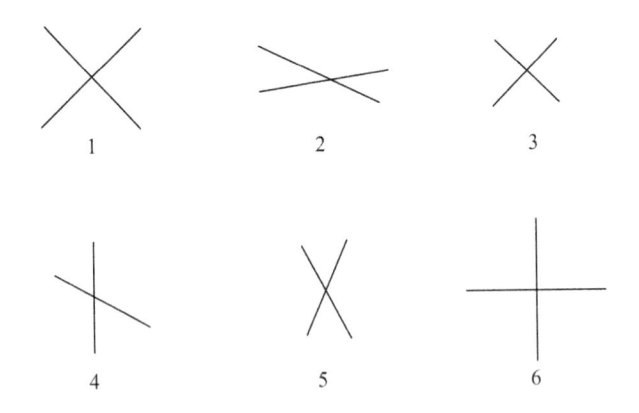

3. 交流：谁先来和大家分享一下，你是怎么分的？这些相交的直线，夹角都是直角，怎么验证？

4. 出示概念，学生齐读。现场检测，加深理解。

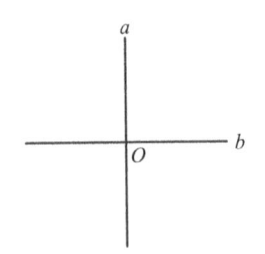

两条直线相交成直角时，这两条直线互相垂直，一条直线就是另一条直线的垂线，这两条直线的交点叫作垂足。

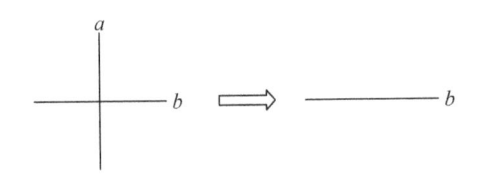

图一

图二

设计意图：儿童在分类完成后，说出分类的依据。此时，教师调用软件自带的幕布，用屏蔽干扰项的方法，突出所选信息。接着再调用三角板，引导孩子们进行验证，加深对夹角90度的印象。在此基础上，利用"图式表达"揭示垂线与垂足的数学概念。直观的"图式表达"可以在儿童头脑中建立一个垂线与垂足的概念模型（如图一所示）。为了帮助儿童在头脑中建立"互相垂直"这一概念，教师利用"图式表达"让儿童直观感知互相垂直是指两条直线相互之间的关系，不是单独指一条直线（如图二所示）。这样，儿童对于"互相垂直""垂线""垂足"的概念就掌握透彻了。

5.(出示活动角)现在两条直线的位置关系我们只能称之为什么？怎么才能使这两条直线相互垂直？谁来操作一下。请孩子们仔细观察,角的标记发生了怎么样的变化？

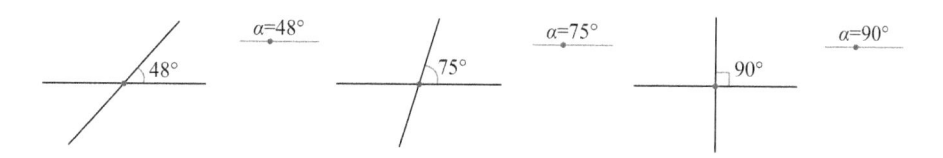

设计意图:这一环节的设计,目的在于通过"图式表达"让儿童更直观形象地感知两条直线相互垂直,体会只有夹角是90度时两条直线才相互垂直。

6.通过刚才的学习活动,我们知道了垂直是相交的一种特殊情况,所以可以用这样的集合图表示。(出示下图)

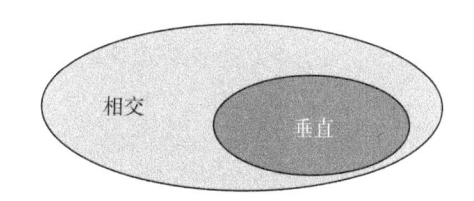

设计意图:这一环节的设计,让儿童通过"图式表达"直观感受相交与垂直的关系,从而加深对"两条直线相互垂直时夹角是90度"的印象。

7.(出示"练一练"第1题)下面哪几组的两条直线相互垂直？如果垂直的话请做上标记。追问:我们是怎么判断的？要借助什么工具？适时变式拓展。

8.在我们的日常生活中,有很多相互垂直的例子。(播放视频)

(二)认识点到直线的距离。

1.(出示游泳图)小华在游泳训练时感到体力不支,想以最短的时间游到岸边,你能给他什么建议？打开书本,请大家自学例7,看看我们能学会什么？小组里相互交流一下,你学会了什么？

集体交流。

我们一起来还原现场,泳池边就是一条直线,小华可以抽象成一个点,连接这个点到这条直线可以画多少条线段？哪条线段最短？这样的垂直线段有几条？这条垂直线段的长度就是点到直线的距离。(出示概念)

设计意图:"距离"这一数学概念对于四年级儿童而言是陌生而难以理解的,利用"图式表达"呈现"距离"这一概念时,儿童发现从直线外一点到这条直线所画的线段有无数条,其中垂直线段只有一条,在比较中他们发现,垂直线段是最短的。因此，这条垂直线段就是直线外一点到这条直线的距离。这样，儿童从视觉上直观辨识了"距离"的概念，同时儿童在头脑中也能建立起"距离"这一数学概念。

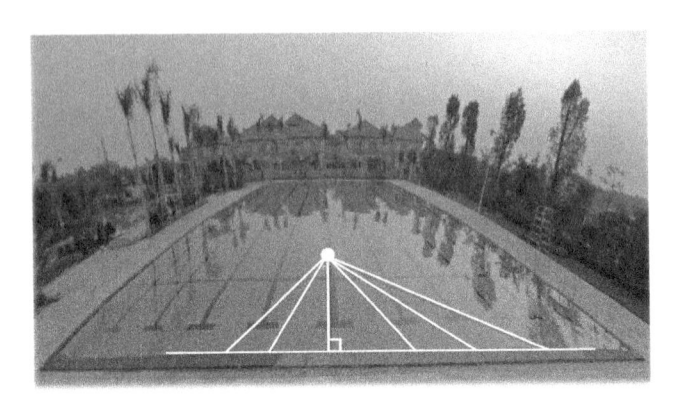

从直线外一点到这条直线所画的垂直线段的长度，叫作这点到直线的距离。

2. 请看"练一练"第2题，自己在书本上完成。
一起来校对。说说你是怎么找的？

三、分层练习，内化提升

1. 学到现在，我们一起来玩个挑战性游戏。

2. 接下来，利用今天所学的知识来解决一个我们体育课中的问题。（及时上网查找资料）

四、课堂总结与作业

1. 学生自主设计板书。
2. 课堂延伸。
3. 完成《补充习题》第74页。

（2020年"领航杯"海门区信息化教学能手比赛一等奖教案）

"平行四边形的面积"课时教学计划

教学内容：苏教版小学数学五年级上册第7~8页例1、例2、例3，"试一试"、"练一练"，练习二第1~5题。

教学目标：

1. 使学生通过实际操作和讨论分析，探索并掌握平行四边形的面积公式，能应用公式正确计算平行四边形的面积，解决一些简单的实际问题。正确率达到80%。

2. 使学生经历观察、操作、测量、填表、讨论、分析、归纳等数学活动，初步体会图形转化的意义和价值，培养空间观念，发展初步的逻辑思维。

3. 使学生在探索平行四边形面积公式的活动中，进一步增强与同伴合作交流的意识，初步感受"变"和"不变"的辩证思想。

教学重点： 理解并掌握平行四边形的面积公式。

教学难点： 理解平行四边形面积公式的推导过程。

教学资源：

学情分析： 让学生回顾一下长方形的面积计算，以及上一课所涉及的转化策略，这两个知识点掌握得好，学生学习起来就比较顺利。

教材分析： 本教学内容分三个层次：一是通过割补、平移等方法将复杂图形转化为简单的图形；二是把平行四边形转化为长方形；三是由长方形的面积公式推出平行四边形的面积公式。

教学过程：

一、复习铺垫，导入新课（预设6分钟）

1. 说说这两个图形的面积是多少平方厘米。（1小格是1平方厘米）

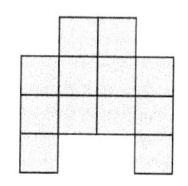

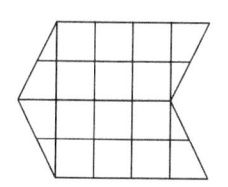

（1）独立思考。
（2）同桌交流，说说你是怎么知道这两个图形的面积的。
（3）全班交流：说说是怎么知道的，重点交流转化的方法。
追问：转化成长方形或正方形后怎么计算？
板书：长方形面积＝长×宽
　　　正方形面积＝边长×边长
2. 观察老师出示的平行四边形（见右图），说说怎样就能很快知道它的面积。

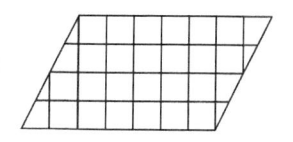

预设: 通过剪、移、拼,把平行四边形转化成长方形。

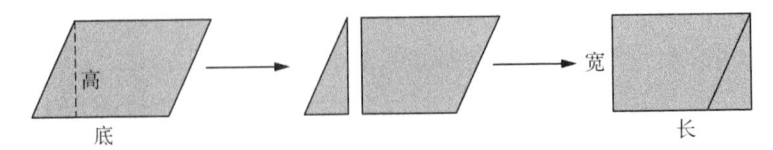

设计意图: 平行四边形面积的计算公式是由长方形面积计算公式推导出来的。平行四边形如何转化成长方形?此时教师采用口头表述的方式,只会给儿童的学习增加困扰。为此,采用直观形象的"图式表达"呈现平行四边形转化成长方形的过程,为儿童找到原平行四边形与转化后的长方形之间的联系打下基础,同时为后面推导出平行四边形面积计算公式做铺垫。

3. 小结:由此可见,我们可以把不规则的图形,通过剪移拼转化成规则图形。

二、自学例3(预设16分钟)

1. 导学单(时间:5分钟)

(1) 拿出预先准备好的平行四边形。量出或数出它的底、高分别是多少,填在表格中。

(2) 把刚才三个平行四边形转化成长方形后填写下表。

转化成的长方形		
长/厘米	宽/厘米	面积/平方厘米

平行四边形		
底/厘米	高/厘米	面积/平方厘米

(3) 小组交流:组长负责校对结果,并订正。

2. 观察两张表格,完成下面填空。

转化成的长方形面积和原来平行四边形的面积(　　),长方形的长就是平行四边形的(　　),长方形的宽就是平行四边形的(　　)。根据长方形的面积计算公式得出,平行四边形的面积计算公式是(　　)。

3. 同桌间相互说说平行四边形的面积推导过程。

自学公式的字母表示方式。

平行四边形的面积=底×高
↓　　　　↓　↓
长方形的面积=长×宽
板书字母公式：$S=ah$

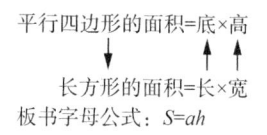

设计意图：平行四边形面积的计算公式是由长方形面积计算公式推导出来的。平行四边形转化成长方形之后，儿童根据"图式表达"可以清晰地找到原平行四边形与转化后的长方形之间的联系，接下来的推导过程还需依赖"图式表达"。因此，教师再次呈现"图式表达"，让儿童直观形象地感知平行四边形面积公式与长方形面积公式之间的转化，从而理解平行四边形面积的计算法则。两次"图式表达"的呈现化解了口头语言描述的烦琐，为儿童学习平行四边形面积计算的公式增添了助力。

4. 完成"试一试"。

独立完成，板演。

集体交流。

三、练习（预设 10 分钟）

1. 第 8 页"练一练"。

说说怎么想的。

2. 练习二第 1~5 题。

(1) 独立完成；(2) 集体交流。

第 1 题：抓住等底等高来画。

第 5 题：周长没有变，面积变小了。因为高变短了。

四、课作（预设 8 分钟）

1. 完成《补充习题》第 4 页。

2. 提高题：你有几种方法求下面图形的面积？

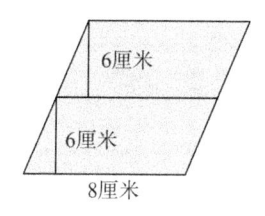

6厘米

6厘米

8厘米

五、家作

完成《课课练》第9页。

附：文字表述与图式表达。

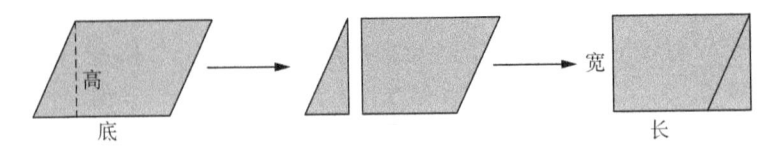

平行四边形面积计算公式的推导过程：
把平行四边形沿高剪开，拼成一个长方形，拼成长方形的长等于原平行四边形的底，拼成长方形的宽等于原平行四边形的高。因为长方形的面积=长×宽，所以平行四边形的面积=底×高　公式$S=ah$。

（南通市海门区正余小学课题研究推进会公开课教案）

"三角形面积计算"课时教学计划

教学内容：苏教版小学数学五年级上册第9～10页，第12页"练习二"第7～9题。

教学目标：

1. 使学生经历操作、观察、填表、讨论、归纳等数学活动，探索并掌握三角形的面积公式，能正确地计算三角形的面积，并应用公式解决简单的实际问题，正确率达到80％以上。

2. 使学生进一步体会转化方法的价值，培养学生应用已有知识解决新问题的能力，发展学生的空间观念和初步的推理能力。

教学重点：理解并掌握三角形的面积公式。

教学难点：理解三角形面积公式的推导过程。

教学资源：

学情分析：计算三角形面积也要运用转化的策略，把未知转化成已知。但是，平行四边形运用的是剪、平移，而三角形运用的是两个完全一样的三角形旋转、平移。相比之下，稍有难度。

教材分析：本教学内容分两个层次：一是通过数格子等方法求出三角形的面积，二是由平行四边形的面积公式推出三角形的面积公式。

教学过程:

一、复习引新,导入新课(预设 5 分钟)

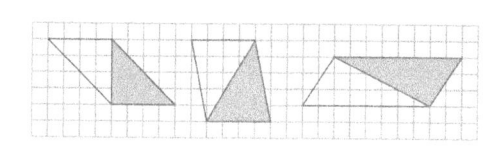

1. 阅读、观察例 4,明确要求。

(1) 一虚一实的两个三角形一样吗?底是多少?高是多少?

(2) 涂色三角形的面积是多少?说说自己的想法,说说怎么列式的。

小结:两个完全一样的三角形可以拼成一个平行四边形,三角形的面积是平行四边形面积的一半。

追问:为什么可以用"平行四边形的面积÷2"求三角形的面积呢?

2. 明确课题,认定目标。

二、自学例 5(预设 15 分钟)

1. 明确例 5 中的数学信息及所需要解决的问题。

2. 导学单:(时间:6 分钟)

(1) 拿出预先准备好的三角形。根据图中所标注的底和高,填在表格中。

三角形	
底/厘米	高/厘米

(2) 把准备好的两个完全一样的三角形,拼成一个平行四边形后,填写下表。

拼成的平行四边形		
长/厘米	宽/厘米	面积/平方厘米

因"图式表达"而美丽

（3）小组校对填写答案。

3. 观察两张表格，完成下面填空。

把两个（ ）的三角形拼成一个平行四边形，平行四边形的底就是三角形的（ ），平行四边形的高就是三角形的（ ）。三角形的面积是拼成平行四边形面积的（ ），根据平行四边形的面积计算公式得出，三角形的面积计算公式是（ ）。

集体交流。

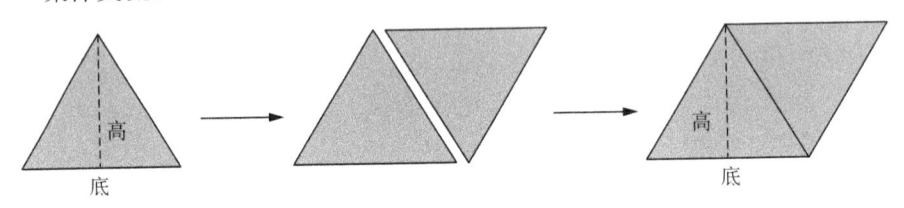

设计意图：三角形的面积计算公式是由平行四边形的面积计算公式推导出来的。儿童在汇报交流时，口头表述三角形面积计算方法的时候，大部分儿童不能真正理解三角形面积方法，头脑中也不能建立三角形面积计算的模型。此时，呈现直观的"图式表达"，让儿童直观形象地理解"拼成的平行四边形的底就是三角形的底，平行四边形的高就是三角形的高"，厘清拼成的平行四边形与三角形之间的关系，为后面三角形面积计算的得出做铺垫。

4. 根据平行四边形的面积公式，怎样求三角形的面积？为什么要除以2？

追问：三角形面积计算公式最要注意什么？

5. 自学公式的字母表示方式。

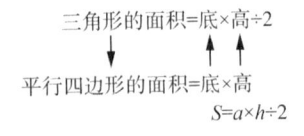

$$三角形的面积 = 底 \times 高 \div 2$$
$$平行四边形的面积 = 底 \times 高$$
$$S = a \times h \div 2$$

设计意图：在儿童厘清拼成的平行四边形与原三角形之间的关系后，教师再次呈现"图式表达"，让儿童更加直观地理解根据平行四边形的面积公式得出三角形面积计算的公式。但是为什么要除以2呢？这是儿童学习三角形面积计算的难点，也是在计算或解决实际问题时经常会错的地方。此时教师口头描述的除以2的理由会显得苍白无力，儿童也不能完全理解体会，然而"图式表达"的呈现会加深儿童的理解。为此，让儿童结合第一次呈现的"图式表达"去理解除以2的理由会达到事半功倍的效果。

6. 完成试一试。

独立完成,板演。

集体交流。

三、练习(预设 10 分钟)

【适应练习】第 10 页"练一练"。

1. 独立练习。

2. 集体交流:分别找到三角形的底和高,不要忘记除以 2。

【巩固练习】完成"练习二"第 7~9 题。

1. 独立完成。

2. 集体交流:

第 7 题:平行四边形的面积是 4×3,所以面积是"3×4÷2"的三角形,其面积是平行四边形的一半。

【拓展阅读】

1. 自主阅读"你知道吗?"

2. 组织学生交流对"半广以乘正从"的理解。

四、课作(预设 10 分钟)

1. 完成《补充习题》第 5 页。提示:注意第 4 题的单位不一样。

2. 提高题:求右图中阴影部分的面积。

五、家作

完成《课课练》第 10 页。

附:文字表述与图式表达

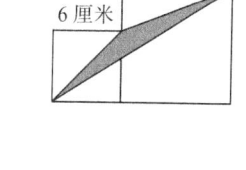

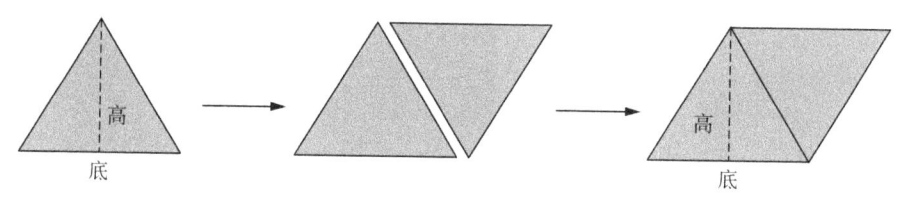

两个完全一样的三角形能拼成一个平行四边形,三角形的面积是拼成平行四边形面积的一半,原三角形的底和高与拼成平行四边形的底和高相同,所以三角形的面积=底×高÷2   公式 $S=a×h÷2$

(南通市海门区正余小学课题研究推进会公开课教案)

"圆的认识"课时教学计划

教学内容：苏教版小学数学五年级下册第85～86页例1、例2，第87页"练一练"，练习十三第1、2、3题。

教学目标：

1. 使学生认识圆，知道圆的各部分名称，知道同一个圆里半径的特征和直径的特征，初步学会用圆规画圆。

2. 使学生掌握圆的特征，理解在同一个圆里直径和半径的关系，能根据这种关系求圆的直径或半径。

3. 培养学生的观察、分析、抽象、概括等思维能力和初步的空间观念，使学生初步学会用数学知识解释、解决生活中的实际问题。

教学重点：掌握圆的特征。

教学难点：解决生活中有关圆的实际问题。

教学资源：通过五年的学习，学生已经初步掌握了长方形、正方形、平行四边形、三角形和梯形的基本特征，也积累了一些学习平面图形特征的方法。在日常生活中，学生也经常会接触到圆，对圆有了直观的认识。

教学过程：

一、导入新课（预设 5 分钟）

1. 同学们，我们在一年级的时候就对平面图形有了初步的认识，三年级的时候重点认识了长方形、正方形，四年级的时候又重点认识了三角形、平行四边形、梯形，今天这节课，我们来重点认识圆。（根据描述逐步出示教材图，最后出示课题：圆）

2. （从教材图中抽象出长方形、正方形、三角形、平行四边形、梯形、圆），观察一下，圆和我们以前认识的平面图形有什么不同？

预设：长方形、正方形、三角形、平行四边形、梯形都是由线段围成的，而圆是由曲线围成的。

3. 归纳得真好。意大利诗人但丁曾感叹道：圆是美的图形。古希腊著名数学家毕达哥拉斯称一切平面图形中最美的是圆形。让我们通过一段视频，来了解圆的前世今身。（播放视频）

二、自主学习（预设 15 分钟）

（一）认识圆心、半径、直径

1. 圆真的是无处不在，接下去我们静下心来阅读一段材料，看看通过阅读，你对圆又有哪些深入的了解。

材料:如图,圆中心的一点叫作圆心,圆心用字母 O 表示。连接圆心和圆上任意一点的线段叫作半径,一般用字母 r 表示。通过圆心并且两端都在圆上的线段叫作直径,一般用字母 d 表示。

2. 读完了吗?小组中说说,通过阅读,你知道了什么?(巡视,了解学情)

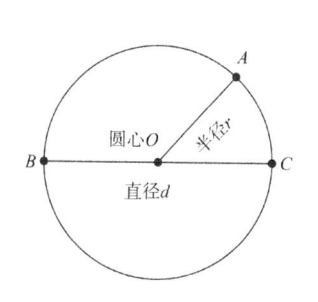

圆中心的一点叫圆心。圆心用字母 O 表示。

连接圆心和圆上任意一点的线段叫作半径(如OA)。半径用字母r表示。

通过圆心并且两端都在圆上的线段叫作直径(如BC)。直径用字母d表示。

设计意图:用语言文字描述的数学概念比较抽象,不利于五年级儿童理解,可以借助"图式表达"帮助儿童理解掌握数学概念。本课中的数学概念并不是单独存在的个体,它们之间相互依存。为了儿童能真正理解掌握这些数学概念,教师可以把这些数学概念通过"图式表达"呈现在儿童眼前。儿童通过"图式表达"不仅可以掌握数学概念,还能厘清概念与概念之间的关系。

3. 通过学习交流,你们能完成下面这题吗?

出示练习题:(1)下图中,表示半径的线段有哪些?表示直径的线段有哪些?(2)半径的一端在( ),另一端在( );直径的两端都在( ),且通过( )。适时追问,为什么这些不是?

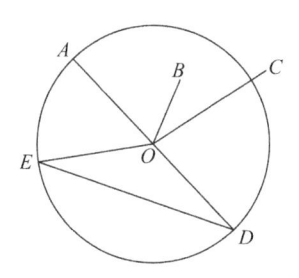

(1) 上图中,表示半径的线段有哪些?表示直径的线段有哪些?

(2) 半径的一端在( ),另一端在( )。直径的两端都在( ),且通过( )。

设计意图:对于比较抽象的数学概念与数学概念群,我们可以设计一些检测题,帮助儿童理解这些数学概念,做到使其真正掌握这些概念。因此,这一环节设计利用不同的"图式表达"呈现数学概念,让儿童从中区分数学概念,这样儿童就能真正掌握这些数学概念。利用"图式表达"让数学概念快速融入儿童的认知结构中,这也不失为一种好方法。

(二) 画圆

1. 尝试画圆:如果我们要画出一个圆,你有哪些办法?谁来说说?

预设:现成的圆描一圈,用专门的画圆工具圆规。

这么多办法中你们最喜欢哪种画法?为什么?(通过交流,让孩子明白用现成的圆描一个圆有局限性)

2. 接下去,就请同学们用圆规画一个圆。(手机拍摄一段学生画圆的视频)

3. 画完的同学,在小组中说一说你是怎么画圆的。

4. 刚才老师拍了一段(　　)同学画圆时的视频,我们一起来看一下。谁来说说,我们画圆要分几步?(根据学生回答板书)

预设:两脚叉开定半径,固定针尖定圆心,旋转一周画成圆。

5. 掌握方法了吗?我们就利用圆规每人再画两个圆,要求如下:(1)一个半径4厘米;(2)另一个直径4厘米;(3)在每个圆里标上圆心,画上半径和直径,并用字母表示。(学生操作,展示学生作业)

6. 在画这两个圆的时候要注意什么?圆规两脚叉开的距离不同,就画出了大小不同的圆,以此,我们就可以得出结论,圆的大小是由什么决定的?

7. 你能不移动圆心,而在不同位置画出几个圆吗?由此我们发现,圆的位置是由谁来决定的?

(三) 探索圆的基本特征

1. 通过刚才的学习交流,我们学会了画圆,知道了圆心、半径、直径的概念,下面请同学们来猜测一下:在同一个圆里,有(　　)条半径,有(　　)条直径,直径和半径有怎样的关系?

根据学生的回答板书。

2. 你们有办法来验证说明吗?独立思考后,在小组中交流一下。(巡视指导)

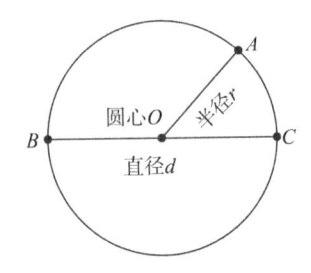

猜测:

在同一个圆里,半径和直径有哪些特征,半径和直径又有怎样的关系?

3. 组织全班交流。谁来分享一下自己的方法。

4. 同学们思路真清晰,说得有理有据的。请看,(出示练习十三第1题)。(口答)

设计意图:教师利用"图式表达"帮助儿童研究半径与直径的特征以及半径与直径两概念之间的关系,有利于儿童真正掌握数学概念。

三、内化提升(预设10分钟)

1. 生活中充满了圆形的物体,比如圆形的车轮、圆形的窨井盖等,你们能用今天所学的知识来解释一下,它们为什么是圆形,而不是其他平面图形?(出示车轮、窨井盖图片)独立思考后,在小组中说一说。

2. 说得真好,我们来看一段视频就更清楚了。

3. 圆心到圆上的距离处处相等,正如古代学者墨子所说:"圆,一中同长也。"(出示)现在你理解这句话吗?

4. 不知大家有没有注意过,国际上很多重要会议都被称为圆桌会议,(出示图片)你知道为什么吗?的确,在我们中国,圆还有更多美好的寓意呢!请看。(打开网页,浏览圆的文化)

四、课堂总结

学到这儿,你有什么收获?

五、课堂作业(预设10分钟)

1.《补充习题》第64页中相关的习题。

2. 课后作业:想办法在操场上画一个直径10米的圆,每个小组形成一份实践报告,下一课分享交流。

(南通市海门区小学数学"六学课堂"专题研修活动公开课教案)

"圆的面积"课时教学计划

教学内容:苏教版小学数学五年级下册第96~98页圆的面积(一)。

教学目标:

1. 使学生经历操作、观察、填表、验证、讨论和归纳等数学活动,探索并掌握圆的面积公式,能正确计算圆的面积,并能应用公式解决相关的简单实际问题。

2. 使学生进一步体会"转化"方法的价值,培养运用已有知识解决新问题的能力,发展空间观念和初步的推理能力。

教学重点:探索并掌握圆的面积公式,能正确计算圆的面积。

教学难点:探索并掌握圆的面积公式。

教学资源:圆的面积计算是小学阶段学的最后一种平面图形的面积计算,在此之前,学生们已经学过长方形、正方形、平行四边形、三角形、梯形的面积计算公式的推导方法,知道在推导公式时所运用的策略——转化。今天这节课,还是运用转化的策略,先把圆分割成若干份,拼成近似长方形,再推导出其计算公式。

教学过程:

一、揭示课题,认定目标

1. 同学们,前几节课,我们一起认识了圆,学习了圆的周长,根据以往学习经验,你认为今天我们将学习什么内容?(逐一出示学习内容)

请你说,(停顿1秒)不错,今天我们一起学习圆的面积。(板书课题)

2. (点课件出示圆)瞧,这是一个圆,一起来指一指,圆的周长在哪里?哦,真好!

3. 那圆的面积又是指什么?一起来看(课件演示),这片黄色的区域就是圆所占面的大小,也就是圆的面积。

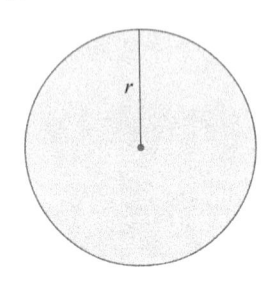

设计意图:周长与面积这两个数学概念是容易混淆的,有一部分儿童一直被它们困扰着。在研究圆面积计算之前首先就是要区分这两个数学概念。因此,课堂上直观呈现"图式表达",用红色的线表示圆的周长,用黄色的区域表示圆的面积。在同一"图式表达"中,让儿童清晰地辨别周长与面积这两个不同的数学概念。

二、互动交流,学习新知

1. 如果要知道这个圆的面积,你认为可以用什么办法?谁来说说看?

嗯,说得真好!我们可以像求其他平面图形的面积一样,用公式来计算;也可以用数方格的方法计算这个圆的面积。(板书:数方格、计算公式。)

2. 在我们不知道圆的面积计算公式之前,不妨试一试用数方格的方法来计算圆的面积。

(1) 请看,(课件演示)谁能用一句话把刚才这个过程说一下?

你说。(稍作停顿)真棒! 观察真仔细,表达真完整! 的确,刚才老师是以这个正方形的边长为半径,画了一个圆。猜测一下,圆的面积大概是这个正方形面积的几倍? 哦,答案不一,但是我们有一点可以确定,圆的面积比正方形面积的4倍少。

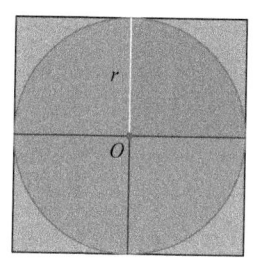

圆的面积大约是正方形面积的几倍?

设计意图:为探寻圆的面积的计算方法,儿童首先要知道圆的面积与边长等于它半径的正方形面积的关系。因此,直接呈现"图式表达",儿童就能清晰地发现圆的面积比正方形面积的4倍少。

(2) 接下来的学习我们自己完成,请看导学单。(出示导学单)

导学单:(时间:3分钟)

(1) 认真阅读例7要求,并把表格填写完整。提示:在数的时候,不满一格算半格,涂色部分非常接近1格就算作1格。

(2) 观察表格所填数据,重点思考:圆的面积与它的半径有什么关系?

以正方形的边长为半径画一个圆,用数方格的方法计算出圆的面积,并填空。
(每小格1平方厘米)

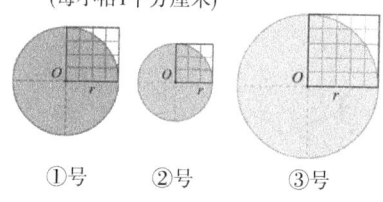

①号　②号　③号

正方形的面积/ 平方厘米	圆的半径/ 厘米	圆的面积/ 平方厘米	圆的面积大约是正方形面积的 几倍(精确到十分位)

(3) 学习开始,如果需要老师帮助的可以举手示意一下,我来和你一起学习。

(4) 完成的同学请坐端正。接下来,我们在小组中分享一下自己的学习成果,重点交流第二个问题:圆的面积与半径有什么关系?

(5)(鼓掌两下)坐正了,为你们刚才在小组中的学习状态点赞。(竖起大拇指)我们一起来校对一下表格中所填数据。(课件出示)对的举手,真好!(手指)这两栏的填写没有问题,圆的面积你是怎么数的?要注意些什么?

思路真清晰!通过科学地数方格,我们得出了圆面积的近似值。从最后一栏中我们可以发现,圆的面积是正方形面积的 3 倍多一点,(手指最后一栏)这个数可能是——圆周率。观察第二栏、第三栏,圆的面积与圆的半径有什么关系?谁来发表一下自己的看法。

说得真好!圆的面积是它半径平方的 3 倍多一点,圆的面积大约等于半径×半径×3。(板书在数格子的后面)

设计意图:这一环节主要探寻圆的面积与它的半径存在什么样的关系。为方便儿童研究,课上直观呈现"图式表达",让儿童通过数格子的方法得出圆的面积,最后发现圆的面积是正方形面积的 3 倍多一些,也就是圆的面积是它半径平方的 3 倍多一些。

3. 通过刚才的学习,我们知道了圆的面积是半径平方的 3 倍多一点,要精确计算出圆的面积,必须要知道计算公式。

(1) 根据以往学习经验,我们可以怎么推导出圆面积的计算公式呢?谁能联系前面刘徽的"割圆术",化曲为直呢?真好!一点就通,我们闭上眼睛想象一下,我们沿着圆的半径,把圆切分成若干个相等的扇形,然后把这些扇形上下交错,就拼成了近似长方形的图形,而且分的份数越多,所拼成的图形越接近长方形。

(2) 想象出来了吗?想不出来没关系,我们一起看课件。(课件演示)如果平均分的份数无限多,最终得到的就是——长方形。

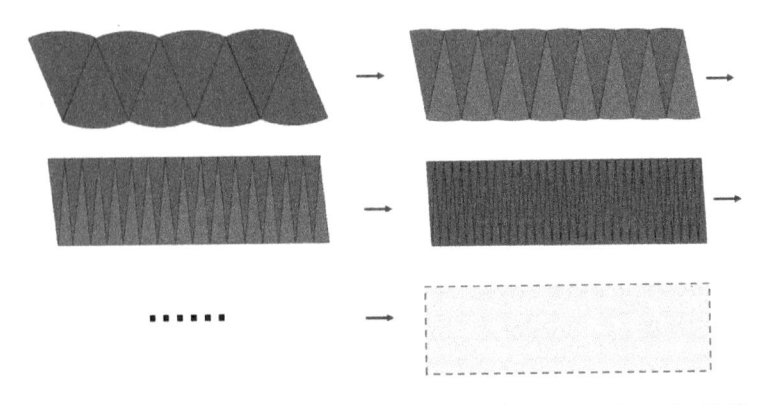

设计意图:为了探究圆面积的计算公式,首先要让儿童理解刘徽的"割圆

术"。课上,教师直观呈现"图式表达",通过"图式表达"让儿童直观形象地理解:沿着圆的半径,把圆切分成若干个相等的扇形,然后把这些扇形上下交错,就拼成了近似长方形的图形,而且分的份数越多,所拼成的图形越接近长方形。

(3)我们能不能根据原来的圆和所拼成长方形的关系,推导出圆的面积计算公式呢?请观察,完成下面填空。(课件出示填空题:长方形的长是圆的( ),宽是圆的( ),圆的面积可以( )计算。)

谁来填空?大家同意吗?好的,看来大家想一块儿去了。(边演示,边强调)

确实是这样,长方形的长是圆周长的一半,也就是 πr,长方形的宽是圆的半径,也就是 r,长方形的面积等于长×宽,圆的面积就等于 $\pi r \times r$,最终化简成 $s=\pi r^2$。

(4)自己把推导过程多说几遍。

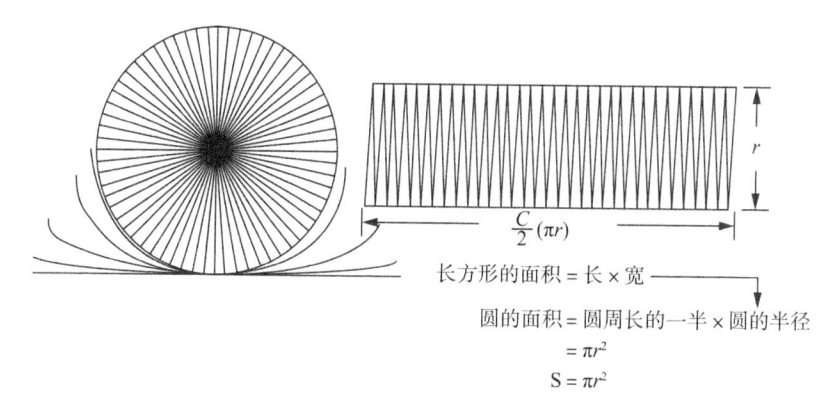

长方形的面积 = 长×宽

圆的面积 = 圆周长的一半×圆的半径
         $= \pi r^2$
         $S = \pi r^2$

设计意图:推导圆面积计算公式的关键在于找到圆与拼成的长方形之间的关系。因此,教师在课上通过直观呈现"图式表达",让儿童清晰地发现:圆周长的一半就是拼成的长方形的长,圆的半径就是拼成的长方形的宽。圆的面积与拼成的长方形面积是相等的,然而儿童不能直接推导出圆面积的计算公式。因此,教师再次利用"图式表达"呈现推导出圆面积计算公式的过程,让儿童经历这一推导的过程,从而真正掌握圆面积的计算公式。两次利用"图式表达"让儿童理清了圆面积的推导过程,还培养了儿童的思维能力。

4. 现在我们来看这道题,一定难不倒大家了。(出示学习例9)

(1)独立完成,比一比谁最先完成。

(2)你们的解题速度真快,谁来说一说,你是怎么做的,他这样说可以吗?(出示答案)我们在计算时要先算哪一步?哦,要先算 5^2。

(3)其实,我们还可以这样做。(出示)看懂了吗?嗯,我们不但要看懂,更要记住这样做的格式和注意点。

三、课堂小结

今天这节课,我们有哪些收获?归纳得真好!

四、巩固练习,内化提升

1. 最后我们来做一组练习题。

请看要求:(1)独立完成练习;(2)做完后,小组长负责校对、讲评,收集错例。

2. 我发现我们的小组长真是不错,小组交流组织得井井有条。你们收集到哪些错例,我们一起来看一下。

好,交流到现在,应该没有问题了吧?

五、拓展延伸

刚刚我们推导圆的面积计算公式时,是把圆转化成了长方形,那除了这种推导方式外,还有没有其他的转化方法,也能推导出圆的面积计算公式?下课后去想办法研究一下,有了新的发现我们下节课交流。

(南通市海门区正余小学课题研究推进会公开课教案)

"长方体和正方体的认识"课时教学计划

教学内容:苏教版小学数学六年级上册第1~2页的例1、例2,"练一练",练习一的第1~4题。

教学目标:

1. 使学生通过观察、操作等活动理解长方体和正方体的面、棱、顶点以及长、宽、高(或棱长)的含义,掌握长方体和正方体的基本特征并认识它们之间的关系。

2. 培养学生动手操作、观察、抽象概括的能力和初步的空间观念。

3. 渗透事物是相互联系、发展变化的辩证唯物主义观点。

教学重点:掌握长方体和正方体的基本特征及长方体与正方体之间的关系。

教学难点:立体图形的识图。

教学资源:

在一年级的时候,学生对于长方体和正方体有了一个初步的认识,积累了一定的直观经验。三年级的时候,学生们又认识长方形和正方形的特征。

自主学习导学单：
一、阅读书本第 1、2 页，把你认为重要的内容划下来，读一读。
二、拿出自己准备的长方体，仔细观察，完成下面练习：
1. 摸一摸、数一数，长方体有几个面？每个面是什么形状？
2. 说一说、指一指，什么是棱？长方体有多少条棱？
3. 说说什么是顶点，长方体有多少个顶点？

教学过程：

一、揭示课题，认定目标（预设 1 分钟）

1. 明确课题。
2. 认定目标。

二、任务驱动，自主学习（预设 7 分钟）

1. 根据学习要求自主学习。
2. 学习检测：

把学习成果填在下表中。

	概念	数目
面		
棱		
顶点		

3. 认识长方体的抽象图。
(1) 思考：一个长方体，无论你从哪个角度看，最多能看到几个面？（三个）
(2) 观察老师抽象出的长方体。指一指、说一说，抽象出的长方体中的面、棱、顶点。

说明：实线是我们看到的棱，虚线是看不到的棱。

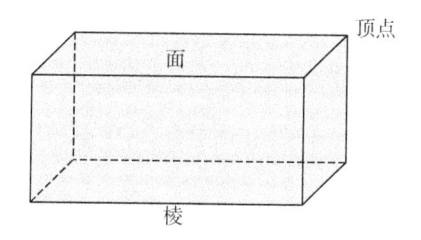

设计意图：语言表述的面、顶点、棱的概念比较抽象，为了直观地让儿童理解

这三个数学概念,教师在课堂上直观呈现长方体中三个数学概念的"图式表达",让儿童直观形象地认识、掌握三个数学概念。为后面探索长方体的特征打下基础。

三、互动交流,建构模型(预设12分钟)

1. 探索长方体面、棱的特征。

要求:利用自己所带的长方体,可以看一看,量一量,比一比,探索一下面、棱的特征。

把自己的发现,在小组中交流。

2. 全班交流:

(1) 面的特征:通过自己探索,发现了哪些关于面的特征。

预设:六个面都是长方形,分成三组:上下、左右、前后。相对的面完全相同。

(2) 棱的特征:通过自己探索,发现了哪些关于棱的特征。

预设:12条棱分成三组,每组四条长度相等。相交于一个顶点的三条棱分别是长方体的长、宽、高。

3. 观察老师抽象出的正方体。

猜想:正方体会有哪些特征?

预设:六个面全是正方形,而且都完全相同。12条棱全都相等。

验证猜想。

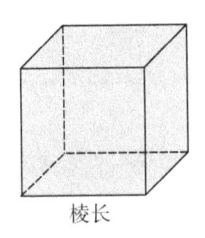

棱长

4. 思考:长方体和正方体有哪些相同点,有哪些不同点?

(1) 独立思考。

(2) 集体交流。

预设:相同点:都有6个面,12条棱,8个顶点。

不同点:长方体的6个面都是长方形,相对的面完全相同,正方体的6个面都是一样的正方形;长方形的12条棱分成三组,每组4条相等,正方体的12条棱都相等。

	长方体	正方体
面	6个面都是长方形,相对的面形状相同,面积相等	6个面都是正方形,6个面的面积相等
棱	12条棱,相对的棱长度相等	12条棱的长度相等
顶点	8个	8个

设计意图:长方体、正方体的认识中数学概念比较多,两者的特征也比较容易混淆,为了帮助儿童快速掌握长方体、正方体中的相关概念,理清两种图形的特征,教师在课上利用"图式表达"帮助儿童建立起两种图形中相关数学概念的体系,让儿童真正掌握这些数学概念,从而真正认识这两种图形。

总结:正方体是特殊的长方体。

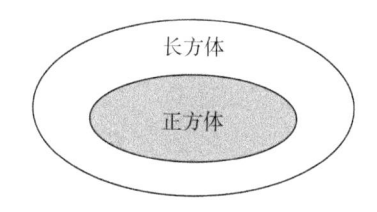

设计意图:长方体与正方体两者之间的关系,用语言表述在理解上存在一定的困难,用"图式表达"就能让儿童一眼看出两者之间的关系,从而真正认识这两种图形。

四、巩固练习,内化提升(预设10分钟)

1. 完成"练习一"第1、2、3、4题。
（1）独立完成。
（2）集体交流。
第1题:口答后,把第三个长方体竖起来,说说长、宽、高分别是多少?
明确:水平方向为长和宽,竖直方向为高。
第5题:适当拓展,如:上面的面积是多少？怎么知道的？……

五、课堂小结

学生自主回顾总结。

六、课堂作业:(预设10分钟)

必做:《课课练》第1页中的习题。
选做:《课课练》第1页中的拓展应用。

七、家庭作业

《补充习题》第 1 页中相关的习题。

(南通市海门区正余小学课题研究推进会公开课教案)

"长方体和正方体的表面积"课时教学计划

教学内容: 苏教版小学数学六年级上册第 6 页的例 4,"试一试"和"练一练",练习二的第 1~5 题。

教学目标:

1. 使学生在具体的情境中,经历操作、讨论、交流、归纳的过程,理解长方体、正方体表面积的含义,探索并掌握长方体和正方体表面积的计算方法,能解决一些与表面积计算有关的简单实际问题。

2. 使学生在活动中进一步积累空间与图形的学习经验,初步体会长方体和正方体表面积计算在日常生活中的广泛应用,感受表面积计算方法的实际价值,增强空间观念,发展思维能力。

3. 使学生在探索和发现长方体和正方体表面积计算方法的过程中,培养对数学学习的兴趣,树立学好数学的信心。

教学重点: 长方体和正方体表面积的计算公式。

教学难点: 长方体和正方体表面积的意义。

教学资源:

面积的概念学生在三年级时已经获得了,加上近一周的新知学习,学生已经会计算长方体和正方体每个面的面积,又掌握了长方体和正方体的展开图,具有一定的空间观念,这些都为长方体和正方体的表面积的学习打下基础。

自主学习导学单:

一、回忆长方体和正方体面的特征。

二、观察长方体,填空。

1. 这个长方体的前面的长是(　　)厘米,宽是(　　)厘米,面积是(　　)平方厘米。

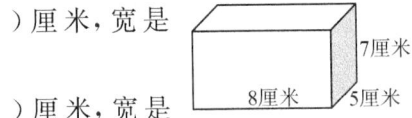

2. 这个长方体的右面的长是(　　)厘米,宽是(　　)厘米,面积是(　　)平方厘米。

3. 这个长方体的上面的长是(　　)厘米,宽是(　　)厘米,面积是(　　)平方厘米。

教学过程：

一、揭示课题，认定目标（预设 1 分钟）

1. 明确课题。
2. 认定目标。

二、任务驱动，自主学习（预设 5 分钟）

1. 独立完成自主学习导学单。

思考：我们求出了前面的面积，也就知道了哪个面的面积？知道了右面呢？知道了上面呢？

2. 交流并思考：请你归纳一下，上面或者下面的面积怎么计算？前面或者后面的面积怎么计算？左面或者右面的面积怎么计算？

预设：上面或者下面的面积＝长×宽

前面或者后面的面积＝长×高

左面或者右面的面积＝宽×高

上、下面的面积＝长×宽
左、右面的面积＝宽×高
前、后面的面积＝长×高

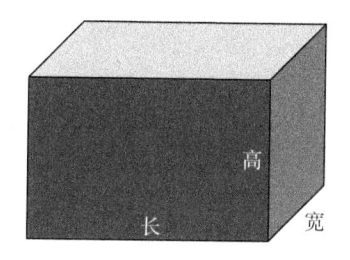

设计意图： 长方体和正方体表面积的计算对儿童而言是存在一定困难的。首先，儿童要理解表面积这一数学概念。语言表述的表面积比较抽象，儿童在理解时存在一定难度，而"图式表达"的表面积是直观形象的，儿童很快就能掌握这一数学概念。儿童从"图式表达"中能找出三组不同的面，了解它们面积的计算公式，这为后面的学习打下基础。

三、互动交流，建构模型（预设 14 分钟）

1. 阅读例 4，说说要求至少需要多少平方厘米的硬纸板，实际是求什么？

预设：6 个面的面积和。

（1）独立尝试计算。

(2) 小组交流各自的做法。

利用大屏幕进行全班交流展示。

预设:6×4×2+5×4×2+6×5×2

(6×4+5×4+6×5)×2

6×4+5×4+6×5+6×4+5×4+6×5

2. 算法比较:这些做法都反映了长方体的什么特征?

预设:长方体有6个面,一般都是长方形,前后、上下、左右三组面面积相等。

计算长方体6个面的面积和时,要注意些什么?

预设:找准每个面的长和宽。

长方体表面积:

长×宽×2+长×高×2+宽×高×2

(长×宽+长×高+宽×高)×2

正方体的表面积=棱长×棱长×6

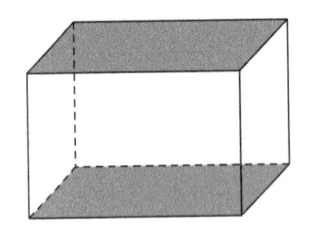

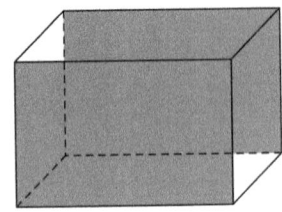

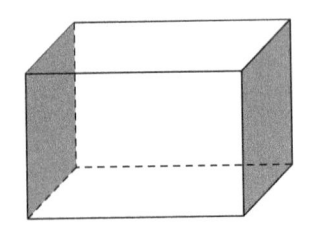

设计意图:儿童从"图式表达"中找到三组不同的面,分别列出计算公式,再利用"图式表达"概括出长方体与正方体表面积的计算公式,从而让儿童计算得又对又快。"图式表达"帮助儿童清晰理解掌握相关数学概念,同时帮助儿童推导出表面积的计算公式,又便于儿童记忆与运用表面积的计算公式。

3. 完成"试一试":

(1) 读题,审题,独立尝试解决。

(2) 集体交流。

说说是怎么想的,为什么只要求出一个面的面积就可以了?

4. 学习表面积的含义。长方体和正方体6个面的总面积,叫作它的表面积。

四、巩固练习,内化提升(预设10分钟)

1. 完成"练一练"。

(1) 学生独立完成在书本上。

(2)集体交流。

2.完成"练习二"第1、2、3、4、5题。

(1)独立完成。

(2)集体交流。

说说在计算长方体和正方体的表面积时,要注意些什么?怎样算比较简便?

五、课堂小结

学生自主回顾总结。

六、课堂作业(预设10分钟)

必做:《课课练》第3、4页中的习题。
选做:《课课练》第4页中的智力冲浪。

七、家庭作业

《补充习题》第4、5页中相关的习题。

(南通市海门区正余小学课题研究推进会公开课教案)

"圆柱和圆锥的认识"课时教学计划

教学内容:苏教版小学数学六年级下册第9～10页例1和"练一练"、练习二第1～3题。

教学目标:

1. 让学生在观察、操作、交流等活动中知道圆柱和圆锥的底面、侧面、高,感知并认识圆柱和圆锥的特征。
2. 让学生在活动中进一步积累认识立体图形的学习经验,增强空间观念。
3. 进一步体验立体图形与生活的联系,感受立体图形的学习价值。

教学重点:在充分感知的基础上探索圆柱和圆锥的特征,知道各部分名称。

教学难点:积累认识立体图形的学习经验,增强空间观念。

教学资源:

上学期,大家已经学过了正方体和长方体的特征,在学习过程中已经积累了一定的学习经验,而且,本课要学习的圆柱,学生并不陌生,在一年级的时候已有接触。

自主学习导学单：

导学单一：

(1) 书本第9页记载着有关圆柱的知识，请阅读书本第9页，把你认为重要的内容画下来。

(2) 小组交流：说说通过阅读第9页，你知道了什么。

导学单二：

(1) 书本第10页记载着有关圆锥的知识，请阅读书本第10页，把你认为重要的内容画下来。

(2) 小组交流：说说通过阅读第10页，你知道了什么。

教学过程：

一、揭示课题，认定目标(预设1分钟)

1. 明确课题。
2. 认定目标。

二、任务驱动，自主学习(预设10分钟)

1. 根据导学单一的要求，认真学习。

(1) 学生读书。

(2) 小组交流：重点说说通过读书知道了些什么。

2. 预习检测：

(1) 填空：圆柱上、下两个面叫作圆柱的(　　)，这两个面(　　)。围成圆柱的曲面叫作圆柱的(　　)。圆柱两个底面之间的距离叫作圆柱的(　　)。

(2) 思考：圆柱的底面、侧面、高有什么特点？

预设：底面——两个底面是完全一样的圆形。

侧面——是弯曲的，如果沿着高剪一下，展开后是一个长方形。

高——有无数条。

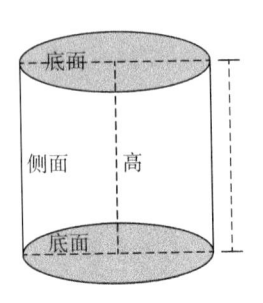

设计意图：儿童在学习圆柱时接触的数学概念比较多，凭借抽象的文字表述，儿童不能真正理解数学概念。于是，教师在课堂中直观呈现"图式表达"，不仅可以在视觉上让儿童认识、理解数学概念，还可以使其在不经意中区分不同的数学概念，从而真正理解掌握数学概念。

3. 根据导学单二的要求，认真学习。

（1）学生读书。

（2）小组交流：重点说说通过读书知道了些什么。

4. 自学检测：

（1）填空：圆锥有一个（   ），圆锥的底面是一个（   ），侧面是一个（   ），从圆锥的（   ）到底面（   ）的距离是圆锥的高。

（2）思考：圆锥的底面有几个？高有几条？

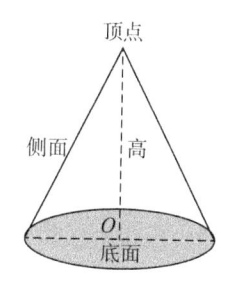

设计意图：儿童在学习圆锥时接触的数学概念也是比较多的，凭借抽象的文字描述，儿童不能真正理解这些数学概念，这些概念与圆柱中的概念又容易混淆，所以要儿童真正掌握这些数学概念，就需要借助"图式表达"。"图式表达"不仅能清晰、直观地呈现这些数学概念，而且可以帮助儿童通过"图式表达"之间的对比，直观形象地区分圆柱、圆锥之间的概念，从而真正理解掌握这些数学概念。

三、全班交流，建构模型（预设9分钟）

1. 观察老师的板书，联系自己所准备的圆柱，熟记圆柱和圆锥的特点，并思考圆柱和圆锥的区别与联系。

预设：相同点：(1)底面都是圆形；(2)侧面都是曲面。

不同点：(1)圆柱有两个底面，圆锥只有一个底面；(2)圆柱的侧面展开图是长方形，圆锥的侧面展开图是扇形；(3)圆柱的高有无数条，圆锥的高只有一条。

名称	圆柱	圆锥
底面	两个完全相同的圆	一个圆形底面

续表

名称	圆柱	圆锥
侧面	一个曲面	一个曲面
高	无数条	只有一条

设计意图：在头脑中构建概念群，完善认知结构，是儿童数学学习的最终目标之一。为了让儿童更清晰地掌握、辨析圆柱、圆锥之间的相关数学概念，教师在课上设计了这一环节。通过"图式表达"的呈现，儿童能掌握圆柱与圆锥之间的区别与联系，同时理解两种立体图形中概念的相同与不同之处，从而真正认识这两种立体图形。

2. 思考：如果我们要制作一个圆柱体，那必须准备几个怎样的图形？
预设：两个圆，一个长方形。
这些图形有什么要求？
预设：两个圆必须一样，圆的周长和长方形的长长度相等。

四、巩固练习，内化提升（预设10分钟）

1. 完成"练一练"。集体交流。
2. 完成"练习二"第2题。
(1) 独立完成。
(2) 集体交流。
思考：为什么从正面和侧面看圆柱一样的？从正面和侧面看圆锥也是一样的？
拓展：长方形沿着长旋转的话，这个圆柱是怎样的一个圆柱？沿着宽旋转呢？
三角形旋转的话，轴不一样，所旋转出的圆锥也不一样。

五、课堂小结

学生自主回顾总结。

六、课堂作业（预设10分钟）

必做：《课课练》第7、8页中的习题。
选做：《课课练》第8页中的拓展应用。

七、家庭作业

《补充习题》第6、7页中相关的习题。书本练习二第3题。

（南通市海门区正余小学课题研究推进会公开课教案）

第五节 "图式表达"促进儿童关系的概念学习的课例

"解决问题的策略——画图(补充)"课时教学计划

教学内容: 苏教版小学数学四年级下册第五单元补充练习。

教学目标:

1. 对本单元内容进行回顾整理,帮助孩子构建常见类型的解题模型。
2. 在解决问题的过程中,让孩子体会到画图策略的优越性。

教学过程:

一、揭示课题

教材第五单元的内容是解决问题的策略,这里所提的是什么策略? 是呀,画图。今天这节课,我们对画图这一策略进行系统练习。

二、题组练习,构建模型

1. 我们首先来看这组题,请迅速做在自己的本子上。用时5分钟(点击计时器),做完的同学做好发言准备。

先根据题意,画出线段图,再列式解答。

(1) 甲数比乙数多20,甲数和乙数一共是30,甲、乙两数分别是多少?

(2) 甲数比乙数多20,甲数是乙数的5倍,甲、乙两数分别是多少?

(3) 甲数是乙数的5倍,甲数和乙数一共是30,甲、乙两数分别是多少?

2. 谁来说一说怎么做的? 根据学生回答板书式子。老师出示完整解答过程,集体校对。

3. 其实,这三题就是我们常说的和差、差倍、和倍问题。(出示:和差问题、差倍问题、和倍问题)

如果用线段图表示这三种类型,该怎样表示呢?(出示线段图)是不是和老师出示的一样? 我们一起看着图,说一说,都应该怎么列式计算?

和差问题:小数=(和-差)÷2;大数=(和+差)÷2;

差倍问题:一份数=差÷倍数差;

和倍问题:一份数=和÷倍数和。

和差问题：小数=(和−差)÷2
大数=(和+差)÷2

差倍问题：一份数=差÷倍数差

和倍问题：一份数=和÷倍数和

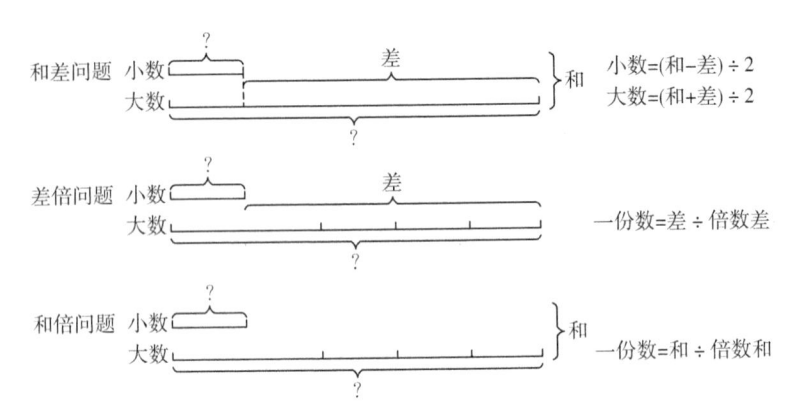

设计意图：《义务教育数学课程标准》（2022版）指出：数学是研究数量关系和空间形式的科学。本节课帮助儿童通过画图厘清数量关系再解决问题，"图式表达"在本课的教学中显得尤为重要，它既可以帮助儿童直观形象地掌握本课的数学概念，又可以帮助其厘清其间的数量关系，同时在"图式表达"的对比中掌握数学概念的本质。这一环节的设计，提高了儿童的分析能力与解决问题的能力，提升了儿童的数学素养。

4.（出示题组）

(1) 小华家养了两缸金鱼共24条，其中第一缸的条数比第二缸多12条。原来两缸金鱼各有多少条？

(2) 小华家养了两缸金鱼，其中第一缸的条数比第二缸多12条，第一缸的条数是第二缸的3倍。原来两缸金鱼各有多少条？

(3) 小华家养了两缸金鱼共24条，其中第一缸的条数是第二缸的3倍。原来两缸金鱼各有多少条？

请在规定时间内完成（6分钟），做好的举手。

集体交流，根据学生发言板书。

5. 在这三种类型中，和差问题的变式比较多。

(1) 比如第1小题，我们还可以这样表述：小华家养了两缸金鱼共24条，从第一缸拿出6条金鱼放到第二缸后，两缸金鱼条数一样多。原来两缸金鱼各有多少条？

会做吗？我们来口答一下，谁说？

(2) 我们再来看一组：

挖一条长850米的水渠，挖了5天后，剩下的比已经挖的多100米。平均每天挖多少米？

挖一条长850米的水渠,每天挖75米,挖了几天后,剩下的比已经挖的多100米。已经挖了多少天?

先读题,这是一组和差问题吗?从哪儿看出来了?怎么画图?(两种图进行比较,找出共同点)口答列式。

(3) 我们再来看一题和差问题的变式题。

一个长方形菜园的周长是56米,长比宽多4米。长和宽分别是多少?面积是多少平方米?

读一读题,自己画图尝试解决。

集体交流。

三、课堂总结

今天我们回顾了画线段图的策略。下课后自己琢磨消化一下。

(南通市海门区正余小学课题研究推进会公开课教案)

"解决问题的策略——转化"课时教学计划

教学内容:苏教版小学数学五年级下册第105～106页例1和"练一练",练习十六第1～3题。

教学目标:

1. 使学生初步学会运用转化的策略分析问题、解决问题,并能根据问题的特点确定具体转化的方法,提高有效解决问题的能力。

2. 在解决实际问题的过程中体会转化的含义,感受转化在解决问题时的价值。

3. 进一步积累解决问题的经验,增强解决问题的"转化"意识,提高学好数学的信心。

教学重点:感受"转化"策略的价值,初步掌握转化的方法和技巧。

教学难点:灵活运用"转化"的策略解决问题。

教学资源:

教材分析:转化是一种常见的、极其重要的解决问题的策略,更是一种最常见、最基础的思维方法,它可以帮助数与数、形与形、数与形之间进行转换,具有灵活性和多样性。在应用转化策略解决问题时,没有一个统一的模式去进行。我们应当知道,教学不应仅仅停留在能够解决某一类问题、获得某一类问题的结论和答案,而应超越具体问题的解法和结论,指向策略的形成和应用意识。

学情分析:在学生已经学习了用画图、列表以及列举等策略解决问题的基础上,本节课教学用转化的策略解决相关的实际问题。在此之前,学生已经初步积累了一定的用转化策略解决问题的经验,也掌握了一些技巧和方法,但这些技巧和方法更多是针对解决具体问题而言的,因而是零散的、无意识的。

教学过程:

一、导入

1. 今天这节课我们一起来研究解决问题的策略。(板书:解决问题的策略),首先,我们一起来看一节微课(播放微课)。

2. 猜一猜,今天我们将会研究什么策略?

3. 对呀,转化这一策略我们早有接触,今天这节课我们将从转化的方法和转化的优点这两方面进行深入研究。(板书:方法、优点)

二、新授

(一) 例1(面积转化)

1. 请看,(停顿一下,留给孩子阅读题目的时间),会做吗? 根据导学单的提示自主学习。(学生尝试练习,教师巡视指导,指导学生规范描述操作过程)

出示导学单:

(1) 想一想:用什么方法来比较这两个图形面积的大小?

(2) 试一试:尝试解决这一问题。

(3) 说一说:在小组里交流自己的方法。

下面两个图形,哪个面积大一些?

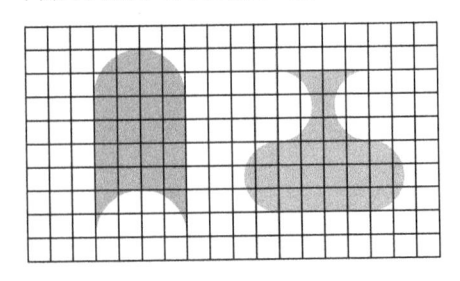

2. 展示交流:谁来汇报一下?(要求孩子一边操作一边解说)

预设:(1)把上面的半圆向下平移6格,就能把这个图形转化成长6厘米、宽4厘米的长方形;(2)把左下角的半圆向上平移3格,再向右平移4格,接着把右下角半圆向上平移3格,再向左平移4格,就把原图转化成了长6厘米、宽4厘米的长方形。

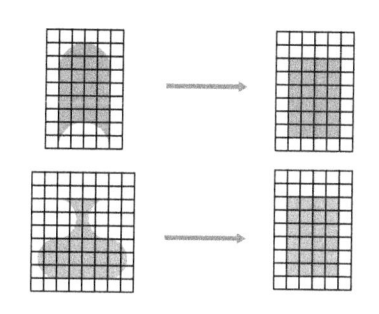

设计意图: 转化是一种数学方法,也是一种数学思想。对于转化的概念,儿童早有接触,但是不能理解、掌握转化这一数学概念。教师设计这一教学环节,通过"图式表达"的呈现让儿童经历转化的过程,让儿童深刻体会转化的内涵是把新知转化成旧知、把复杂的问题转化成简单的问题,从而帮助解决问题。同时,儿童能直观感知转化前后什么变了,什么没有变。这样,儿童能初步感知转化的概念。

3. 还有其他小组需要补充吗?(如果有数格子的,让学生来数一数,大家比一比数格子的方法与转化的方法哪种更好,为什么?)

4. 如果没有。

追问:(1)这幅图中有小方格,你们为什么不用数小方格的方法来比较呢?是呀,我们在解决问题时要选择科学的策略,会使得解题过程变得简单。

(2)仔细观察,转化前后的两个图形,你发现了什么?(包括策略优点,还有面积不变周长变了。说不到,就提示:什么变了,什么没有变?)

(3)小结:在这(手指图)我们用转化的策略把不规则的图形转化成规则的图形,把新知转化成了旧知。

(二)周长转化

1. 刚才我们研究了面积的转化。下面看这题,在作业纸的研究单上,尝试完成。

2. 集体讲评。你是怎么算的?谁来汇报一下,演示一下。

3. 真好!他通过平移线段,把原来不规则的图形转化成了规则的长方形,从而解决了问题。

4. 仔细观察一下,线段平移前后,什么变了,什么没变?

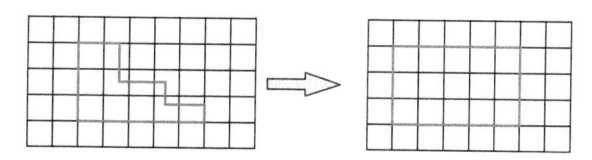

设计意图:教师在这一环节中呈现直观形象的"图式表达",把不规则的图形转化成规则的图形,把复杂的问题转化成简单的问题,帮助儿童解决了问题,同时使其能感知转化前后图形的变化。这次"图式表达"的内容与前面的不同,这里是让儿童从不同角度、素材中理解转化的概念,再次让儿童体会了转化的意义与价值。

(三)汇总

1. 关于转化,我们已经学过很多。下面,我们把关于转化的学习素材都请出来。(出示学习素材)仔细观察一下,你能帮它们分一下类吗?(让学生进行分类,学生拖图分类)

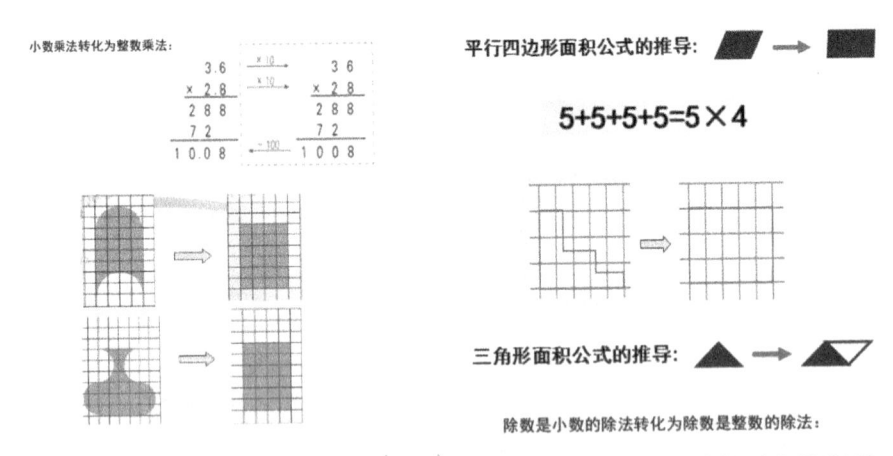

小数乘法转化为整数乘法：

$$3.6 \xrightarrow{\times 10} 36$$
$$\times 2.8 \xrightarrow{\times 10} \times 28$$
$$288 \quad\quad 288$$
$$72 \quad\quad 72$$
$$10.08 \xleftarrow{\div 100} 1008$$

平行四边形面积公式的推导：

$5+5+5+5=5×4$

三角形面积公式的推导：

除数是小数的除法转化为除数是整数的除法：

$1.17÷3.8=11.7÷38$

乘法分配律可以使计算简便　$21×34+21×66=21×(34+66)$

设计意图:这一环节,教师直观呈现关于转化的"图式表达"的多个学习素材,让儿童在观察、分类中,深度感知转化的内涵,体会转化的目的是把复杂的问题转化成简单的问题、把不规则的图形转化成规则图形、把新知转化成旧知,从中感受转化的价值,从而在头脑中建立起转化的模型,真正理解、掌握转化这一数学概念、数学方法、数学思想,提高儿童的思维能力,提升儿童的数学素养。

2. 追问:你这样分的依据是什么?(预设:数与数的转化、形与形的转化)

(回答不出,教师提示:这是什么?这呢?我们暂且称它为数与数的转化,形与形的转化)

3. 仔细分析这些素材,完成老师黑板上的表格。独立思考后,在小组中说一说。(教师巡视指导。5＋5＋5＋5＝5×4 这是规则,1.17÷3.8=11.7÷38 这是商不变的规律)

4. **集体交流**(根据学生回答板书)

三、练习

1. 同学们,你们太厉害了！愿意接受下面的挑战吗?
2. 完成练习单

(1) 直接校对第1题中的1、2两图。

(2) 校对第2题(预设9/16),让回答9/16的学生进行操作。发现不对,追问:那怎样转化呢? 没有人举手就让他们在小组里进行讨论。然后请会的学生进行操作。

小结:在这,我们运用转化的策略把复杂的问题变简单了。

(3) 第2题,把左图中竖的直条平移至长方形外框左侧,把横条平移至长方形外框的下沿,原来的图案就转化成右边的图案了,面积相等。

(4) 看来,图形的转化难不倒大家了。2/9×4,学过吗? 2/9×4=2/9+2/9+2/9+2/9=8/9

小结:你们真了不起,利用转化的策略把新知转化成旧知,解决了问题。

四、总结

1. 今天这节课,你学到了什么?（转化的策略有什么优点?）

2. 怪不得,有位数学家曾说:"什么叫解题? 解题就是把题目转化为已经解过的题。"是呀,学习的过程就是不断地把新知转化成旧知的过程。

3. 通过交流,我们对转化有了进一步的了解,那转化就只有数与数的转化、形与形的转化吗? 是呀,转化还有很多的类型。我们数学学习就是不断地在积累、在丰富。

五、课堂检测

1. 拿出作业纸,独立完成。

2. 第1题直接校对。第2题说说怎么想的。第2题重新组成长43米、宽25米的长方形。43×25=1 075平方米

3. 变式题。读完题,谁能马上知道结果的? 你是怎么知道的?

（南通市海门区农村小学发展论坛公开课教案）

"解决问题的策略——假设"课时教学计划

教学内容:苏教版小学数学六年级上册第68页例1和"练一练"、练习十一

第 1~3 题。

教学目标：

1. 使学生初步学会用"假设"的策略来理解题意、分析数量关系，并能根据问题的特点确定解题步骤，有效地解决问题。

2. 让学生在解决实际问题的过程中，体会多种策略并用的优点，进一步发展分析、综合和简单推理能力。

3. 使学生进一步积累解决问题的经验，增强解决问题的策略意识，获得解决问题的能力，提升学好数学的信心。

教学重点：使学生掌握用"假设"的策略解决一些简单问题的方法。

教学难点：感受解决问题过程中策略的应用，提升学生解决问题的策略意识。

教学资源：

"策略"这一词对于学生来说并不陌生，从四年级上学期开始，学生先后接触了画图、列表、列举、还原等解题策略。在平时的练习中，学生对于"假设"这一策略，也或多或少有所接触。

自主学习导学单：

1. ○+○=□，□+□+○+○+○=（　　）个○

2. 大杯的容量是小杯容量的3倍，小明家有2个大杯和6个小杯，算一算：这些杯子相当于几个大杯？

教学过程：

一、揭示课题，认定目标（预设 1 分钟）

1. 明确课题。

2. 认定目标。

二、任务驱动，自主学习（预设 9 分钟）

1. 根据自主学习导学单，认真进行学习。

2. 阅读小组交流提示：组内有序交流，重点说说做每一题时是怎么想的。

3. 全班交流：

（1）说说第一题是怎么想的，运用了什么策略？

（2）第 2 题是怎么算的？

思考：算一算，这些杯子相当于几个小杯？

（3）想一想：在假设时要注意些什么？假设好了有什么好处？

预设:两个相等的量才可以相互假设。能把复杂的信息变成单一的信息。

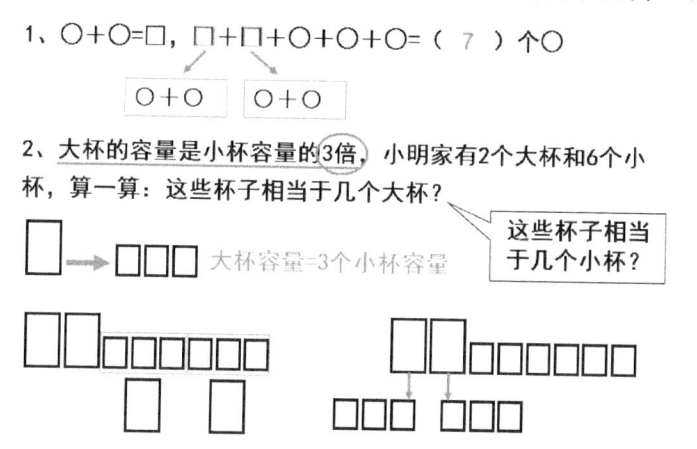

1、○+○=□，□+□+○+○+○=（ 7 ）个○

2、大杯的容量是小杯容量的3倍，小明家有2个大杯和6个小杯，算一算：这些杯子相当于几个大杯？

这些杯子相当于几个小杯？

大杯容量=3个小杯容量

设计意图:假设是一种推测性很强的思维方法。这种思维方法在解决实际问题中,具有很大的实用性。儿童不理解假设这一数学概念,因此,教师在这一环节中让儿童经历假设的过程,让儿童体会假设这一策略的价值。在解决实际问题的过程中,儿童不能理解用语言表述的假设这一数学概念。于是,教师在课上呈现直观的"图式表达",让儿童在视觉感受中经历假设的过程,从而初步感知假设这一数学概念。

4. 小练习:说说下面的两个量你准备怎么假设。
(1) 钢笔的价钱是铅笔的8倍。
(2) 小船坐的人数是大船的1/3。

三、合作交流,建构模型(预设10分钟)

1. 尝试完成例1。
(1) 独立完成在练习本上。
(2) 小组中说一说是怎么想的？怎么算的？
2. 全班交流：
(1) 说说是怎么假设的？假设好以后是怎么算的？
预设:a. 小杯换大杯:一共有 6÷3+1＝3 个,大杯:720÷3＝240 毫升,小杯:240÷3＝80 毫升；

b. 大杯换小杯:一共有 1×3+6＝9 个,小杯:720÷9＝80 毫升,大杯:80×3＝240 毫升。

小杯换大杯：

6÷3+1=3个
大杯：720÷3=240毫升
小杯：240÷3=80毫升

小杯换大杯：

1×3+6=9个
小杯：720÷9=80毫升
大杯：80×3=240毫升

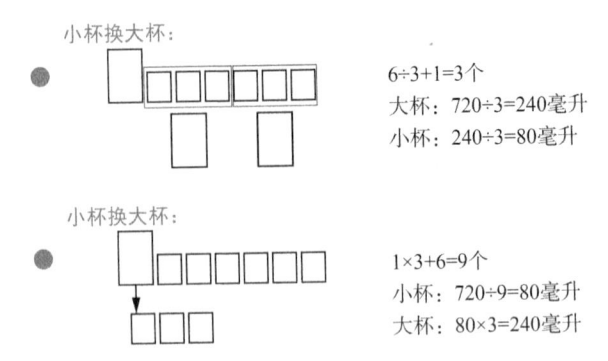

设计意图：课上，教师直接呈现"图式表达"，让儿童在视觉、思维上经历假设这一过程，从而深入感知、理解掌握假设这一概念与思维方法。

(2) 说说你准备怎么检验？

3. 完成"练一练"。

(1) 独立完成。

(2) 集体交流：说说是怎么假设的？怎么想的？

4. 小结：想一想刚才的解题步骤，说说用假设方法解题的过程。

预设：(1)读题，找到关键句子(表述两个量关系的句子)；(2)根据两个量的关系，进行假设(可以利用画图的方法帮助理解)；(3)理清思路，列式解答。(4)检验。

四、巩固练习，内化提升（预设10分钟）

1. 学生独立完成练习十一的1~3题。

集体评讲，学生说说每题的解题思路。

及时订正。

第2题，弄清大货车和小货车之间的关系。

2. 拓展练习

设有谷换米，每谷一石四斗，换米八斗四升。今有谷三十二石二斗，问换米几何？

五、课堂小结

学生自主回顾总结。

六、课堂作业（预设10分钟）

必做：《课课练》第61页。

选做:《课课练》第61页中的拓展应用。

七、家庭作业

《补充习题》第50页中相关的习题。

(海南小学教育管理集团"理想课堂"建设推进会公开课教案)

"图形的放大与缩小"课时教学计划

教学内容: 苏教版小学数学六年级下册第33~34页例1、2,"试一试"和"练一练",练习六的1、2题。

教学目标:

1. 使学生初步理解图形放大和缩小的意义;能在方格纸上按一定的比画出放大与缩小的图形;培养学生的空间观念和动手操作能力。

2. 使学生通过动手操作活动,体验图形放大或缩小的过程,掌握图形的放大或缩小的方法。

3. 能激发学生的学习兴趣和求知欲,使学生积极参与学习活动,在学习过程中感受成功的喜悦。

教学重点: 理解图形的放大与缩小的含义。

教学难点: 学会利用方格纸把一个简单图形按指定的比放大和缩小。

教学资源:

学生已认识了比的意义和有关平面图形的知识,且图形的放大和缩小在日常生活中经常出现。这些都为本课的学习做了指示和策略的准备。同时,多年的数学学习,学生所拥有的数学观察和分析能力、比较和概括能力又为本课的学习奠定了基石。

自主学习导学单:

导学单一:1.(观察图,并填表。图略)。原来:长6厘米,宽4厘米;现在:长12厘米,宽8厘米。

	原来	现在	放大后与原来的比
长			
宽			

2. 在小组中说说你有什么发现。

导学单二:独立完成例2。

教学过程：

一、揭示课题，认定目标（预设 1 分钟）

1. 观察老师提供的图片，说一说哪幅图跟原来的形状一样？怎么判断的？
2. 揭示课题。
3. 明确目标。

二、任务驱动，自主学习（预设 5 分钟）

1. 观察图片，填表。
2. 小组交流：重点说说自己的发现。

三、全班交流，建构模型（预设 14 分钟）

1. 说说观察表格后的发现。

预设：放大后长方形的长与原来的长的比是 2∶1；放大后长方形的宽与原来的宽的比是 2∶1。

（1）思考：能不能把这两句话合并在一起说？

预设：放大后的长方形与原来长方形的对应边的比是 2∶1。

（2）说说这个比表示的是谁与谁的比，根据这个比能知道些什么？

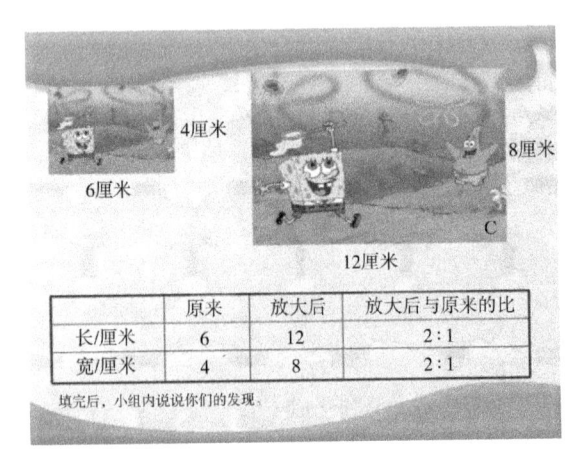

	原来	放大后	放大后与原来的比
长/厘米	6	12	2∶1
宽/厘米	4	8	2∶1

填完后，小组内说说你们的发现。

设计意图："放大"这一概念在儿童的生活中是耳熟能详的，然而数学概念"放大"与生活中的"放大"存在一定的区别，数学上图形的放大是指图形的每条边按一定的比例放大，生活中的放大是指物体实际尺寸的变大。两者本质区别在于，数学中的放大具有抽象性。这也造成儿童对于数学中规范化的放大存在一定理解上的困难。因此,教师在课堂上借助直观的"图式表达"帮助儿童理解抽象的"放大"的数学概念,特别是概念中的比的意义,同时使儿童理解关于"放大"的标准化数学语言表述,从而帮助儿童真正理解掌握"放大"的数学概念。

2. 思考:如果老师将"2∶1"改成"1∶2",这个图形会怎么变化?为什么这样理解?

预设:图形会缩小。

说说缩小后的长方形的长和宽是原来的几分之几?各是多少厘米?

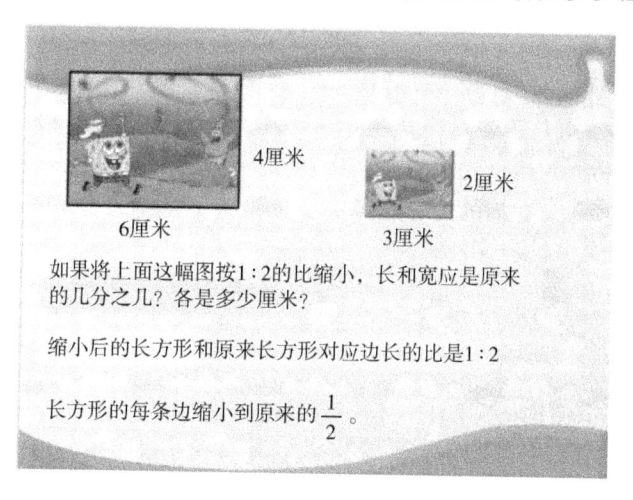

如果将上面这幅图按1∶2的比缩小,长和宽应是原来的几分之几?各是多少厘米?

缩小后的长方形和原来长方形对应边长的比是1∶2。

长方形的每条边缩小到原来的 $\frac{1}{2}$。

设计意图:"缩小"这一概念在儿童生活中同样是常见的,然而数学中的"缩小"与生活中的"缩小"存在一定的区别,它与"放大"的数学概念一样,具有抽象性。为了帮助儿童建立数学概念网,教师在教授"放大"这一数学概念的基础上借助"图式表达"帮助儿童建立"缩小"的概念,并指导他们规范地运用数学语言进行表述;同时把"放大"与"缩小"两个数学概念中的比进行比较,使儿童再次理解两个数学概念,加深对两个数学概念的内涵理解。

3. 小练习:根据老师出示的比,来判断是放大还是缩小。

观察表示放大的比有什么特点?表示缩小的比呢?

预设:前项大的就是放大,前项小的就是缩小。

4. 完成例2。

(1) 独立思考后,尝试完成。

(2) 集体交流:

说说你是怎么理解3∶1和1∶2的,介绍一下你的方法。

思考:把放大和缩小后的图形与原来的图形相比,你有什么发现?

5. 完成试一试。

独立完成后集体交流。

四、巩固练习，内化提升(预设 10 分钟)

1. 完成"练一练"。

(1) 学生独立完成在书本上。

(2) 集体交流。

说说注意点。

2. 完成"练习六"第 1、2 题。

(1) 独立完成。

(2) 集体交流。

3. 拓展练习：按 2∶1 的比画出梯形放大后的图形。

说说你的方法。

五、课堂小结

学生自主回顾总结。

六、课堂作业(预设 10 分钟)

必做：《课课练》第 35、36 页。

选做：《课课练》第 36 页中的拓展应用。

七、家庭作业

《补充习题》第 28、29 页中相关的习题。

（南通市海门区正余小学课题研究推进会公开课教案）

第六节 "图式表达"促进儿童统计的概念学习的课例

"平均数"课时教学计划

教学内容：苏教版小学数学四年级上册第 49 页例 3 及"练一练"和第 51 页练习八第 1~4 题。

教学目标：

1. 在具体问题情境中，感受求平均数是解决一些实际问题的需要，并理解平均数的意义,学会计算简单数据的平均数(结果是整数)。

2. 在运用平均数的知识解释简单生活现象、解决简单实际问题的过程中,感受平均数的应用价值,进一步积累分析和处理数据的方法,发展统计观念。

3. 进一步增强与他人交流的意识与能力,体验运用已学的统计知识解决问题的乐趣,建立学习数学的信心。

教学重点:理解平均数的意义,掌握求平均数的方法。

教学难点:理解平均数的意义并用平均数解决生活中的实际问题。

教学过程:

一、兴趣引入

1. 小朋友们在体育课上玩过什么游戏?玩过套圈游戏吗?四年级1班第一小组的男女生还进行了比赛,每人套15个圈,现在我们就一起来看看他们的成绩。(出示男、女生套圈成绩统计图)

2. 男生套得准一些还是女生套得准一些?你是怎么想的?

预设:(1) 找出男、女生中套得最多的,套中个数多的那个组套得准一些。

(2) 比较男女生套中的总数,总个数多的那个组套得准一些。

3. 他说得有道理吗?为什么呢?

4. 如果有一个数据能表示男生或女生套圈的整体水平,是不是就容易判断谁套得准了?那么这个数据怎么求呢?请看导学单。

二、自学建模

1. 出示导学单:

(1) 读一读:读书本第50页。

(2) 想一想:怎样求男生平均每人套中的个数?

(3) 说一说:你觉得平均数应该在什么范围内呢?

2. 小组交流,教师巡视指导孩子的交流情况。

交流内容:

(1) 怎样求男生平均每人套中的个数?

(2) 平均数应该在什么范围内呢?

3. 全班交流

怎样求这组男生平均每人套中的个数?

(1) 课件演示移多补少的过程。

像这样把多的移一些给少的的方法我们叫作移多补少。(板书:移多补少),

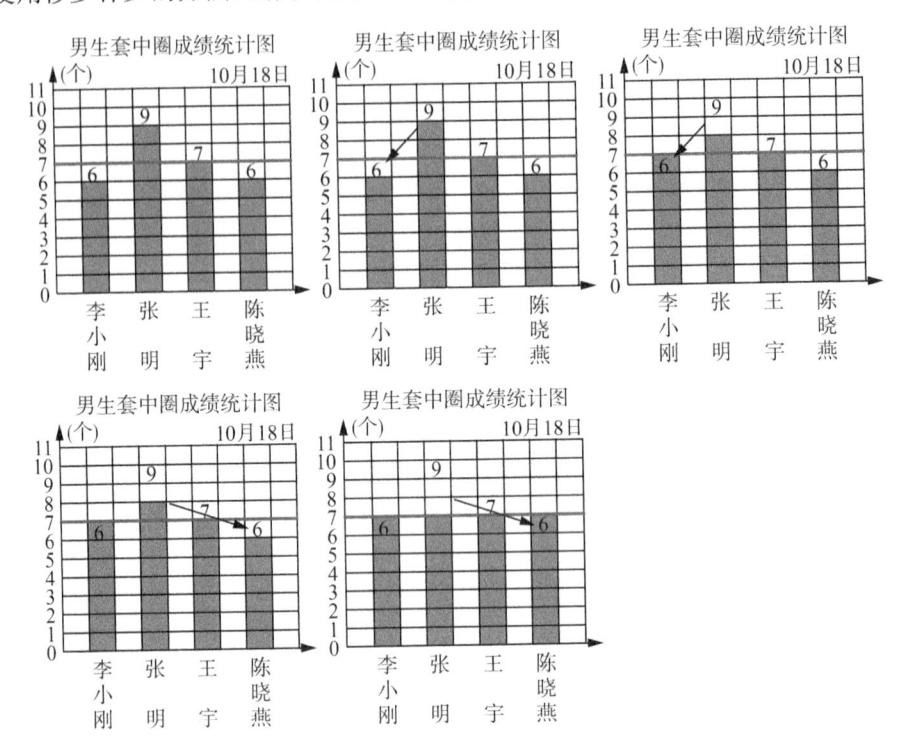

使用移多补少的方法,我们可以知道几个数的平均数。

设计意图:"移多补少"是求平均数的一种方法。对于"移多补少"这一数学概念,儿童是第一次接触,教师用口头语言进行表述不能让儿童理解、掌握这一概念。课上,教师设计、呈现了"图式表达",让儿童通过视觉直观感知理解"移多补少"这一数学概念,这样儿童就能轻松掌握这一概念。

(2) 计算求平均数

还可以怎么算?学生说,老师进行板演。

追问:计算出来的 28 个表示什么意思?计算出来的总数为什么要除以 4 呢?最后的得数 7 个表示什么呢?

明确:7 个表示男生平均每个人套中了 7 个,这就叫平均数。今天这节课我们就一起来学习平均数。(板书课题:平均数)

设计意图:平均数,统计学术语,是表示一组数据集中趋势的量数,它是反映数据集中趋势的一项指标,是一个"虚拟"数。课上儿童会求平均数,但是对于"平均数"意义的理解存在一定困难。教师为了帮助儿童真正理解"平均数"的概念,呈现"图式表达"的"平均数",让儿童感受到平均数"7"不是指具体的某一个人的套圈个数,它反映的是一组数据的集中趋势。这样,儿童就会在头脑中建立

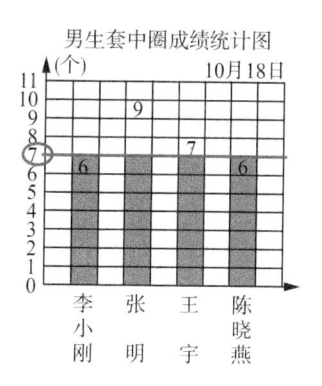

[男生套中圈成绩统计图 10月18日：李小刚6、张明9、王宇7、陈晓燕6]

平均数的概念,明白平均数不是指具体的"实数",而是一个"虚拟数"。

小结:通过刚才的计算,我们还知道了平均数还可以用先求和再平分的方法来求。(板演:先求和再平分)

4. 深度理解平均数

追问:小朋友们,这里的平均数7个,是不是说明每个男生都套中了7个呢?那它指的是什么?("7"是6、9、7、6这4个数的平均数,不是指每个男生都套中7个。)

5. 平均数的范围

小朋友们思考一下:平均数应该在什么范围内呢?为了帮助大家理解平均数的范围,请看。

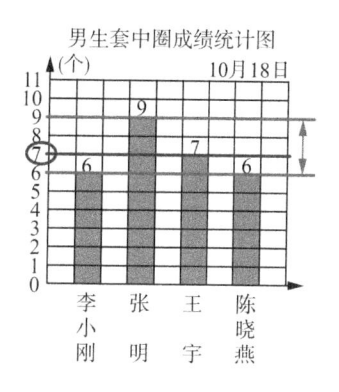

[男生套中圈成绩统计图 10月18日]

设计意图:为帮助儿童加深对"平均数"的进一步理解,教师呈现"图式表达",让儿童了解"平均数"的范围,从而进一步加深"平均数不是指具体的实数"这一认知。

6. 请看女生成绩统计图,你能先估计女生平均每人套中的个数吗?应该在多少和多少之间呢?他的估计是不是正确的呢?请大家一起来验证一下。说说你是怎么验证的?

7. 现在你能解决课一开始的问题了吗？谁的成绩更好一些呢？

三、巩固应用

1. 书中"练一练"：用两种方法完成并说说这两种方法之间的联系。

2. 练习八第1题：计算后提问：如果把其中1条丝带的长增加3厘米，那么平均长度是多少？如果减少3厘米呢？

3. 第3题：出示题中的问题，让学生逐一回答，并说明理由。

四、归纳总结

俗话说："千金难买回头看。"回顾一下整堂课，你有哪些收获？

五、课堂练习

完成《补充习题》第44～45页第1、2、4、6、7题

【板书设计】

平均数

移多补少

先求和，再平分

6＋9＋7＋6＝28（个）　　10＋4＋7＋5＋4＝30（个）

28÷4＝7（个）　　　　　30÷5＝6（个）

7＞6

答：男生套得准一些。

（南通市海门区正余小学课题研究推进会公开课教案）

"复式统计表"课时教学计划

教学内容：苏教版小学数学五年级上册第84～85页例1和"练一练"，练习十五第1、2题。

教学目标：

1. 使学生在具体的统计活动中认识复式统计表，能根据收集、整理的数据填写统计表，并能对统计表中的数据进行简单的分析。

2. 基于解决问题的需要经历收集、整理、描述和分析数据的过程，让学生体会数据中蕴含着丰富的信息，进一步增强数据分析观念。

3. 在活动过程中,进一步感受统计与日常生活的联系,增强学数学、用数学的主动性和积极性。

教学重点:会用复式统计表表示数据,并能对数据进行分析。

教学难点:能根据复式统计表中的数据信息,从不同角度进行分析。

教学过程:

一、创设情境,激发需求

1. 同学们,我们先来看一段视频。(播放视频)中途提问:这是什么?

哦,看来大家都知道,这就是杭州亚运会开幕式中的点火仪式,说到杭州亚运会,你觉得最令人激动的场景是什么?

2. 请你说。是啊,当中国队员走上最高领奖台,升国旗、唱国歌时,最令人激动了。老师收集了中国队几个项目的金牌获得情况,请看(出示获奖信息)。

3. 你们能把这些信息,填在下面四张相应的表格里吗?(出示表格)

好的,老师听出了满满的自信,请拿出1号作业纸,自己独立填写。

完成的同学把笔放下,我们来集体校对一下(屏幕出示),没有问题的坐端正。

4. 刚刚我们一起完成的是单式统计表(板书),它包含了标题、日期、表格三部分(板书),它只能表示一个项目的获奖信息(板书:单项信息),比如这一张统计表告诉我们什么信息?(蒙层框出指定表格)

皮划艇静水项目金牌获奖人次统计表
2023年10月8日

性别	合计	男运动员	女运动员
人次	19	7	12

赛艇项目金牌获奖人次统计表
2023年10月8日

性别	合计	男运动员	女运动员
人次	41	18	23

乒乓球比赛金牌获奖人次统计表
2023年10月8日

性别	合计	男运动员	女运动员
人次	12	7	5

游泳比赛金牌获奖人次统计表
2023年10月8日

性别	合计	男运动员	女运动员
人次	43	19	24

设计意图:教师在此环节中相继呈现"图式表达",让儿童通过视觉感知来认识单式统计表的概念,明确单式统计表只能表示一个项目的获奖信息以及单式统计表中各部分的名称,从而真正掌握单式统计表。

5. 请你说。表达得很规范,看来你们的数学素养很高。(出示问题)那如果老师想知道这样四个问题,看这四张单式统计表,能很快看出吗?大家都在摇头,看来有困难。不急,等我们学完复式统计表以后,就能顺利解决了。(板书课题:复式统计表)

二、自主探究,构建新知

1. 从字面上理解,复式统计表应该是怎样的?谈谈你的理解。女孩,你讲。

讲得有道理,复式统计表表达的信息不是单一的,复式统计表是两个或多个统计内容相同的单式统计表合并而成的。

2. 下面我们尝试把这四张单式统计表进行合并,成为一张复式统计表,合并成的复式统计表要求简洁、明了、美观。(出示要求,点击音乐)

拿出 2 号作业纸,老师已经帮你们打了方格,你们可以不用画表格边线了。在组长的组织下,每人发表制作建议,然后形成一致意见,完成表格的制作,如确实有困难,可以举手示意,老师过来帮助你。

3. 老师刚才在巡视的时候,收集了两个小组的作业,我们一起来看。

(1) 对于这份作业,你有什么修改建议?来,请你说。表达得真清晰!的确,这一列如果这样写的话虽然做到了简洁,但是不明了,我们看不出分别是哪些项目的获奖人次。所以这一列要写清楚统计项目的名称。这位同学还想说?哦,他觉得这一格写性别有点不妥,横向看可以写性别,但是竖着看就不对了。(在性别处打上问号)

(2) 我们再来看这份作业,你有什么意见?请你说。说得真好,这份作业和之前的相比,清晰了很多,但是这一格写项目也有点不妥,竖着看可以写项目,但是横着看就不对了。(在项目处打上问号)

(3) 我们将两张表对比着看,同样的统计内容,但是两张表的标题写法不一样,那你觉得怎么写最合理?举手真积极,请你讲。哦,他认为应该写成:杭州亚运会中国队部分项目金牌获奖人次统计表。大家同意吗?

好的,大家一致通过。看老师打问号的格子,单写性别不合适,单写项目也不合适,看来这个格子怎么写是个难题,待会儿我们一起再去研究。老师还有一个问题,我要知道这四个项目中男运动员获得金牌人次一共是多少,能看得出吗?看来表格中还是缺少了些信息。

4. 那到底该如何规范制表呢?(展示老师制作的表格,点开表格文件)看这里,老师也制作了一张复式统计表,和刚才两个小组的作业相比,哪儿不一样?

杭州亚运会中国队部分比赛项目金牌获奖人次统计表

2023 年 10 月 8 日

数量(人次) \ 性别 \ 项目	合计	男运动员	女运动员
总计	115	51	64
皮划艇静水项目	19	7	12
赛艇项目	41	18	23
乒乓球比赛	12	7	5
游泳比赛	43	19	24

设计意图： 这一环节中教师直观呈现"图式表达"，让儿童认识复式统计表，感知复式统计表与单式统计表的不同，为后面深入学习复式统计表打下基础。

5. 你们的眼睛真亮，一下子看到了，表头这个格子不一样，而且还多了一行总计。我们先来看表头这一格，有谁知道老师为什么这样书写，谁看懂了？

哦，你看懂了，你说。我俩心有灵犀，想一块去了，这边指向男、女运动员，所以写性别；这边指向项目，所以书写项目名称，这一部分指向数据，所以书写数量和人次。

我还多了一行总计，(指着男运动员总计)这个数据表示什么？是怎么算来的？(赞同地点点头，指着总计第一格)这个数据又表示什么？是怎么算来的？请你讲。嗯，说得真好，这个数据表示这四个项目获得金牌总人次，既可以横向合计，也可以纵向合计。

6. 现在，来让你回答一开始的四个问题，你会说了吗？（出示一开始的四个问题）。同桌说说看，老师看得出来，一旦把这四张单式统计表合并成复式统计表，这四个问题就难不倒大家了。

那从这张复式统计表中，你还能知道些什么？大家说得都很好，看来大家描述数据、分析数据的能力真强。

7. （出示四张单式统计表和一张复式统计表）我们来看，单式统计表和复式统计表有什么相同点和不同点？

你的表达真清晰！的确，不管是单式统计表还是复式统计表，组成部分是一样的，都有标题、日期、表格；而且都能清晰、明了地呈现数据信息；但是，单式统计表统计的项目是单项的，而复式统计表所统计呈现的是多项信息，更具比较性。（板书：多项信息、比较性）

皮划艇静水项目金牌获奖人次统计表
2023 年 10 月 8 日

性别	合计	男运动员	女运动员
人次	19	7	12

赛艇项目金牌获奖人次统计表
2023 年 10 月 8 日

性别	合计	男运动员	女运动员
人次	41	18	23

乒乓球比赛金牌获奖人次统计表
2023 年 10 月 8 日

性别	合计	男运动员	女运动员
人次	12	7	5

游泳比赛金牌获奖人次统计表
2023 年 10 月 8 日

性别	合计	男运动员	女运动员
人次	43	19	24

杭州亚运会中国队部分比赛项目金牌获奖人次统计表
2023 年 10 月 8 日

项目	合计	男运动员	女运动员
总计	115	51	64
皮划艇静水项目	19	7	12
赛艇项目	41	18	23
乒乓球项目	12	7	5
游泳项目	43	19	24

设计意图：这一环节的设计，让儿童在呈现的"图式表达"中对单式统计表和复式统计表进行比较，找到两者之间的相同点和不同点。在比较中，儿童发现两种统计表都能清晰、明了地呈现数据信息，其中，复式统计表所统计、呈现的是多项信息，更具实用性。通过比较，儿童能够清晰、轻松、真正掌握单式统计表和复式统计表。

三、练习巩固，内化提升

1. 本届亚运会竞赛项目共有 40 个大项，61 个分项，481 个小项，一共产生 481 块金牌。其中田径、游泳、乒乓球、羽毛球、跳水等是我国的夺金强项。在以上这些项目中，你最喜欢哪个项目？

下面我们进行现场调查，并把汇总的原始数据填入这张表格中，并回答问题（出示表格和问题），请拿出学习终端，扫描二维码。好了，我们一起看，（点开网络链接）。请拿出 3 号作业纸，我们一起填写，（筛选男生数据）这是男生喜欢项目的数据，快速填好。（筛选女生数据）这是女生喜欢项目的统计数据，填好了吗？剩下的空格需要你们自行填写。填完后，回答问题。

完成的同学请坐端正，刚刚老师拍了一位同学的作业，我们一起看，有问题吗？哦，没有，那和他填写一样的举手。真好！

（指着 77）这个数据表示什么意思？是怎么算到的？思路真清晰，（指着 190）那这个格子的数据呢？

根据这个表格，你还能提出什么问题？真不错，你们还能有条理地提出这么多问题。

看来，我们一旦把杂乱的信息规范地填写到复式统计表中，我们就能体会到数据中蕴藏着的丰富的信息,其实,这就是统计的魅力。

2. 在本届亚运会中,游泳项目一共产生41枚金牌,我们中国队就获得28枚,占比68.29%,获得这样优异的成绩与广泛的群众基础有关。我们一起来看,这是东山小学各个班级游泳人数的统计,你能顺利完成这个练习吗?好的,请拿出4号作业纸,独立完成。

刚刚这位同学自告奋勇,想展示自己的作业,我们一起来看。有问题吗?

你们没有,那老师有问题,第2题是怎么想的?这个男孩,你说。同意他说法的点点头。好的,那第3题又是怎么想的?你想说,请你。真好,老师听得明明白白。

3. 1973年11月16日,亚运会联合会大会召开,中华人民共和国恢复了在亚运会联合会的合法席位,于1974年第一次正式参加了第七届亚运会。在本届亚运会中,我国一共获得33块金牌,46块银牌,27块铜牌,这个成绩是值得骄傲的。这一路艰辛,一路坎坷,我们始终坚定信念,勇往直前,请看。(播放金牌累计数动图)看了这超燃的视频,你有什么想说的?

的确,我们想说的有很多,有的甚至用语言无法表达,在为祖国感到自豪的同时,我们深切体会到,体育强则国强,少年强则国更强。

四、回顾总结,课堂检测

1. 现在我们来回顾总结一下,本课你们学会了什么?

2. 总结得真好,下面我们一起扫描二维码,完成课堂练习,看看谁完成得又快又好。

3. 好,老师在后台看到大家都提交完毕了,我们一起来看一下。正确率这么高,老师就不一一讲了。

欸,老师为什么不讲?哦,因为题目正确率高?那我怎么知道题目正确率高呢?其实,这个后台进行了统计、分析,看来,统计无处不在,数学无处不在。

(南通市海门区正余小学课题研究推进会公开课教案)

参考文献

[1] 李善良.关于数学概念意象的研究[J].数学教育学报,2004(3):13-15.

[2] 喻平.数学教育心理学[M].北京:北京师范大学出版社,2015.

[3] 倪松美.简谈小学数学概念教学的巩固与拓展[J].数学教学通讯,2018(25):45-46.

[4] 凌辉.巧用概念的图式表达,建构高效数学课堂[J].教育界,2022(34):92-94+100.

[5] 张秉金,王园园.谈小学数学概念深度教学基本策略——以"倍的认识"教学为例[J].教育实践与研究(A),2022(Z1):28-32.

[6] 陆娟."图式表达"促进儿童数学概念学习的实践研究[J].数学大世界(上旬),2020(11):87.

[7] 陶梦元,韦雪艳.从离身到具身:小学数学概念教学的困境与突破[J].教育探索,2020(10):20-23.

[8] 凌辉."图式表达"促进儿童数学概念学习的实践[J].数学大世界(上旬),2020(10):68.

[9] 董兴华.让数学学习不再"雾里看花"——例谈小学数学概念教学的策略[J].新课程,2021(35):86.

[10] 张晶.互联网思维下的小学数学概念教学——以"分数"的教学为例[J].江苏教育,2021(61):42-45.

[11] 尹伟.浅析如何提升小学数学概念教学的有效性[J].学周刊,2021(32):57-58.

[12] 马丽娜.聚焦核心素养 促进概念建构——小学数学概念教学有效性策略探寻[J].考试周刊,2021(94):91-93.

[13] 周巍.借助"生活原型",把握数学概念——小学数学概念教学的生活化探究[J].教学管理与教育研究,2021(13):58-59.

[14] 朱俊华,王乃涛.基于儿童理解的小学数学课堂教学[J].中小学教师培训,2020(3):52-55.

[15] 孔令芳.图式学习提升学生自主复习能力的探析[J].教育观察,2020,9(3):131+134.

[16] 周君斌.数学图式的教学运用——基于第一学段的教学[J].教学月刊小学版(数学),2020(Z1):75-78.

[17] 汪奇.借助教材图式培育学生数学思维[J].教学与管理,2020(26):56-57.

[18] 虞清河.以"美"为图式 用"术"来建构——小学美术"图式建构"教学模式的研究[J].新智慧,2019(33):58-59.

[19] 俞丽美.新教育理念引领下的小学"情趣语文"教学[M].南京:南京大学出版社,2017.